U0061690

艾米爾・布列赫
Émile Bréhier, 1876-1952

法國哲學家，研究方向為古典哲學和哲學史。

於 1945 年被選為巴黎大學（索邦）的唯二超級終身哲學教授。

為亨利・柏格森（Henri Bergson，另一位超級終身哲學教授）的
早期追隨者。在 1930 年代，學界一種有影響的觀點認為柏格森
主義和新柏拉圖主義是聯繫在一起的。

被稱為「法國歷史上唯一對新柏拉圖主義採取黑格爾式解釋的人
物」，也是黑格爾新康德主義的反對者。

詹劍峰，1902-1982

出生於安徽省徽州婺源縣（現屬江西省），哲學史家，邏輯學家，哲學家。1908-1918 年在徽州私塾，1918-1923 年在上海中學和中國公學中學部，1923-1926 年在國立西北大學和國立北京法政大學，1926-1932 年在法國拉封丹公學（又譯為沙多吉里公學）和巴黎大學學習。1933-1982 年在安徽大學、暨南大學和華中師範大學等高校任邏輯學和哲學教授。

詹季虞，1955-

出生於武漢市，物理學者。1960-1965 年在武漢華中師範附小，1965-1968 年在武漢華中師範第一附中，1978-1982 年在武漢大學，1984-1992 年在美國俄克拉荷馬大學學習，獲得物理學士、科學碩士、哲學博士。1993-2021 年在美國空間、國防、通訊和醫療設備工業做研發工作。

約 1928 年，詹劍峰先生（右）和巴金先生（左），桂丹華先生（中）在法國。

ÉTUDIANTS CHINOIS

THEN-KIN-FONG.
LI-YAO-TANG.
YUAN.
WAI-WING-CHOJ.

Classes Elémentaires

SEPTIEME

Prix d'Excellence

Prix offert par M. Coucanon, Conseiller général
Arlette BERTHELOT.

Prix de la Victoire
HERBEMONT.

Orthographe et Analyse

Prix offert par l'Association des Anciens Elèves

Premier Prix :	BAHIN Jeanne.
Deuxième Prix :	BERTHELOT, HERBEMONT.
Accessit :	MONESTIEZ.

Lecture Courante et Expliquée

Premier Prix :	BERTHELOT, HERBEMONT.
Deuxième Prix :	TELLIEZ, BAHIN.
Accessit :	BOUTRELLE.

Narration

Premier Prix :	BERTHELOT, HERBEMONT.
Deuxième Prix :	BAHIN Jean.
Accessit :	BAHIN Jeanne.

Ecriture

Premier Prix :	TELLIEZ.
Deuxième Prix :	MOYAT.
Accessit :	STENGER.

Calcul

Prix offert par la Ville de Château-Thierry

Premier Prix :	BERTHELOT.
Deuxième Prix :	MONESTIEZ.
Accessit :	BAHIN Jeanne.

1928 年拉封丹公學畢業季得獎名單，含詹劍峰先生（THEN-KIN-FONG）和巴金先生（李堯棠，LI-YAO-TANG）。

1980 年，詹劍峰先生。▶

詹劍峰先生補習法文的學校，
法國著名文學家拉封丹命名的
中學。▼

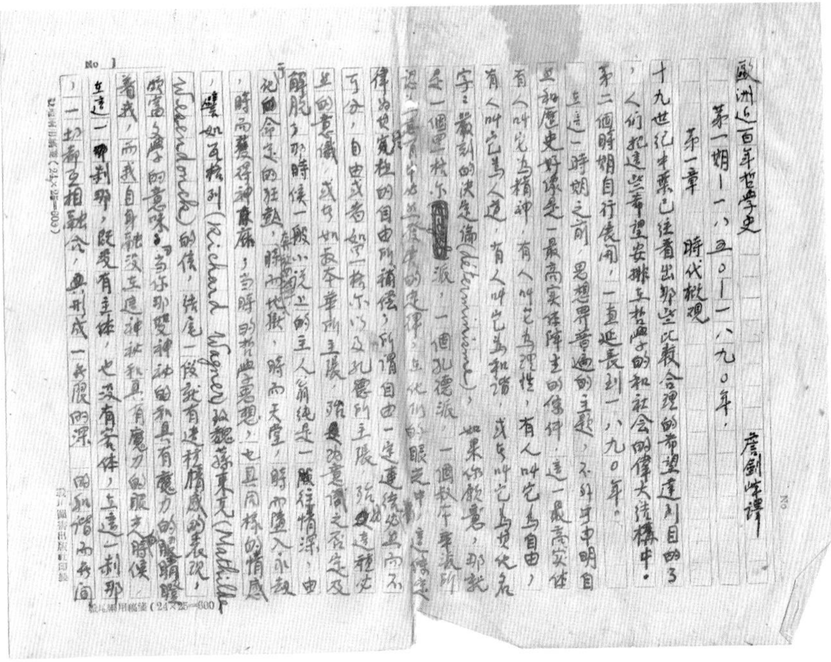

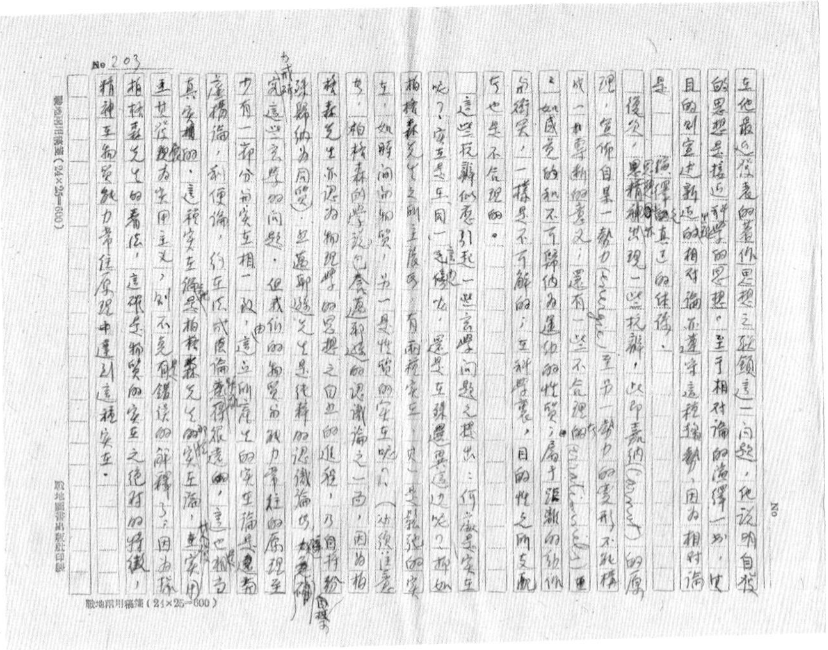

詹劍峰先生譯稿手稿第一頁及最末頁。

Émile Bréhier

|法| 艾米爾・布列赫 ___ 著

詹劍峰　詹季虞 ___ 譯

歐洲近百年
哲學史

1850
—
1930

譯自法文版

*HISTOIRE
DE LA
PHILOSOPHIE*

TOME 7

Librairie Félix Alcan, 1932

謹以此書獻給父親詹劍峰先生，母親查景雲先生，和父親的好友留法同學、中華民國中央研究院原院士、國立台灣圖書館原館長吳克剛先生，好友留法同學、作家巴金先生，好友留法同學、台灣中央研究院原人類學研究員衛惠林先生。

獻給留法同學、三聯書店創始人之一和父親在上海中國公學的世界語老師胡愈之先生，留法同學和父親在上海中國公學的英文老師朱光潛先生。

獻給留學法國拉封丹公學（Collège Jean de La Fontaine）的學長、原中國外交部長陳毅先生，留法同學、原最高人民法院院長楊秀峰先生，留法同學、原中國人民大學校長成仿吾先生，留法同學、早逝的章伯韜先生。

詹季虞，2022 年 3 月 12 日

（詹劍峰先生逝世四十周年祭日）

於美國華盛頓郊區

序

　　劍峰先生是我在上個世紀四十年代,從哈佛大學研究生院畢業回國,在江蘇學院任教時的同事和教務長。

　　1926 至 1932 年劍峰先生在法國留學期間,師從巴黎大學著名哲學家布列赫(Émile Bréhier)學習,這為他日後在哲學研究方面取得豐碩成果,奠定了厚實的基礎。1932 年回中國後,劍峰先生一直在高等院校教授哲學、哲學史、邏輯等課程。他治學嚴謹,學貫中西,著述甚豐,且精通古漢語和包括法語在內的多門外國語,在中國哲學史、西方哲學史、邏輯學和哲學等領域造詣頗深,享譽國內外學術界。

　　《歐洲近百年哲學史》為布列赫先生所作一套哲學史叢書中的最後一本。布列赫先生師從哲學大師柏格森(Henri Bergson,為法國著名哲學家,其哲學專著《創造進化論》於 1927 年獲諾貝爾文學獎),師生二人均哲學研究成果豐碩,在哲學界具有很高的地位。繼柏格森之後,布列赫亦於 1945 年被選為巴黎大學的唯二超級終身哲學教授。

　　布列赫此著得以翻譯出版,學術意義重大,具有填補空

白的作用，有助於漢語哲學界對 1850 至 1930 年的歐洲和
美國的哲學、思想史開展研究。同時，譯作出版亦向漢語界
推介了法國著名哲學家布列赫。

　　劍峰先生的漢語譯文行筆通達流暢，使深奧的哲學原理
得以準確貼切地表達，是值得一看的好書。

夏書章 [1]

1　中山大學（廣州）教授、原副校長，畢業於哈佛大學甘迺迪政府學院。

　　艾米爾·布列赫（Émile Bréhier）所著《歐洲近百年哲學史》（*HISTOIRE DE LA PHILOSOPHIE, TOME 7*），由詹劍峰教授[1]翻譯，歷經多年譯著終得以出版了。

　　《歐洲近百年哲學史》從 1850 年敘述至 1930 年，以尼采和柏格森為分界，分兩期敘述前四十年和後四十年哲學的梗概和發展。其中牽涉到的哲學家達五十多人，著作有上百部。這個時期的哲學發展除尼采、柏格森等哲學巨擘外，有些哲學家及其思想還不被漢語界所熟知。

　　今天，我們要怎麼來理解那段時期的哲學史呢？

　　從背景來看，那是一段科學知識熱烈發展的時期，不論物理學、數學、化學，還是生物學、天文學、地質學等，這些知識被應用於物質生產和社會生活，引發了第二次產業革命，包括電力的出現、石油的開採、礦業和鋼鐵的煉製、汽車的誕生、飛機的發展、電話和燈泡的出現等等。這些發

1　編者注：後四章為詹季虞先生翻譯。

明和創造不僅改變了人的生活方式，也改變了人認知世界的方式。原初，這種方式本是形而上學和神學的，後來是啟蒙運動的理性範式的，但跟一百多年前的啟蒙運動相比，這時候的認識論哲學則更為大膽。如果說從笛卡爾開始的科學運動還保持啟示的意味，這個時期的科學已經完全拋棄了神學或形而上學的束縛。孔德的實證論哲學，曾經將歷史劃分為三個時代：神學的，形而上學的和實證的（科學的），就是要強調科學將主導人類的未來世界；因此，所謂的「實證性」，就是現象可以被精確確認的程度，這也可以當成實證主義下「科學」的定義。但是在科學主義的大旗下，神學或形而上學或許被驅逐於邊緣，卻也並未完全失去活力。這本短小精悍的哲學史，其中心論點就是科學與形而上學的交鋒，或者可以更大膽地說，是宗教對席捲而來的科學浪潮的一種抵抗。因此本書除了討論認識論的觀點外，亦給出不少章節說明哲學家對形而上學和神學的思考。

這種思考在於重新看待科學與神學的矛盾和二者的不相容。因為實證主義的雙重基礎在於──「自然法則有其不變性，故反對神學，因為神學引入一些超自然的干涉；思辨的世界有其限度，故反對形而上學，因為形而上學追求無限與絕對。」而形而上學或神學家希望在人類追求自然知識的理性之中，亦能尋找上帝存在的基礎及其教誨。所以海克爾（Ernst Haeckel）主張：「上帝與世界乃同一的東西。宗教即真善美的知識，即真善美的崇敬，換言之，即一些自然的法

則。」讀者們可能從海克爾的這句話中已經感受到斯賓諾莎（Baruch de Spinoza）的風采。但是相反地，布列赫提到塞克雷坦（Charles Secrétan）時卻這麼說：「有限的事物中，看見一絕對自身提出的必然結果的學說，必定是在泛神論名稱之下。……凡視上帝乃一內在地必然的實有者，必以一同等地必然的動作賦予上帝。『當人從必然出發，他絕不會走到偶然。』如果人承認上帝是絕對自由，他才避去泛神論。」其實，泛神論雖然還是有神論，但是上帝等同實體、等同自然的觀點，就已摧毀上帝絕對無上的地位與自由，摧毀神超越性的基礎。

塞克雷坦同樣批評康德把思辨與實踐分開：「千真萬確的，『意志是理智的基質；理性，離開了意志，常常是形式的。』」這其實符合一般對康德的評價。康德認為形而上學作為一種理論性科學是不可能的，理智必須把它的權力讓位給意志，意志的形而上學功能不再被視為世界的本質，而只是作為對善追求時的行動原則。但他又認為意志乃是事物的本性，是「物自身」，然而人類又無法藉由意志去了解物自身。

如同現代東正教神學家恩格爾哈特評論康德時所說的：「康德放棄了去徹底辨明事物存在的本質（nature of being）。他欣然接受了一種形而上學認識論的懷疑主義觀念：他承認人類依靠推理最終獲得的理性（human discursive reason）不能夠在理論上足以確定事物存在的本

質，不能從理論上充分論證上帝的存在。……超然的上帝變得與人類認知者（human knower）的使命不相干，他們必須在人類的可能經驗所限定的範圍內去研究實在。在康德之前，上帝扮演了一個哲學認識論角色，此認識論是以上帝為中心的。上帝提供了這樣的視域，人們憑藉這一視域，可以自由討論有關實在的真正知識，即自在實（reality as it is in itself）知識。上帝的神聖視域提供了人類認識論的金本位（gold standard），即終極的和唯一核心的認知元點（point of epistemic reference）。而康德本人，將其關涉人類知識的陳述脫逸了這一神性元點（divine point of reference）。康德的大膽提議，系統地引入科學究查範疇，以及由此可能經歷的認識論反思。依據認識者有限的、可感知的、由推理方式獲取結論的相關經驗之可能性這一必要條件，重新設定與命名了一般知識與專向科學。」[2]

同樣亞瑟‧德魯（Arthur Drews）把科學知識與上帝的分離歸結在笛卡爾。「在笛卡爾『我思故我在』（Cogito, ergo sum）中，看到有神論錯誤的源泉，因它把存在與意識同化；這是唯理論的基質，也是英國的經驗論的基質，並就是馮特與狄爾泰（Dilthey）心理學的基質。當他們把內部經驗的內容同化於給予（given）的總體，他們否認了靈魂。」

主體性哲學是現代科學發展的根基，導致存在被意識同

2 〔美〕祁斯特拉姆‧恩格爾哈特著，孫慕義譯：《基督教生命倫理學基礎》，北京：中國社會科學出版社，2014。

化，神靈只能是我們意識裡的觀念，那個曾經是人類和世界存在最終保證的上帝跌落下祂的神壇，從而割裂人類與信仰之間的紐帶。這個紐帶有重新建立的可能嗎？

這個問題，在柏格森那裡提供了完全與演化論不同的色彩。「所謂生命者，則指意識及他的一切潛在的可能性（possible potentiality）；我們之認識生命者，則在生命在物質中努力構成生物，當它在某一點上增加能力的儲蓄，能夠突然發放出來。復次，我們之認識生命，則生命通過一切動物，皆表現為一生之突進的形式，突近於更加完全的生命的形式；生命由植物，而動物，而人類，皆努力從物質中解放出來，以求自由，生命鑽入物質，使物質活動，生命欲克服物質，不得不先順服物質，故生命開始消失於物質之中者，則求克服物質而恢復充分的發展。」相較康德習慣從時間與空間角度談論數學和物理學，生物學的作用在這一時期上明顯勝於前兩者，而達爾文的演化論的機械觀和非目的論，曾經是多麼讓人感到驚世駭俗。因此柏格森的創造進化論無疑是這一個時期最引人關注的學說。所謂生命，就是在物質中努力構成生物，光在這一點上，柏格森已經克服傳統認識論在追求認識自然世界時所造成的二元論。我們能說生命在這一點上是帶有神秘主義色彩的嗎？

柏格森在其《道德與宗教的兩個來源》一著裡，談到神秘主義時這樣說道：「在我們以其與生命動力的關係而界定神秘主義時，我們已經隱隱承認，真正的神秘主義是少有

的。……神秘主義正處於這樣一個位置，即精神之流在穿過物質時想抵達而又未能抵達的那一點。……假如我們所有人或很大一部分人都能夠像那位神秘主義者這那樣高瞻遠矚，自然的進化決不會停止在人類這一物種上面，因為實際上那樣一個特殊的智者已經早已超越了一般的人。同樣的情況還可見於其他形式的天才，他們也都是舉世少見的大智奇才。所以，神秘主義不是靠運氣而是靠其本質才顯得與眾不同。」[3] 至此，柏格森的《創造進化論》算是和宗教的神秘主義有了某種一致的效果。這個效果至今依然提醒着哲人們在物質煥發的同時，不忘上帝對我們的愛。[4]

《歐洲近百年哲學史》帶領我們重新回顧了自黑格爾 (Hegel) 以降的哲學發展，尤其是科學大步向前行時，思想界所面臨的道德與宗教危機，這種張力一直持續到今天。在此，我們由衷感謝詹劍峰先生翻譯此書的付出，也希望此書出版之際，不忘前人在此精神家園的開拓耕耘，以砥礪我們繼續前行。

黃國象[5]

3　〔法〕亨利・柏格森著，王作虹等譯：《道德與宗教的兩個來源》，貴陽：貴州人民出版社，1996。

4　編者注：代譯序中其餘引文來自本書第三、第四、第六、第七章，依次序而列。

5　台灣學者，畢業於巴黎大學哲學研究所。

目錄

第二期　一八九〇年──一九三〇年

第 一 期

一八五〇年

———

一八九〇年

時代概觀

　　一八五〇年左右，所有人們寄予重大哲學和社會構建的，帶著誠意的希望皆成泡影。這個時期就此拉開帷幕，一直延續到一八九〇年。

　　在這一時期之前，思想界普遍的主題，不外乎申明自然和歷史是一最高實體降生的條件，這一最高實體有人叫它為精神、理性[1]、自由、人道、和諧，或者叫它為其他名字。嚴刻的決定論（determinism），如果你願意，那就是一個黑格爾（Hegel）派，一個孔德（Comte）派，一個叔本華（Schopenhauer）派所認為萬有中必然發展的定律，在他們的眼光中，這條定律為其終極的自由所補償；所謂自由一

1　編者注：原文作 Geist。

定連接着必然而不可分，自由或者如黑格爾以及孔德所主張，殆為這種必然的意識，或者如叔本華所主張，殆為意識之否定及解脫；那時候一般小說上的主人翁純是一往情深，由於他命定的狂熱而奔放四溢，時而地獄，時而天堂，時而墜入永劫，時而獲得神庥；當時的哲學思想，也具同樣的情感，譬如華格納（Richard Wagner）致威森東克（Mathilde Wesendonck）的信，結尾一段就有這種情感的表現，頗富文學的意味：「當你那雙神秘的和具有魔力的眼睛瞪着我，而我自身融沒在這神秘和具有魔力的眼光的時候，在這一剎那，既沒有主體，也沒有客體，在這一剎那，一切都互相融合，形成一無限的深烱的和諧而無間了。」[2]

在這種無限而深烱的和諧中，現在感覺到一道裂痕了；人們似乎失去這種深遠的統一之直觀了；最樸實的思想發生一些轉變，這種轉變不再關乎各理論的統一，而是於這些轉變中必有所選擇了。例如黑格爾黨的激進派，左派黑格爾主義，費爾巴哈（Feuerbach）及馬克思（Karl Marx）的黑格爾主義，從他們的老師處抽取社會進步之必然的觀念開始，而以唯物主義（materialism）告終了；泰納（Taine）解釋黑格爾哲學是一決定論的思想，在這種哲學中，所有精神現象歸結到一國族精神（德文，Volksgeist），而此國族精神則歸結於物質環境的影響。這毋須指責泰納不懂黑格爾哲學，因

2　馬勒布（H. Malherbe）於一九三〇年八月五日的《時報》（Le Temps）。

為泰納之理解黑格爾並不異乎他的同時代人之理解黑格爾。與之相反者，此時期一方見到努力調和各派哲學的希望達到終局，一方則見自由哲學之產生，這種哲學表現在兩個極相殊異的形式，一為雷努維爾（Renouvier）的自由論，一為塞克雷坦（Charles Secrétan）的自由論，尤其是在雷努維爾的思想中，所謂意志自由，決不是完成必然，也決不是一自願承受的必然，自由論必與決定論分家，畢竟要否定必然；人類歷史上的成績全憑個人的創意，不可預測，這種創意除了理性依個人的自由意志所與之法則外，並無其他法則。

照通常的情形而論，如果你從以前的學說中取消了它所有那些神秘的和幻想的性質，你就獲得一些新的學說，它誠然帶上一點懷疑的和掃興的樣子，反過來說，這些新學說期待人類之力量者多，而期待自然的必然者則異常之少。譬如馬克思的唯物論，就是黑格爾的國家主義，不過剝去它的宗教意味而已，猶之乎李特爾（Littré）的實證主義（positivism），就是孔德的學說，不過把孔德所創將來的教會以及宗教與世俗一定關係的組織，那些空想揭下而已。黑格爾曾費了很大的勁並幾乎蠻勁地劃分歷史與語言學，認為歷史乃描寫精神的降生，而語言學則限於史料文獻的批評的研究，從歷史中除去那些直接史料所給與史詩式的傳說[3]。這種歷史與語言學的劃分到我們現在所要研究的時代完全失

---

3 例如，黑格爾一再質疑尼布爾（Niebuhr）試圖證明羅馬歷史的所有開始都是純粹的傳說。

墮了：勒南（Renan），繆勒（Max Müller），策勒（Éduard Zeller），布克哈特（Burckhardt），以及其他學者，均自承為語言學家，同時又為歷史學者；這種批評普通的結果，則使過去歷史的狀貌為之改觀；這樣一來顯得神秘的成分則非常之少，而與現代則非常的相似；譬如博須埃（Bossuet），聖奧古斯丁（St. Augustine）認歷史乃由各時代精神的結構而表出大相殊異的時期，這樣意義的歷史在勒南的著作中趨於消滅了；在勒南的著作中，猶之乎在羅德（Rohde）的著作中，我們可以見到遙遠的過去，古人所表現的能力完全與我們的相同，而在遙遠的將來，每一時代所作所為亦同乎現今；好像黑格爾曾經恐懼過的，那些帶上過去與現在大不相同的感情的批評，使我們失去對於將來所趨的預測，換言之，則失去歷史引導我們所趨赴的目的；過去與現在相平等均可等量齊觀，以及盧克萊修（Lucretius）「所有的東西都是一樣的」（拉丁文，Semper eadem omnia）學說重顯聲威，誠然其冷嘲熱諷的成分多於悲觀的成分，但語言學家同樣視此為研究法不可少的規條。谷納（Cournot）以碰巧的和偶然的觀點構成歷史的認識論，認為所有事件的產生均歸功於無數彼此獨立的原因之湊合，這樣的史觀把那些以單一原因解釋歷史的可能性排除了。馬克思派的決定論與谷納派的非決定論確屬相反，這是毫無疑問的；但我們在其間發現一致之點，那就是否認一切視歷史是有目的跑道之神秘的學說。

自茲厥後，思想趨勢十分奇特：一般哲學家對於目的決

定作用的探究深覺不可知，或取懷疑主義，他們的注意轉向於研究認識的思想或行為的意志；以及研究這種思想之形式的條件，或這種意志之形式的條件，這一時期乃邏輯的探討以及道德基礎的思辨收穫最豐的時期；人類精神厭棄想像的對象之研究，反身自省，以觀察精神本身活動的法則：一個孔德派或一個黑格爾派竭其畢生之力，反抗這樣一種形式主義，與此形成了鮮明的對比。因此，哲學家的企圖乃復歸於康德的批判論，尤其是復歸於康德之《純粹理性批判》（Critique of Pure Reason）：這就是德國和法國新批評論（neocriticism）之發端；由於同一的精神，泰納復去分析孔狄亞克（Condillac）的著作；穆勒名學（J. S. Mill' s Logic）是這時期最大的成就，真正說起來，穆勒名學是超乎一種邏輯，超乎一種知識的經驗論；因為我們可以看到，在這種運動之下，已萌芽了下一個時期（一八九〇至一九三〇年）大為發展的科學批評（criticism of the sciences）。

自茲厥後，產生了許多冷靜的、嚴厲的或嘲諷的著作，表現一八五〇至一八九〇年那個理智時代的根本特徵，自應具有這些性質，換言之，則應具有無差別相（indifference to objects）。這種無差別相多麼熱烈地打動尼采的心靈，以致他又多麼嚴厲地斥責那些歷史學家，不僅尼采一人如是，這可說是時代普遍的特徵：哲學上的形式主義相當於法國詩壇伯拿斯詩派（Parnassianism）的藝術，尤有甚者，馬拉梅（Mallarmé）的詩推至極端，專務於詩歌之純粹形式

的條件；保羅・瓦勒里（Paul Valéry）說：「康德也許十分天真地自信看出道德律，而馬拉梅則無疑地覺出詩學的至上命令（imperative）：一種詩律。」還有，田園畫派或自然主義派的小說亦類同這種無差別相。谷納在一八六一年曾說過：「哲學上絕對真理的信仰是這樣的冷淡，以致大眾和法國的研究院也不再接受這類作品，除了廣博的和歷史癖的著作。」英國人的思想在歐洲久已失去其霸權，現在又重振其勢力了；穆勒的名學、達爾文（Darwin）的演化論（transformism）、斯賓塞（Spencer）的進化論（evolutionism）標明這時代精神之自然趨勢。

約翰・司徒亞・穆勒（John Stuart Mill）

自柯勒律治（Coleridge）及科萊爾（Carlyle）以來，詩人和分析者、先知和反省之士，這兩種典模流行於英國人的思想中，兩派互相攻擊，勢成水火，不可調和。詹姆士・穆勒（James Mill）企圖把邊沁（Bentham）主義那種純邏輯的和演繹的，嚴格的理智規律傳給他的兒子約翰・司徒亞・穆勒。小穆勒生於一八〇六年，他以過信的態度繼承功利學派的原則，並建立一功利學社。但在他的《自傳》（一八七三年）中，講述他患精神失常病的經過：這是一種遲鈍地苦痛的情感，使得他對於一切新的興趣之努力，切覺淡漠；他認為他的父親給他的教育養成他偏於分析的習慣，應負這種感情薄弱之責；那個時候，他已看出那種非反省而直接的感情之重要：「如果你要求你是幸福的，那麼，你將

停止存在了；唯一的機會，則把人生不為自己求幸福而為眾生謀安樂作為目的。」當他讀屋茲屋爾斯（Wordsworth）的詩，他寫過下列的句子：「沒有詩味的自然派詩人」；在一八三八年，他曾指出，邊沁的方法是多麼卓越，但生命的認識則多麼有限：「他的方法是經驗的；但這種經驗論，對於生命的經驗又如何少」。在一八四〇年，他將邊沁與柯勒律治相對比，後者的見解使其深覺有許多真理未被功利主義（utilitarianism）者懷疑。

如果穆勒從他幼時所受的教育出發，陳述他的講演和情趣含有聰慧的、明敏的、及猜疑的樣態，我們能夠說，他的精神抱病給他一廣闊的眼界，這是功利主義派所少見的。

I 邏輯

從現代哲學的全部以觀，我們可以指出關於邏輯的研究是很少數的，或者是居不重要的地位；康德確信亞里士多德（Aristotle）所說邏輯乃普遍地同意的；萊布尼茲（Leibiniz）在論理學上所作的草案，誠有力量，但終留在試論的狀態。然後，在十九世紀中葉，尤其是英國，發生了一次徹底的逆轉。當一八二六年，懷特利（Whately）刊佈他的《邏輯基本》（*Elements of Logic*）；他很明顯地區分論理學和認識論；他規定論理學的實用的功能：論理學的功能並不是發現真理，而是發現一論證的謬誤，例如謬論之減除

（reduction）；他曾經有過一個觀念，寫了一本《拿破侖之歷史可疑論》（*Historic Doubts Relative to Napoleon Bonaparte*），在這本書裡，他指出那些攻擊基督教真理的同一論證，必使我們懷疑拿破侖的存在。一八三〇年，赫歇爾（Hershell）發表《論自然哲學之研究》（*Discourse on the Study of Natural Philosophy*）；當一八三七年，惠衛爾（Whewell）的《歸納學史》（*History of the Inductive Sciences*），首先標舉科學的發現中，精神的發明居首要作用；由感官觀察所得僅供給一些張本（raw data），充其量也不過是一些經驗的法則而已；唯有在假定的方式（hypothesis）之下，從精神而來的觀念方能統一這等張本，亦唯有在這種觀念中我們方能發現因果解釋；這些觀念是天才的智慧（keen perception of genius）之產物，世間並沒有一種規律能夠取代之；惠衛爾從康德所主張悟性的概念產生統一之範疇，領會觀念具整理統一的作用。奧古斯塔斯・德摩根（Augustus de Morgan）及布爾（Boole）完全從另一方面發展，即數理邏輯的矯正。德摩根的著作有：《形式邏輯；或推理的計算，必然與概率》（*Formal Logic; or the Calculus of Inference, Necessary and Probable*, 1847）及《邏輯體系大綱》（*Syllabus of a Proposed System of Logic*, 1860），布爾的著作有：《邏輯之數理的分析》（*The Mathematical Analysis of Logic*, 1847）及《思想法則的分析》（*An Analysis of the Laws of Thought*, 1854）。

傳統的邏輯從概念之外延（extension）與內涵

（comprehension）出發；但傳統邏輯上的種、類、及概念論，同穆勒自休謨（Hume）的經驗論繼承而來之普遍表象，並不一致；邏輯上的張本並不是一些概念，但為許多彼此各自隔離的印象，有如散沙，或如積薪。穆勒的邏輯則把論理學上那些傳統的問題，逐一加以批評，將普通的解決方案翻譯成一種語言，這種語言不再假設概念的存在，但僅假設一些印象，這些印象或彼此相聯合，或彼此相揆離。這樣一來名詞論、命題論、推理論均為之改觀。一個主詞，例如一個物體，不過某一樣態底某種有組織的感覺罷了；它是存在於我們之外的，這就是說，它是感覺底一種永恆的可能性；精神亦如物體，不過是內心諸狀態底一根緯綫而已，不過是一串印象穿上感覺、思想、情緒及意志而已。一抽象的命題如同：「一慷慨的人物是值得尊重……，僅僅包含一些現象或精神狀態，追隨或伴着一些感覺的事實。」至於定義，或者它毫不傳達事物，它只說明一字的意義，或者它與一普通的命題無異。

三段論式（syllogism）顯然連附着概念，因為三段論式是從普通推到特殊，這是值得注意的。但在經驗論者看來，所謂全稱肯定的大前提：「凡人皆有死」，也不過與一串有限而確實的經驗同其價值，（「如彼得、保羅等有死」），全稱的大前提亦如同這串經驗的記號而已；我們為便利起見，把這些特殊的事情，合併而統一成一緊縮的公式，如果我們的記憶很好，我們就能不經過這個公式，而推論到一相似的特

殊的事情：「所以，雅各是有死的。」精神所成就的實際作為中毫不能插入一普遍的定理（axiom）。其次，所有的定理，自其本身來看，也毫不超出經驗，這些經驗或者是實際的，或者是被想像成連續的。譬如兩直綫不能包圍成一空間這定理，反之則不能理解，人們則據此而構成一先驗的證明，而其實呢，則想像兩直綫相輻輳乃不可能之事，人們向前推進，遂把它移植於思想之中了。

準此而論，所有結實的命題不過事實間一種連結而已。但在這點提出另一問題，則在這些連結內，我們怎樣能辨別這種連結是一自然的法則，或是一因果的連鎖呢？我們知道，培根（Bacon）曾用他所發明之有名的三表法，以解決這問題；但培根的三表法和休謨的因果經驗論是大異其趣的。這種三表法假定我們所觀察某一自然（nature）及我們所探求某一形式（form）之間，有一因與果地不變的連結；這種連結被我們觀察到的無數情景（circumstances）所掩蓋；而三表法則刪除這類情景的方法。而休謨所主張印象的共相（universe of impressions），則不知道這樣一種連結能否存在於自然界；他以習慣與觀念的聯想，完全不加思索的冒險，說明我們因果連鎖的信念。培根三表法的實際應用是與休謨之理論的經驗主義無關係的；不管人們對於因果律給它一經驗的起源，或不給它一經驗的起源，但要想顯露那些特殊事物的因果關係，譬如說，重量的變化乃依據地面的移動，則使用與培根三表法相似的方法是不可少的。

　　準此，穆勒所創的四種方法，乃用以識別因果的關係，識別這些關係構成的法則，純屬實際應用的方法，同他的經驗論並不相聯繫，正如休謨以同樣的企圖給與的規律同他所立的因果原理並沒有關係。復次，穆勒完全不是物理學者，他從惠衛爾的著作中汲取他所研究的材料，而惠衛爾乃康德派及赫歇爾的信徒，但赫歇爾對於認識的起源並沒有特殊的理論。這四種方法的應用假設一因果的概念，在這概念上，經驗派與先驗派（apriorists）皆能同意的：所謂因果，就是兩現象間之無條件的和永不變的聯繫，所以若無第二種現象的顯現，第一種現象不能存在；那麼，這就是一純粹技術的問題，當我們觀察的時候，區別這種因果的聯繫是什麼，這就是四種方法如何應用：所謂統同法（the method of agreement），則搜集所有欲觀察之事例，在此等不同的事例中，唯有某一條件時時呈現，那麼，此一條件為其原因或其結果；所謂別異法（the method of difference）則羅列欲觀察之事例為兩組，某一現象在此組中則見，在另一組則不見，就中其他各事皆盡相同，唯此一現象前後相異，則此一現象為其原因，至少亦為其重要的原因；所謂共變法（the method of concomitant variations），在其他條件不變時，則這一現象每有變異，另一現象亦隨之而起變異，可知前者為後者之因或果，至少兩者有相互的關係；所謂剩餘法（the method of residues），則就同一現象中，已知其大部結果的原因，唯尚有餘果，非已知的原因所生，則從此餘果，求其

餘因〔例如勒維耶（Le Verrier）之發現海王星，則用剩餘法，因為他已知天王星之運行時有擾亂的現象，非由於已知的星體之吸引，故必有未知之行星存在〕。審察這四種方法之應用於專門學術，與其屬於哲學家，毋寧屬於技術家；這四種方法的使用，與其說它是發現的技術（此則穆勒所深信不疑的），毋寧說它是檢查與考核的技術；尤有進者，則這種方法的應用，並不允許我們對於兩個互相連結的現象，判別何者是因，何者是果。

　　但經驗論者穆勒仍然面臨一個哲學問題：我們怎樣能保證事物連結之不變的關係乃必然的因果律的呢？換言之，即任何現象，皆有其原因，如何保證呢？我們知道休謨對這問題有深刻的答覆；穆勒不注意這問題，而且他的解決是另外一種的；我們由歸納法達到因果的原理，與我們由歸納而得到所有其他普通的原則，其所取之步續完全相同：這種歸納全非專門地應用去發現不變的關係或法則的方法；這是亞里士多德底單純的枚舉法（enumeration），我們曾見這種枚舉的歸納在三段論式中大顯其作用；我們從無窮無數的情形中，證實一事必有一因，全無例外，我們遂毫不遲疑歸納到：一新的事實亦將必有一原因。其次，這種歸納絲毫不給因果原理以絕對的價值，也絲毫不給所有其他普遍的原則以絕對的價值；在某些時間與空間內，也許那兒有無因而至之事，那兒二加二等於五，這也是可能有的。

II 道德與道德科學

　　穆勒在他的《名學》第六卷（Logic, Book VI）上討論道德科學的方法，和功利派的經驗論有密切的關係；誰都知道，在經驗學派中，研究道德學的方法是嚴密的演繹法，即在洛克（Locke）的著作也是如此；在這點，功利的經驗論者，似乎有很不近人情的態度，但當他們想求道德學的應用時，乃為之說明；他們假定行為之永恆的動機，如求樂避苦，再從這種動機演繹出行為的規律。至於穆勒本人，他見到演繹是道德科學底必需的方法，但這一種演繹不似數學的演繹，而偏於動力觀的演繹，它依據某一法則，綜合已知其結果的諸般原因；譬如在政治的行動上，我們能由憲法的更改，預見其變動的結果。穆勒既不承認政府乃方便之門、人工的製造和純粹人類的發明的那種說法，亦不承認柯勒律治那種浪漫派的說法，稱政府乃有機的、有生命的、自發的組織；他主張政府建在個人的行為上，特別是建立在信仰的行為上：「一個抱有一種信仰的人是一種社會的力量，它是等於多數只知利益的人底力量。」穆勒本人是一自由主義者；但在他看來，自由既非表示浪漫派所謂內部的解放，亦非功利派所指事業上的自由。他反對浪漫派，曾經說：「我覺得現代精神如是的奇異和如是的衝突，無有逾於歌德（Goethe）生活的理想者……這並不是調和，而是一冒險的和自由的伸張，完全由於現代生活的需要和現代精神的本能

所激起的傾向」。這種自由建在思想獨立性底力量上。他對功利派亦深深地覺得經濟上無限制的自由是與真正的自由不相容，因為經濟的自由主義不允許勞動的結果有合理的分配；他對社會主義有些微的同情，並在合作中，看到自由的方法。他同樣主張政治上婦女需要解放。

這種理知與感情的均衡發展，在他的大著《功利主義》（*Utilitarianism*, 1863）中表現得尤其明白；他在這本書裡，為功利派辯護，反對人們指責功利主義是自私自利的，反對人們指責功利派對非感官的快樂以及藝術與科學的高級快樂毫無分別；然而這種辯護終於失敗了：他停留在兩種自相矛盾的理論中：行為的唯一動機是在自利主義（egotism），如果並非如此，如果人們不顧自己獻身於他人，這種利他的行為，起始是滿足自利心的方法，但終於此一方法成為目的，完全忘記了自己的動機；這種轉變如同鄙吝的人，積聚金錢不是一享受的工具，乃為金錢而積金錢，方法變成目的。但另一方面，穆勒又同我們說，某些快樂，如藝術的或科學的快樂，是高於感官的快樂，其質的快樂和感官的快樂大相懸殊，而量的快樂並無甚價值。根據第一種理論，道德的生活是間接和習得的，根據第二種理論，優美的道德是本質的和固然的。

在宗教方面，穆勒思想亦表現同樣的一種矛盾，他在單調的功利主義內，找不出安心立命之所，他厭棄功利學派的完全不可知主義（agnosticism），尤其在晚年的時候；

無論如何，他不願意有超自然底獨斷的否定，在他死後出版的《宗教三論》（*Three Essays on Religion*, 1874），世界上不圓滿之存在使他歸結到一有限的上帝之存在，如同詹姆士（William James）後來所肯定的上帝。

‖ 參 考 書 目 [4] ‖

穆勒的著作

- Mill, John Stuart: *System of Logic*, 2 vols, 2nded, 1843.
- _____: *On Liberty*, 1849.
- _____: *Autobiography*, 1873.
- _____: *Utilitarianism*, 1863.
- _____: *An Examination of Sir William Hamilton's Philosophy*, 1865.
- _____: *Letters,* 2 vols, 1910.
- _____: *Correspondence with Justave Sichthal in Paris*, 1898.

研究穆勒的著作

- Ch. Douglas: *John Stuart Mill*, Edinburgh, 1895.
- Taine, H: *History of English Literature*, new edition, 1878, pp.331-419.

4　詹季虞由法文翻譯成英文。

演化論，進化論，與實證主義

I 拉馬克與達爾文（Lamarck and Darwin）

當十八世紀及十九世紀初葉，自然的等級（natural series）的觀念風靡一時，因為時人憑直覺獲得生物自一種形態過渡到另一種形態的順序，而自然等級的觀念足以安排生物的形態使之秩然有序。生物形態繼續演化的觀念大不同於物種一經創造則不改變的觀念，且與之不相容。

引導拉馬克（1748-1829）走到演化論者，非由生物形態之繼續，而為生物之變型（anomalies）。一八○○年曾公開演講他所獲之新觀念，稍後，他把這觀念寫在他的大著《動物的哲學》（*Zoological Philosophy*, 1809）中，經驗證明生物的變型與有機體之自然的類型（types）有關係，每一

種類型包含若干確定的器官，其分配有一定的方式：例如
脊椎類型（vertebrate type）包含一排牙齒，位置對稱的眼
睛，好像轉運工具的腳；然而我們證明在無數情形之下，
它們的器官分配不盡相同，或者是萎縮的，或者是完全沒有
的；復次，每一變型有不同的方式；「動物的機構，在牠的
生長的組織中，從最不完全的起，僅呈現着一種不規則的進
化，而其擴張的結果，更顯得逸入歧途，以致牠們的奇型
異態是毫無條理的樣子。」拉馬克企圖解釋這種生物的分
歧，他並不否認生物規則的演變，這是自然之平常的和自
發的進行，他把生物演變歸之於極相殊異而又繁多的情景
（circumstances），這種情景不斷地伸展，竟破壞了正常的規
律。所謂情景者即自然的環境，包含氣候、食料等等……
環境的情況發生不同的需要，而需要又使之常調換環境，為
滿足需要而起之努力，結果是改變生物的器官，且當需要的
滿足產生時，常使動物改變其器官的位置：「例如扁平的魚
類眼睛的不等形（asymmetry）：牠們的生活習慣強使牠們在
扁平的面上游泳……在這種情形之下，自上接受光多於自
下接受之時，因此而有一特殊的需要，即常注意於向上，這
種需要強迫牠們的一隻眼睛改變其位置，而單純化之，那就
是我們所見比目魚、鞋底魚及其他這類魚的眼睛。」所以拉
馬克遵照聖伯甫（Sainte-Beuve）在小說《快感》（Volupté）
所作之指示：「以最少的元素，最少的變動（crises），和最
大可能的時間的延續去構造世界」。變化藉習慣而固定，

保守的力量，由於滿足需要的努力把草創的格式畫出固定的形狀。由此可見，如何要將生物的演變歸原於環境的影響，環境的影響是生物變型的產生者。如同貝特洛（René Berthelot）先生所指示：「環境的影響決不如普通人所常說那樣是進化的根本原因，而是一個破壞性因素」。

這是可注意的一點，即引導達爾文（1809-1882）到演化論（transformism）者，亦由於觀察若干生物的變型而來。一八五九年，達爾文刊佈他的《物種起源》（On the Origin of Species），他的出發點確是家畜飼養者為求於人有用的動物的變種，常施行人工的淘汰（selections）：這種人工的淘汰為何可能呢？因在動物中，一代復一代傳下去，有許多偶然變異（accidental variations），然其原因則為我們所不知，而家畜的飼養者亦非偶然變異的主宰，僅能由飼養者之注意偶然變異而得到順遂發展，由於飼養者認為有用，遂把那些變異固定化：這就是人工的淘汰，可見淘汰這個字表示一反省的和有意的方法而已。

據達爾文說，人工淘汰的方法亦即自然用以產生諸物種的方法；天地間有一種自然淘汰（natural selection），自發地扮演人工淘汰的主角。首先，在自然的物種中，如同在家畜的種類中，確實有一種變異的力量（法文，puissance），其力很小，這是無可疑的，但經過漫長的時間後，其作用增長，終能產生一些與他們的祖宗大不相同的後裔。其次，這些變異絲毫不是定向的，而道地是偶然的（accidental），所

以這些變異在十足分歧的意義下而完成。最後，達爾文採用馬爾薩斯（Malthus）的人口律（Malthusian Law），並把它推廣到動物界，意想生存的資源增長之速度慢於動物數量之增加；因此之故，動物界遂有生存競爭之產生，馬爾薩斯把人類間生存競爭描寫的非常險慘可怕。我們由生存競爭的觀念，體會出怎樣能發生自然的淘汰了：偶然的變異發現某一部分的變異對於生存競爭是有害的，另部分的變異對於生存競存是有益的：動物的變異總是向有益的而趨赴之：這就是最適者存留（適者生存）的原則。因此之故，新的物種不斷地形成，由於新的適應的方法，把新的物種的特性愈加表現出來：這就是物種真正的起源，人類的起源亦非例外〔《人類起源》（*The Descent of Man*, 1871）〕：人類獨有的特徵，如理智的發展，精神的能力，甚至於宗教，在達爾文看來，均可視作對生物有用的變異，由於有用而被保存起來。

物種的逐漸固定性是一難於想像的事，或者是由於它們的變形非常緩慢，或者是由於我們觀察的時間短，進化的特徵更顯得慢：而且這種遲慢與人類考察的方法有關係；譬如哥白尼（Copernicus）的體系曾經毀滅了世界的外環，演化論展開一時代的遠境，在這一時代中，傳統可以理解的歷史持續時間只是一個很小的部分：他的觀點得到了地質學與古生物學的證明。

達爾文主義的精神和拉馬克主義是十分的不同：達爾文認為變異乃粗樸的和不可解釋的與件（法文，données，英

文，data），而拉馬克則認為變異與一內部的需要的活動有關係，而其結果則由習慣所固定。在達爾文思想中，變異是在任何意義下都可發生，而在拉馬克觀之，變異則常在最好的適應的意義下而發生。那麼，達爾文主義根本是機械論的，且僅承認插入動物的生命中之偶然的結果，完全排去目的論（finalism）。這樣的觀法將重現於斯賓塞的進化論（evolutionism）。

達爾文主義，應用到社會的、道德的、和精神的作用上去，人類思想為之改觀；人種與起源的問題，在從前，或者把它扔在結構的問題之旁，或者把它排斥在宗教或形而上學之邊緣，多少有點暗昧不明，現在這些問題似乎有了一個積極的解決，至少在原則上；產生這種官能的原因無殊於我們眼前所看到的，且想像這些官能經過很長時間的運用和它們的效能的增加，則足以解釋最複雜的形態。尤有進者，就是更重大的變換，這些官能並不見得有本身的意義，但與它們對環境的適應作用有關；我們對於精神全體給予一生物學的意義。達爾文本人，在他的大著《人類與動物的感情表達》（The Expression of the Emotions in Man and Animals, 1872）給演化論的心理學一模範，他力求說明大多數伴有情緒的運動由適應的行為而來。因此演化論說明道德者，我們可以援引保羅·雷（Paul Rée）的著作《道德的感情之起源》（The Origin of Moral Sentiments, 1877）、《良心之建立》（The Development of Conscience, 1885），這些著作是尼

采（Nietzsche）思想的出發點之一：據尼采説，淘汰之於人類，其效果則減輕人從動物繼承而來利他的感情，和加強利己的感情。

II 斯賓塞的進化論

斯賓塞的進化論是一八六○至一八九○年間有最大勢力的學説之一，它不僅僅影響到英倫三島，並影響於全世界；斯氏的進化論配合着達爾文的演化論，改變了哲學的精神甚多。

斯賓塞（1820-1903），本擬從事於工程界，自一八四二至一八五○年時，開始研究政治的與經濟的問題，他的第一篇文章《非國教者》（*The Nonconformist*, 1843），標榜個人主義（individualism），反對政府的干涉，這種思想永久保存在他的學説中。在達爾文於一八五九年刊佈他的《物種起源》之前，斯賓塞一八五二年至 八五七年刊行的《心理學的原理》（*The Principles of Psychology*）及其他論文中，斯賓塞已發表進化（evolution）的觀念了，然他擬具綜合哲學體系的大綱的計劃，則在一八六○年。從他寫第一個字起，一直到完成止，絲毫沒有改變他的觀念，並絲毫沒有改變他的計劃。《心理學的綜合原理》（*The Synthetic Principles of Psychology*），包括一八六二年發表的《第一原理》（*First Principles*），一八六四至一八六七年發表的《生物學的原理》

（*Principles of Biology*），一八七〇至一八七二年發表的《心理學的原理兩卷》（*Principles of Psychology, two volumes*），一八七六至九六年發表的《社會學原理》（*Principles of Sociology*），一八七九至一八九二年發表的《道德學原理》（*Principles of Ethics*），還有其他論文，尤其著名者，如《科學之分類》（*The Classification of the Sciences*, 1864），《教育學》（*Education*, 1861）。他的《自傳》（*Autobiography*, 1864）很能顯出他的著作的精神怎樣：他發現了的原理，則認為絕對可靠，他武斷地保持着這些原理，從不予以比較，亦從不予以審核（他說，他從來不讀那些和他的出發點不同的書冊）；一種批評的好奇心不斷地覺醒他，使他盡其一生的精力，作詳細的修正；最後，一種確定不移的非國教主義（nonconformity）使他本能地懷疑任何權威或已成的風俗習慣，不論那些風俗習慣是關於喪葬的儀式，是關於研究院的頭銜，或是關於宮庭的繁文縟禮。

在斯賓塞的體系中，有一種形而上學，由於它的獨特性及它的靈感，是獨立於他的進化論之外的：這就是他的存疑論（Theory of the Unknowable），他從漢密爾敦（Hamilton）及曼賽爾（Mansel）所已知的論證，以說明存疑論；他同漢密爾敦相同之點，則在存疑論中，找出調和宗教與科學的方法；但他與漢密爾敦相反者，則他以為存疑的觀念並不是純粹消極的：如果刪去一切可知的對象積極性，然終留下一共通的基質（法文，fond；英文，substratum），這就是「有」

（Being），「有」乃「無限意識」的對象，那是不可知的。但存疑論本身表現為不同的二面：其一面，標明若干界限，俾科學脫去宗教的羈絆，取得完全的獨立；為進化法則所支配的實在（reality）舉起科學的大旗，而宗教亦可一勞永逸，滿足安於存疑論中，不染指於非它所管轄的範圍（這範圍包含社會與道德）。但另一面，存疑亦指萬事萬物之基質，這就是「力」（force），力之實現，服從進化，乃成顯像（manifestation）。存疑論之見於此方面者，亦如康德在《純粹理性批判》中所指之「物自身」（自在物，thing in itself）係不可知者。斯賓塞是一實在論者（realist），相信我們感官的認識是不可知的事物之象徵。物質是意識事實之不可簡約者，他反對穆勒所維護之貝克萊的（Berkeleian）傳統見解。我們知道，存疑論的第二面，乃從他的進化論而來的必然性，因他的進化論來自力守恆（Persistence of Force）的觀念。

這位進化論者既不是歷史學家，又不是生物學家：賦予發展和生長之直接的知覺諸規律，只是很薄弱的部分；在德國的思想界中，從萊布尼茲（Leibniz）起到黑格爾止，發展的觀念或進化的觀念特別流行，這些發展的觀念是與生命的內部的直觀不可分離的，有機的生命、歷史以及宗教皆被賦予進化的想像。斯賓塞是一物理學家，或最好說他是一工程師，習於推究事物均衡的條件，他向宇宙進化論（cosmogonies）找支柱，如同拉普拉斯（Laplace）的宇

宙進化論，僅輸入機械律於星雲的發展中，他又向演化論找依據，如同達爾文的演化論任環境機械地影響那些不活潑的有機體。這樣，他終於想出一個普遍進化的公式，在這公式內，僅插入一些為機械律所支配之物質的移動，其解說如下：「物質之凝積及與運動偕來的分散，經過這公式，物質從一未限定的不密結的同質性達到一限定的和密結的異質性，經過這公式，適當的運動亦表現同樣的演變。」譬如同質的星雲，由於熱度的簡單的發散作用，產生了太陽系和它的異質性。密結（coherent）這個字似乎能讓這公式中保存一目的性的痕跡，但如果我們想到斯賓塞的企求，這公式只單純地表出力守恆的效果，力守恆乃最高而唯一的原理，那麼，目的的意味將完全消失了。復次，這種效果能夠為一相反的效果所抵消，那就是分解作用（dissolution），或叫它為從異質到同質的過程。站在機械的觀點，這是同一自然物的兩種事實，有時候這一種佔勝勢，有時候那一種居上風，好像一個機器隨動力的往來而上下。

斯賓塞的自物理學上力守恆律出發的進化原理，其所作的推論是被判為不正確的。如果我們承認機械的進化論，則為求說明這原理的普遍性，將留下許多和它顯然相反的問題要待解決，那就是從前的進化論所提出的問題；在從前的進化論中，動力或生命力是原始的存在（reality），而機械觀則為一尚待解釋的名辭；從赫拉克利特（Heraclitus）到普羅丁（Plotinus），從萊布尼茲到黑格爾，都一致地決定機械

觀乃次級的存在，甚或視之為幻象。斯賓塞之見解全與此相反，所有生物的進化、心理的進化、道德的進化以及社會的進化，全把它們裝入機械的動作的公式中，這樣的一種簡約唯有憑藉比喻及人為的比較才是可能的。所以在心理學上，不僅是物質與運動的問題了，人們一開始，則取休謨的方式，把意識簡約為諸元素的要素之一種裝嵌；但在分析中，我們將超越感覺，即發現感覺分解成許多元素的「衝突」（法文，chocs），每一元素的衝突相當於每一顫動，斯則物理學者分解感覺的屬性成為事物的顫動：我們所有唯一真正的精神素材如是而已；精神素材的凝積（integration），則將由元素衝突的配合（感覺），以及這些配合（combinations）的配合而成立；這些配合逐漸凝積，逐漸異質化，我們乃給它以各種名辭，以表示各種精神的活動：感覺、印象、概含、判斷、推理；統一精神活動之聯想律，則普遍的進化律之見於意識的事實者而已。在社會學上，也是一樣的，譬如城市人口的增加，伴之而來者，則分工愈趨於細密，這亦可歸原於物質之由凝而散，由同質趨於異質，因組成社會的個人可與物質等量齊觀。

　　復次，斯賓塞的進化公式，當他開始發表時，純粹機械觀的意味或者較少；如果第一部分〔運動之凝積與分散（dissipation）〕更適合專用在物質方面，而第二部分（從同質到異質的過程）很自然地指着一些高級的事實，如生物的事實，道德的事實，或社會的事實如分工等。斯賓塞曾企求

統一這兩部分，但似乎是徒勞無功的。

　　達爾文的演化論之基本觀念，則統治物種進化那個最適者生存的觀念，斯賓塞完全接受，並把它推到各部門去，不僅在生物學引到起重大的結果，並在心理學上、在道德學上、在政治學上引起重大的結果。精神和道德的高超，乃在某一動物對他的環境之反應，逐漸趨於最細微和最恰當的境界。如果我們願意把這道德學上的枝詞蔓語束之高閣，所謂善者（Good），則在環境條件的調整而已。這個定義之所包含，足以說明功利主義的要旨，因為快樂即有機體與環境間均衡的適合。那麼，就是自然的法則亦自發地指導事物趨向於善。我們能夠想像一種絕對的道德，將來終有一天可以達到，在那種道德的境界中，完全進化的人對於善與惡不再需要有選擇了。將來必有一種盡善盡美的社會狀態與這種絕對的道德相符合，動物的社會已有進化到這種境界，例如蟻的社會，則足貢獻這一種理想，在那個時候，意識自身本伴着遲疑，伴着一定的反動（reaction）者，也將消滅了。

　　斯賓塞的自然主義，和達爾文學說的關係這樣密切，能夠同他所立的進化論相調和嗎？環境的觀念對於進化所示生物之內部的發展完全是外來的。由同質到異質的進步就是生物對其環境最好適應的變易，頗不易證明；一種繁殖的複雜性，或者使生物更加易變、更加傷毀，且不斷地使之產生新的不均衡。

　　斯賓塞的基本態度則在他的個人主義，覺得達爾文主義

和進化論都同樣使他滿意，他由達爾文主義得到的信仰，即大自然使他認為一切人事的干涉足妨礙最適者生存律之效力者，皆屬罪過，如同仁愛（charity）或其他類似的干涉使個人避免他的行為之自然的結果。其次，進化的法則教導他，在一個社會裡面，各種機關的作用是逐漸特殊、專門化，而政府的作用則在防止外來的侵略，如果它越出這種範圍就是反乎它的本性的。

我們看出那種異質的與不和諧的因素充滿在斯賓塞的學說中；然他從這種學說發出一種強有力的志願：不再追求宇宙的本體，而追求宇宙的音節（rhythm），尤其希望想用庸俗的機械律，給宇宙的音節以科學的解釋，那就是繼起的學者所喜愛的觀念。

III 英國的進化論者及實證論者

大約從一八五〇年到一八八〇年的時候，實在表現出道地的實證的精神；如李微士（G. H. Lewes）所說，當時所致力者，則把哲學上那些超經驗（法文，métempiriques）的素質全行剝去，當時人的興趣已不在十八世紀及十九世紀初年致力於實際的和社會的研究，只求達到一種科學地正確的知識之理想。李微士於一八五三年發表《實證科學之孔德哲學》（Comte's Philosophy of the Positive Sciences），使英國人認識實證派的哲學。當一八四五年，他曾著的一部《哲學

傳記史》(*Biographical History of Philosophy*)，則曾為孔德所讚賞，他所著的《精神與生命的問題》(*Problems of Life and Mind*, 1874-1879)，則充分代表實證派的精神，他企圖把哲學的問題作實證的解決者，此則意識與機體之關係的問題，他的解決方法則認身體之嬗進與精神之嬗進，乃一實體之二面而已。

赫胥黎（Huxley）在一八六三年發表《人在自然界的位置》(*Zoological Evidences as to Man's Place in Nature*)，一八九四年發表《論文集》(*Collected Essays*)，以及一九○○年由他的兒子所刊佈《生平與書信》(*Life and Letters*)，此即其重要著作。赫胥黎很明白地標舉科學的知識應脫離任何形而上學的假定而獨立。他說：「我對思辨的哲學所作基本的定理，那就是唯物論（materialism）與精神論（spiritualism）全屬荒謬的兩極端，不問我們主張能認識精神，或主張能認識物質，全屬荒謬的想像。」就是最普遍的原理如因果律也全不是由科學所提出；我們以過去的經驗作嚮導，預測未來的事故，而其結果又足以證實它，那麼，所謂因果律者，則引起我們這樣的信念而已；它從不允許我們超出驗證（verification）的範圍。則以道德而言，它也不關乎任何普遍的信條，但為自然秩序中之活的信念而已，因為我們相信不道德的結果，將使社會解體。

另外一些思想家，他們的實證論建立於科學的成分較少，建立於純粹直接的經驗者則較多；克利福德（William

Kingdon Clifford）則其一。〔他的《演講與論略》（*Lectures and Essays*）發表於一八七九年。〕他的精神物質論（法文，théorie de la matière mentale）是表現這種實證論的特徵：任何實體均是「精神物質」（mind stuff）；這種物質的片段自相統一到可感覺時，我們就具有一種意識和一種精神；多數精神能讓各部互相符合則由於它們結合「精神物質」之共同的分子，這就是我們所具有的意識參有別人的意識之由來，克利福德給這種意識一個特創的名字：投出（eject）；最後，心靈的素材並不凝積在意識，而是偕意識以俱進。這種連續的感情乃一宇宙的情緒（cosmic emotion），宗教的感情之基礎。克利福德從這些觀點抽繹出一社會意識（social conscience）的存在，抽繹出一部族的我（tribal self），抽繹出一種統治各個體之人類共同的生命：從歷史的黎明和每一靈魂的深處起，我們的父親的面容，人（Man），則以永遠年輕的熱情注視着我們，他並說：「在耶穌之前，我就存在了」。勒南的實證論的思想和這種思想頗相似，這種思想不再是純粹實證科學的實證主義了。

瑞德（W. W. Reade）著的《人之殉道》（*The Martyrdom of Man*, 1872）亦表示與此大同小異的思想：「如果我們認生命為一單獨的原子，則一切均顯得殘酷和混亂；但我們認人類為一人格，則我們立見人類逐漸變成尊貴的，逐漸變成神明的了。」

斯賓塞的進化論亦受孔德的人道教（humanitarianism）

影響而有所改變；同樣的影響下，進化論失去它與快樂的功利主義本有的連結。故斯蒂芬（Leslie Stephen）在一八八二年發表他的《倫理學》（*Science of Ethics*），則已見到個人的道德標準乃在社會的團體中，如同進化所實現的；這個社團的健康、權力、元氣（vitality）是真正的目的，而不是幸福快樂；快樂的計算，乃依存於片時的印象，但並非必然地與這種目的相聯。

復次，在許多思想家中，進化的觀念很快地失去斯賓塞所主張純機械觀的特徵。例如費士克（John Fiske）在一八七九年所發表《達爾文主義》（*Darwinism and Other Essays*），及一八八四年發表的《人類的命運》（*The Destiny of Man Viewed in the Light of His Origin*）中，可以看出進化所隱藏一永恆不變的目的觀念重行顯現，因為進化傾向於意識與睿智之發展；經驗亦告訴我們有一個永恆不變的上帝，祂是世界的靈魂。《進化及其與宗教思想的關係》（*Evolution and Its Relation to Religious Thought*, 1888）之作者勒孔特（Joseph Le Conte）亦在自然界中看見上帝之生命，在人類的精神中，看見上帝能力之一部。羅梅斯（George Romanes）在一八七八年刊行《有神論之誠實的審察》（*A Candid Examination of Theism*），則給這種思想家一個模範，他從達爾文的適應觀念轉到理智的終局（intelligent finality）觀念，唯有終局的觀念能說明保存生命的環境之協調作用。

稍後，在傑特（Benjamin Kidd）的《社會的進化》（*Social*

Evolution, 1894）中，發現進化論與個人主義相分離，傑特
好像舊的功利主義者，承認理知乃一計算的能力，且常為個
人的利益效勞，達爾文主義使他向另一方面發展，在他看
來，自然的淘汰作用唯在種族的利益中運行，且常常犧牲個
人的利益，方有進步之可言。他從此抽出的結論，則認唯有
一種非理性的大動力之干涉才足打倒理性之只顧個體利益
的計算，方有進步之可言，然代表這種非理性的大動力何在
呢，曰唯宗教；宗教所宣傳的利他主義，絕不為生存競爭的
障礙，實使生存競爭順利進行，因為它企圖打破階級的界
限，使得所有的人在生存競爭中一律平等。

IV 李特爾（Émile Littré）與實證主義

當穆勒在《孔德與實證主義》（*Auguste Comte and
Positivism*, 1865）論述孔德的實證主義時，曾說：「孔德的錯
誤之一就是從不留下懸而未決之問題」，孔德很簡單地把神
學的問題認作過時之物，則其一例也。李特爾（1801-1881）
所發展的實證主義則視實證為一確實的知識，以及孔德之所
否認的知識：「自然法則有其不變性，故反對神學，因為神
學引入一些超自然的干涉；思辨的世界有其限度，故反對形
而上學，因為形而上學追求無限與絕對：這就是實證哲學的
雙層基礎」。見李氏一八五二年所發表的《保守，革命，與
實證主義》（*Conservation, révolution et positivisme*）。李特爾

在一八四四、一八四九到一八五一年，在《民族雜誌》(Le National) 上曾發表了許多文章，以傳播他的學說，他尤其主張在實證的科學中找出社會的和思想的穩定之保證，在這種保證之下，保守主義將與進步的精神相聯盟，他並大聲疾呼，要想作社會的改造，必須有思想的改造 (intellectual reform) 為先，此則理所必至，勢所必然的〔參考書:《哲學觀點上的科學》(La science au point de vue philosophique, 1873);《實證哲學與現代社會學集錦》(Fragments de philosophie positive et de Sociologie contemporaine, 1876)〕。李特爾把他的實證的信仰，建築在思想進化三期律 (law of the three stages) 上;在實證時期，能知的主體歸結到它的形式和邏輯的條件;所有思想的內容是客觀的狀況〔見一八六三年發表的《孔德與實證主義》(Auguste Comte et le Positivisme)，一八七七年第三版，六五六頁〕。李特爾在孔德的科學分類表中，只發現一些缺點，而謀有所匡正，故他在科學的分類中，重行建立政治經濟學，建立哲學的心理學〔它研究認識的條件（批判）〕，以及道德學、美學和心理學（見《孔德與實證主義》，一八七七年第三版，六五九頁）。

然而李特爾拒絕承認孔德晚年所建立的人道的宗教 (religion of humanity);但孔德遇到一位完全信從他的人道教者，這就是拉菲德 (Pierre Laffitte, 1823-1903)。拉菲德在法蘭西學院 (Collège de France) 教書時，傳播人道教理〔一八七五年刊行《人道教的偉大的典型》(Great Types of Mankind）、一八八九年刊佈《第一哲學講義》（*Course in First Philosophy*）〕。實證主義學派從未停止對人道教的支持；而人道教亦流傳到外國去，勢力頗廣，尤其在巴西。

在這個時期之後，實證的精神和拉馬克的進化論相結合，代表這種思想的為生物學家和哲學家丹德克（Félix Le Dantec, 1869-1917）；據他說，決定論的信念並不包含確確實實地將來的預見：「任何事物都是被決定的，這是確實可信的，即自然的法則也沒有例外；但是有許多太細微而隱秘的事，沒有人能一次就完全把握着它們，所以沒有人能預見將來」〔見他在一九○三年所發表的《認識的限制》（*Les limites du connaissable*），一八四頁〕。因此之故，他的實證主義是偏於批評的；他認人類之道德的和理知的習慣，不過是一些獲得的和來自遺傳的性質而已；甚至自然法則的信念也是完全人們的信念而已，而實體全為我們所不知。他的著作等身，我們現在只能舉出幾部：《生命新論》（*New Theory of Life*, 1896）；《無神論》（*Atheism*, 1907）；《反形而上學》（*Against Metaphysics*, 1912）；《自利主義，一切社會唯一的基礎》（*Egotism, the Sole Basis of Any Society*, 1911）。

自一八五○年至一八九○年，意大利受了孔德、斯賓塞及海克爾（Ernst Haeckel）等人思想的影響，實證主義的精神特別發展。首先應該舉出的，則為亞地哥（Robert Ardigo, 1828-1920），他的十一卷哲學的著作，陸續發表於一八六九至一九一七年之間，他竭盡全力以研究康德、孔德和斯賓

塞。我們要特別舉出的，則他的哲學第九卷，其中重要的兩章為：「思辨哲學中的唯心論和實證哲學中的實證主義」、「實證主義的永久性」。

意大利的實證主義，在亞地哥，尤其在費利（Ferri）及龍勃羅梭（Lombroso）手上，專用在法律的問題，特別是在犯罪學上。如果犯法是為異常的身體條件所決定，那麼，責任的概念和懲罰的概念應當為之改變。〔見一八八七年法譯本《犯罪人》（*The Criminal Man*）〕

V 勒南（Ernest Renan）

據拉塞爾（P. Lasserre）說，所有布列塔尼（Breton）的大思想家都具兩種特性：其意志則任性而易變的，其思想則強韌而有力，故不論是阿伯拉爾（Abélard）也好，拉梅尼（Lamennais）也好，夏多布里昂（Chateaubriand）也好，勒南（1823-1892）也好，均兼具這種性格於一身，他們發現他們的環境不像十三世紀或十七世紀那樣熱衷於組織的時代，而像是在十二世紀或十九世紀的一個時期，「人類新的安排、新的知識充實了世界，舊的觀念、舊的制度遭批評、遭受攻擊而動搖，但對這些觀念和制度的虔誠運動同時並行」[1]。

---

1 《十二世紀的宗教衝突》（*Un Conflit religieux au XII siècle*, Paris, 1930, p.85）。

　　我們要想在布列塔尼的大思想家中（不論是哪一個），求出一穩固的和堅定的學說，全是徒勞而無功的：但他們全體均有一種高超的傾向，即認精神是有價值的，而輕視那些使精神陷溺於物質的利益之中者；他們全體一致追求一純粹實證的存在體以為精神寄託：不安的探求可能達到失望，也可能達到譏諷的覺語（ironic disenchantment）：勒南，由於他所受教育的關係，故開始只相信在天主教的信仰中發現這實證的存在體；但自從歷史的批評學說告訴他傳說（tradition）之虛無縹緲，他就擺脫了天主教的信仰。在一八四八年之末，他與化學家馬賽蘭・貝特洛（Marcellin Berthelot）交往以後，他寫了一部《科學的將來》（*The Future of Science*），刊行於一八九〇年：在他看來，科學將成為宗教，故他說：「唯有科學將給與人類以生命所不可須臾離的東西：一個象徵和一個法則」。但怎樣要如此？何以要如此？故勒南夢想歷史的和語言學的學科能完成這樣使命，在這個時候，他很接近黑格爾，接近赫德（Herder），因他剛剛看到黑格爾和赫德的著作：語言學是精神事業的科學；使人類認識自身之發展者，語言學之功也，引導人類從無意識的自發性而變成有意識者，亦由於語言學；科學家、思想家乃知識分子的精華，他們所展示出的一面是人類中最傑出的。而且，基督教若是最卓絕的精神的宗教，故基督教的起源的探求是歷史學家所應做的首要工作。

　　經過這種矛盾且幾乎難以捉摸的議論後，勒南復被引導

到宗教上去：據他看，自從宗教承認上帝之奇蹟的干涉以後，宗教本身只可算是幻象，因為奇蹟是不可能的；宗教的歷史似應如十八世紀所見的一樣，乃一幻想和一詐欺的歷史。然而宗教亦有其功用，尤其是基督教，曾使人類脫免了卑賤的境位；故當勒南晚年，發表他的《哲學的意識之考察》（*Philosophical Examination of Conscience*, 1889）時，他說，我們應當視上帝和靈魂似乎是存在而行動，至於基督教的真理是否絕對，那是沒有關係的；宗教亦在假定之列，如同以太（ether）的假定、電流的假定、發光體的假定、溫度或神經的假定，以及原子的假定一樣；我們視這些假定為一些象徵、一些適宜的方法，用以解釋事實，故把它們保存起來。

由此可見勒南的思想中存有一種矛盾，一方為實證科學的方法所表現得理智的意識，另一方為他的浪漫主義的心願，兩者互相衝突。他在《哲學的對話》（*Philosophical Dialogues*, 1876）裡說，沒有一種真理不直接從實驗室開始，也沒有一種真理不直接從圖書館着手；因為一切我們之所知道者，皆由於研究自然與研究歷史而知之。他取黑格爾的態度，認歷史乃人間精神之一種啟示：在這種啟示之下，實證主義精神與靈性（spirituality）互相統一了。

然而勒南並不步黑格爾派的後塵，亦不追隨青年黑格爾派的蹤跡：施特勞斯（David Strauss）認耶穌的生年為初期基督教團自動地發明的一種神話：勒南開始的時候不無追

隨施氏的傾向 [2]，但後來終於同施氏分離了：他在一八六三年所發表的《耶穌傳》（*Life of Jesus*）是第一個企圖於耶穌的環境及耶穌的歷史的個性中，明白認識這個「無可比擬的人物」——耶穌；據黑格爾派的見解，內在的辨證的發展統治着整個歷史，而勒南則代之以精英之個人的行動——例如聖保羅（St. Paul）從猶太人固守儀式的拘迂中解放出一新的宗教，在猶太先知們發現純粹正義的宗教，既沒有獨斷的教條，亦沒有儀式。勒南把精神的價值寄託在科學家、思想家，以及宗教家的精英；他的全部政治的意見皆被保存精英的觀念所支配着；他對全體人類能否實現正義，有時亦陷於失望中〔參閱《卡利班》（*Caliban*）和《哲學的對話》（*Philosophical Dialogues*）〕；他夢想精英可以運用科學所給他那些行動上特異的方法，利用恐怖手段使群眾畏懼而就範；在一八七二年他著的《思想與道德的改造》（*Intellectual and Moral Reform*）裡，他反對民主政治，提出一種貴族的政體，即由精英組織的政府；勒南似乎感覺現代平等和工業的文明使精神趨於險境，但這僅是追懷古舊好夢的反動，或者是一聽天由命的諷刺而已。

2　波米耶（Jean Pommier），《勒南和施特勞斯》（*Renan et Strasbourg, Paris, 1926,* chap.5）。

VI 泰納（Hippolyte Taine）

泰納（1828-1893）浸淫於斯賓諾莎（Spinoza）、孔狄亞克（Condillac）、黑格爾等人的著作，終於得到睿智（intelligibility）的觀念，這個意想似與一八五〇年以來，風靡全歐的實證派的潮流不相合：他讚揚日爾曼的形而上學家「已承認有若干單純的意想（notions），換言之，則有若干不可分解的抽象（abstracts），它們的組合產生其餘的事物，它們的互相聯合和它們互相反對之規律就是宇宙之基本法則」〔見《英國的文學史》（*Histoire de la littérature anglaise*），一八六四年版，第五卷，法文譯本一八七八年版，四一二頁〕。他以同樣的興味讚揚孔狄亞克的分析，因孔氏於感覺中尋出單純的元素，感覺的變易產生所有精神的能力（faculties），他亦讚揚斯賓諾莎的倫理（Ethics），用他唯一的實體（substance），宇宙萬物皆茲而產出。從另一面看，很少的人具有對經驗與件的無限複雜之最靈敏的感應性；「這華麗的世界運動着，這變故亂哄哄的混沌增長着，這不息的生命無限地變異着，繁殖着。因為我們是在無限的空間和無限的時間之邊緣漂流着，我們自行發現被拋在這個可怕的宇宙內，好像一個老蚌被拋在沙洲的兩岸邊，或好像一個螞蟻被拋在斜坡的旁邊」（見《英國的文學史》，四〇八及四一二頁）。在泰納的思想裡，這種感性如是的豐富，又如是的細緻，而與可理解性的迫切要求之間，實相對立，創

造了哲學的問題；由於這種對立，使得他的筆調亦有這種相反的傾向，故他的筆調有時趨於枯燥無味，有時則顯為豐富的想像。在泰納看來，英國的哲學，如穆勒的哲學，德國的哲學，如黑格爾的哲學，曾把這種相對的措定分開，似乎是可斥責的：穆勒把我們所有的知識全歸並於事實及事實的集團；但是，每一事實「僅是一任意強切的薄片，我的感覺或我的意識可把它分割成存在物之無限的和連續的緯⋯⋯一任意強訂在一起的事實集團，同時就是一任意強行的裁割，換言之，人造的事實集團，就是把原來聯合的分開，把原來分開的聯合起來」；至於黑格爾那種「龐大的泥土建築物」（gigantic edifice）是在崩潰之中，因為他企圖抹殺精細的事實。

　　從混沌的世界到元素的世界，從複雜的事實到簡單的事實，這樣工作就是泰納所賦予哲學之分析任務。但這種分析存於何者，也是不易知道的。實在呢，在他的分析方法中，有一種濃厚的兩可性（ambiguity），泰納是願意忠於實證派使所有知識皆從經驗而產生的原理，並且他全不承認理知的直觀，能知事物之本質；欲求達到本質之唯一的方法即抽象的方法，我們用抽象的方法，把那些人造的事實集團，分解成許多元素：那麼，所謂抽象者，就是一種類同作用、一種簡約作用、一種組合作用，但同時它應該是普遍的屬性，應該是本質（essence）、應該是原因，其他屬性皆從此引出來。在這裡泰納困難了，而且怎樣知道部分能產生包含它在

內的整體，這也不易了解；他從斯賓諾莎借來的數學的例子（一個半圓繞着它的直徑的旋轉，似是球形派生的屬性），也不是很好的證明，因為根據斯賓諾莎本人的觀察，這種屬性之有意義，則在人已經先有球形的概念。泰納又把分析的方法和動物學者的方法相比較，動物學者把某一動物歸入某一類型，或一互相依據的性質之綜合〔見一八五七年發表的《歷史與批評論略》（*Essais de Critique et d'Histoire*）序言二六頁，一九〇〇年第八版〕；在這點，抽象所達到者，並非一種元素，而為一種連結。但在連結着的元素之間，並沒有睿智的關係，而且這種連結亦僅憑藉經驗的概括化，和憑藉無數相似的情形之證明，才為我們所認知，如果沒有證明，抽象作用將毫無意義。

泰納應用他的方法於人文科學，尤其是應用於文學的批評、於藝術、於政治的歷史，為最適合；因為照他的看法，這不關乎一體系，但為一工作的態度，分析的方法包含兩部分，一為依賴（法文，dépendances）的研究，一為條件的研究。一條通凡爾賽的林蔭大道，一條馬勒伯朗士（Malebranche）神學的和哲學的推理，一條布瓦洛（Boileau）的詩學規律，一條柯爾貝（Colbert）的抵押法，一篇馬爾利（Marly）廳的頌辭，一句博須埃（Bossuet）王權神授的名言，在這類事實之間，其殊異是無限的和不可逾越的，這些事實表面上亦無聯繫，諸種事實既然這樣的不相似，以致我們一眼之下，唯依它們如何呈現而下判斷，換言之，則它們

是睽離的、分開的；但事實彼此間互生關係，乃由於定義，把它們組成一類（見《歷史與批評論略》，第十二頁）；在這點，其關係與其說是類似某類動物的器官那一種互相倚依，不如說是用抽象方法從十七世紀法國最不協調的事實中找出的一通性。至於條件的研究，就是永恆不變的研究，通過全部歷史過程皆可發現它，如同民族性，是偉大而永久的勢力之一。

泰納的學說在他的《睿智之研究》（De l'Intelligence, 1870）自行確定了。這部著作造成一新時代，他給病理學的和生理學的研究以很高的位置，他的學說可以用下引的幾句話完全包括之：「我們隨處能觀察一組合的事實的諸種元素，並能分解之，我們能夠以元素的性質解釋組合的性質，並能夠從若干普遍的法則抽繹出一群特殊的法則，我們在這裡亦取同樣的作風；我們開始是一步復一步分析下去，直至知識之最後的元素，繼則一級復一級上升，直至最為簡單的知識，又從最簡單的知識，直至最為複雜的知識。在這張扶梯上，每一梯級的特性由於在下各個梯級所顯的性質而互相聯絡。」（《睿智之研究》第七版，四二九頁）我們直接見到病理學如何把現象單純化，神經生理學如何使我們深入意識事實的詳細條件，這樣才能允許我們的分析推近愈遠，俾所觀察的意識不再保存在非常複雜的現象之下。

所以，在正常狀態下，我們覺得意象（image）是內心的；這種內心性（interiority）似使意象成為感覺中一不可

簡約的事實，而其實則應屬於一反對的簡約（antagonistic reducer），常禁阻意象外表化（exteriorized），這種簡約，就是感覺的全體；意象的對象之存在是與感覺不相合的；但是如果「反對的簡約」弱了，幻覺遂因之而產生；分離的意象，其外表性亦不下於分離的感覺；而且意象並不是一另外的性質。

因為泰納的各種研究，尤其主要的，因為他把心理的現象分解為簡單的元素的研究，泰納的心理學將英國的心理學輸入學術界而成為主潮，這在很大程度上歸功於穆勒和培因（Bain）；但泰納的心理學由於他的解釋而與眾相殊異了。一切精神的事情（mental event），最後俱可分解於極小而完全相似的感覺，因為它們安排的殊異，自應產生一切不同的精神現象：在這裡，仍可見到，部分應當產生全體之原理。

這種抽象的元素和創造的力量相同一（identity）是泰納的形而上學之基礎，在下面引的名句是表明之而無遺：「在萬有最高的總體裡，在光耀九天和高不可接的以太裡，永久的定理宣佈出來了，這個創造的公理發出洪大的聲音，響徹雲霄，聲振四野，餘音不絕，表明它是組成無邊的宇宙。一切形式，一切變化，一切運動都是它的動作之一。它存在於森羅萬有之中，但它不為任何事物所限制。物質與思想，行星與人類，太陽系的排列與一個昆蟲的跳躍，生與死，苦與樂，在宇宙萬有中，沒有一處不表現有它存在，並且沒有一處不表現它完全存在。它充塞於時間與空間，終

於超出時間與空間……玄同永存，不變，全能，創造，沒有名詞能吸盡它；當它顯露出它那種卓絕的和爽快的面目時，它並不是人類的精神，因為人類精神對它頂禮膜拜之不暇，安足以屈辱他的面目；但同時人類精神重振之際，則享受他思及無限（infinity）之同情，並參與它的偉大無疆。」〔見一八五六年發表的《十九世紀法國的哲學家》(Les Philosophes français du XIXe siècle) 三七一頁〕在這裡，想像的豐富剛好隱藏概念的貧乏，如同在他的文學批評中，莎士比亞或科萊爾（Carlyle）的活潑的肖像內，隱藏着他以環境與種族解釋文學作品的貧乏與抽象。

VII 戈比諾（Arthur de Gobineau）

當一八五六年十一月二十九日，戈比諾寫信給托克維爾（Tocqueville）說：「如果我說我是天主教徒，正因為我是天主教徒……無疑的，我是黑格爾派哲學家，是無神論者。我從不怕趨於極端，我由最後那扇門，走出那些空洞無物的理論，以求進入有價值和很踏實的學說。」〔見一九〇八年刊行《與托克維爾書》(Correspondence with Tocqueville)〕在一八五三至五五年繼續刊佈他的《人種不平等論》(Essay on the Inequality of the Races) 共四卷。他企求把北歐的和日爾曼的種族之優越性，建立在一個物理的和實在論的基礎上，這種理想，黑格爾主義曾把它建立在唯心論的辯證法上：種

族自身原具有一種人種的、精神的和身體的優越性：力求人類彼此相平等的文化，相信人類精神很同一的人道主義，都是一種墮落，因為這種文化和主義使種族的混合順利發展，徒有利於劣等種族。由他在東方直接所得的經驗，竟使他相信同一的人類文明實不可能：「自從最近三十年以來，在我們的國度裡，常常聽到人們說，使世界上其他民族進入文明之境，把歐洲文明輸進這個民族或那個民族。我曾仔細觀察過，一直到現在為止，我確未看見過有一次獲得結果的，不論是在現代或者是在古代……當一地的人口數量較少時，無疑的，我們使之文明，但實在是使之消滅，或與之混合而已。」〔見一八五九年刊行《在亞洲三年》（*Three Years in Asia*），四七三頁〕他認為種族的混合是高等人種的大破壞；從亞歷山大（Alexander）起，西方人與東方人的混合是希臘─羅馬文化消滅的真正原因。

戈比諾曾嘆息他不為其國人所知，在一八五六年曾大書：「難道我必須等待我的理論由英國譯本或德國的譯本重行輸入法蘭西嗎？」實在呢，還是在德國，尤其在尼采之後，才發現他的名聲和成就。

VIII 海克爾（Ernst Haeckel）

海克爾生於一八三四年，一九一九年去世。一八六五年他為耶拿大學（University of Jena）的動物學教授，一八九九

年發表他的《宇宙之謎》(*The Riddle of the Universe*)，在這部書裡，人們若考察海克爾所給的世界意象，則將重新發現伊奧尼 (Ionia) 等最老的哲學家：一無窮無際的空間，一無始無終的時間，到處有一普遍的和不斷的運動之活的物質 (matter animated)，它按期恢復那種重複的進化，所謂進化者，物質之一種凝結而已，在每一點上，物質的凝結均完成極小而不變的中心，由於互相衝突，這些物體毀壞了，由於物體的毀壞，產生了無限量的熱，這種無限量的熱則為新的形成活力 (vital forces)，這就是由熱力學 (thermodynamics) 借來的一些形態，亦可想像為蘇格拉底以前 (pre-Socrates) 的哲學的殘篇斷簡。這種緻密的一元論 (pyknotic monism) 似不知道公元前六世紀哲學家已經提出的各項問題，若按其實，這種一元論 (monism) 乃攻擊精神與物質並立的那種二元論 (dualism) 的武器，因為這種二元論的信徒很反對達爾文演化論的無限擴張；在達爾文的《物種起源》(*Origin of Species*, 1859) 之後，海克爾曾著《普通形態學》(*General Morphology*, 1866)，而在達爾文的《人類起源》(*The Descent of Man*, 1871) 之前，他已發表《自然創世史》(*History of Creation*)，時在一八六八年，他在這部書中，應用演化論以說明人類的起源，一八七四年所發表的《人類學》(*Evolution of Man*)，亦取同樣的見解。《宇宙之謎》(*The Riddle of the Universe*) 一書中所主張的一元論，對於宇宙的普遍的解釋，必然要使上帝、自由、不朽等觀念歸於無用，

因為上帝、自由、不朽的信念乃新的學說之根本的障礙；所謂人，乃僅僅一物質與能量的凝集而已。

其次，海克爾的一元論在《生命之卓絕》（*The Miracle of Life*, 1904）一書中發展開來，無意中他竟同伊奧尼派（Ionians）的一元論一樣，成為精靈論者（animistic）；萬物均有生命，甚至最粗樸的物質亦然，唯程度各有不同；上帝與世界乃同一的東西。宗教即真善美的知識，即真善美的崇敬，換言之，即一些自然的法則；社會性乃人類本性的生活條件，聖經中「你應愛鄰如己」的道德規律即從社會性引出。一元論最後的嘗試，即擬將人類之社會的與宗教的生活建築在單純的自然法則的知識上。縱則德意志一元論協會（Deutsche Monistenbund）於一九〇六年在慕尼黑組織起來，一九一二年曾為國際一元論會議所持杖，這種運動使用科學的結果不免太獨斷了，不免太幻想了；我們看見這種運動消融於自由思想的急進主義之普通趨勢中了。

IX 實證主義在德國

德國思想家的趨向雖極相殊異，然亦有其一致之點[3]，此即宣佈自一八八〇年以來，德國哲學的探究是無效的證券，如拉士（Ernst Laas, 1837-1885）的庸常的實證主

3　德魯（Drews），《現在的哲學》（*Philosophie der Gegenwart*, p.70）。

義，或正統的康德主義轉向於形而上學的批評。照拉士的主張，全部哲學思想的歷史全為兩種學說之衝突所支配，拉士謂其一為柏拉圖主義（Platonism），另一種為實證主義〔見一八七九年發表的《觀念論與實證論》（*Idealism and Positivism*）〕。所謂柏拉圖主義，就是實在化的概念（realized concepts），天賦諸觀念，精神論（spiritualism），目的因；這種哲學的體系，它應用演繹法如唯一的方法，它歸併一切知識和一切行為於絕對的原理，它為絕對的原理找出一超感覺的和非物質的來源，它承認一與自然的機械結構相異的自發性，它指導生命趨向於超人世的永生；舉凡柏拉圖、亞里士多德、笛卡爾、萊布尼茲、康德、謝林（Schelling）、黑格爾都可包括在這種哲學體系之內，然而這是謬誤的和幻想的學說。至於實證主義則為承認主觀與客觀有交互關係的學說，客觀之存在唯有憑藉意識的內容，而主觀則為客觀的佈景；它肯定概念作用之客觀的永常變異性；最後，據他的看法，科學是與感覺為同一的。在這裡，我們幾乎是置身於柏拉圖的《泰阿泰德篇》（*Theaetetus*）中，又認識普羅泰戈拉（Protagoras）那三種主張，實在說，拉士比孔德更接近普羅泰戈拉。所以拉士的態度與尼采在《權力意志》（*The Will to Power*）一書中所表示的態度不遠，他採用庸眾所信有一自存的世界之信念，把普遍的機械觀之科學的意象，輸入柏拉圖主義中；我們得到這樣的世界，則從所有非社會經驗的部分之實在（reality），淘汰去感情、憶念、

意志的動作，剩下來的就是這科學的世界——虛擬的假定。

拉士的道德學，以社會的利益規定道德的價值，這樣就免去全部柏拉圖主義；這種社會道德學信從者頗多，如齊格勒（T. Zeigler）在一八八六年發表的《道德學史》（*History of Ethics*），約特（F. Jodel）在一九〇六至一九一二年刊行的《道德學史》（*History of Ethics*），約特亦如孔德保存宗教的儀範，以說明道德的價值：「我們的理想，以及我們實現理想的信仰……信仰並不標示與超自然勢力相聯繫，但標明在歷史的過程中，人類成為上帝。」

杜林（Dühring）於一八六九年寫了一部《哲學的批評史》（*Critical History of Philosophy*），旨在把讀者從哲學本身中解放出來；他只承認孔德與費爾巴哈是十九世紀真正的思想家。他認為哲學乃精神的一種改造，有如尼采的哲學，偏於反對叔本華的厭世主義（pessimism），反對使人成為奴隸的基督教，以及反對猶太教（Judaism）。然而杜林的宇宙觀並不是唯物的機械論，他隨處看到一個起始，一些限度，一些終局：生命的（vital）是不同於機械的；生命有個起始，數的法則禁止我們承認無窮大，也禁止我們承認無窮小；在這種有限論（theory of a finite world）中，無上帝，無創造，無自由，但有一反對（opposition），不僅反對一切有神論（theism），並反對一切聯綿的進化論。

X 阿芬那留斯與馬赫（Richard Avenarius and Ernst Mach）

在十九世紀中期以後，我們看到一個闊別已久的現象，那就是一些物理學家、一些生物學家專心於哲學的研究，且由於他們科學的傾向，致力於哲學問題之重新提出和重新的解決，他們的觀念緊附着物理學的觀念，這種觀念是孔德向物理學家傅立葉（Fourier）借來的，而我們叫他為法規主義（legalism）者。物理學家邁爾（Mayer）的觀念也是如此，他發現能量守恆定律（law of the conservation of energy），他認為當物理學者把一種現象完全描寫出來，物理學者的任務就完成了〔見一八五〇年發表的《熱力學當量的觀察》（*Observations on the Mechanical Equivalent of Heat*）〕。蘭金（Rankine）在一八五五年刊行的《能量學概述》（*Outlines of the Science of Energetics*）亦取同樣的見解，他把敘述的物理學和說明的物理學相對立，唯敘述的物理學為真正的科學；大體上看，只敘述變化之普遍的進行的熱力學，是有利於這種看法的發展。

蘇黎世（Zurich）大學教授阿芬那留斯，在他的《純粹經驗的批判》（*Critique of Pure Experience*, 1888-1890）中，採用這派物理學家的概念到哲學的理論上去；他的經驗批判論（empiriocriticism）是為保存（adhere to）事實而努力，但他所指的經驗全非柏格森（Bergson）所指的直接經驗，

卻是一主體觀的意識事實之普遍的動態，當我們以生物學者的態度，估量這主觀的機體與其環境的關係時，我們將主觀的顯示（enunciations），名之為（E），中樞神經系統的變化（central nervous system）名之為（C）；生物學家知道這些變化是為某一環境所制約，這環境或關於營養的來源（source of nourishment），則名之為（S），抑或關於指令和刺激的物質（raw material），則名之為（R）。我們現在知道 E 之各種價值系依據 C 之變化，而且這些變化有時是 R 的作用，以 R[f(R)] 表之，有時是 S 的作用，以 S[f(S)] 表之。生物學指示我們 f(R) 與 f(S) 是一些相反的進程（contrary processes），換言之，即為刺激所接收者由營養相補償；每次刺激作用與營養作用〔f(R) 與 f(S)〕不相等時，故有毀壞的趨勢；反之，每次刺激作用與營養作用處於平衡，故有保有的趨勢。絕好的條件，或兩者全相平等，是從不會有的，此則由於環境所起變化之故；所有接近保有的變動之連續，即保證生命的連續。

在環境諸因素之中，換言之，即在物質的刺激諸因素之中，有的是常然的（constant）和再來的，有的是偶然的和不再來的：大腦愈加發展，則愈易為常然的因素所激動，愈不易為偶然的因素所激動；由此可知 E 的價值幾乎全依靠常然的因素而完成；故主觀的意識乃產生一永續呈現的環境，以代替川流不息的印象，天地間物質的環境，及人類間社會的環境即由是而來：我們的意識久經某些刺激，積

之成習，乃生安寧的感情，所謂習慣成自然者；準此，宇宙對於我們不成為一問題，因所謂宇宙之謎，即不慣（non-familiarity）的情感所產生；那麼，認識的傾向即消滅這不慣的情感；故它總傾向於同質，傾向於「一異質的最低限度」。

由是，阿芬那留斯想到批評論所不能解決的問題為之消滅了；這些問題的全部依據在叔本華的公式：萬物為我的表象；這裡的問題，即要知道我們怎樣達到一非我的實體。這公式本身則由一種動作所產生的，這一動作阿芬那留斯把它叫做投入作用（introjection）：人開始即將自身所生的事物的感覺與知覺輸入他的同類中；在這剎那起，經驗的事物即與我們同類所具有事物的知覺相分離：因此而有實際的世界，及此世界的一反射，一由事物所構成的外在的世界，及一由知覺所構成的內在的世界：繼則，人依照他自己的意思構成知覺，於是與現象所藏的實相相分離，一種認識上的主觀主義（subjectivism）則由此而產生，各種認識論力求超越這種主觀主義，均徒勞而無功。批評的經驗批判論置身於「投入作用」之前，且指出「我」與「物」均以經驗的資格互相抱一。E之價值〔即追隨着環境的刺激（R和S）與大腦所起的反應之主觀的顯現〕恰好是事物，亦恰好是思想，謂之事物者，則當其依倚有機體周圍的條件，謂之思想者，則當其在相反情形之下。[4]

4　德拉克洛瓦（H Delacroix），〈阿芬那留斯，經驗批評綱要〉（"Avenarius, Esquisse de l'empiriocriticisme"），《形而上學雜誌》（Revue de Métaphysique），一八九七年。

經驗批判論最大的努力則避免批評的問題，當一八六七年馬赫任維也納大學物理學教授，繼則任哲學教授（一八七五年）。他的著作，如一八八三年發表的《力學科學》（The Science of Mechanics），一九〇〇年發表的《對感覺分析的貢獻》（Contributions to the Analysis of Sensations），與一九〇五年發表的《空間與幾何》（Space and Geometry）均傾向於同一結論，縱則他依據生物學的論證較少，依據物理學的方法則較多。其根本的觀點，則在物理學須免除因果的概念，而代之以數學上函數的概念，此一現象變，則他一現象亦隨之而變，互相涵蓋。還有一些概念，亦同因果的概念一樣是無用的，例如物自身的概念（the concept of a thing in itself）、自我的概念、實體的概念；所謂自我，不過身體記憶情緒相聯的一複雜的事實而已，所謂實體，可以感覺性質相對固定的一總集代替之；因此，我們可以用感覺和連接它們的功能來完整地描述經驗世界；物理與心理之間並無不可逾越之鴻溝：一種顏色，當我們從與別的物理現象相連結時去考察，那就是一物理的實在；當我們從它與眼膜相關聯時去考察，那就是一心理的實在。

　　在科學裡，這種描寫現象的規律是與一源於生物學的法則相聯繫，那就是經濟的法則：科學的法則為我們儲蓄着無限的經驗，以便應用，就像經濟上的資本乃一種工具、一種儲蓄的勞力，使我們自由使用：比如折光率與折光定律，只需我們對投射角已經知道，我們就可應用它去計算折光角，

而毋須我們直接去測量，那是經濟得多了。數學本身亦僅為節省計算的方法的總和。

科學即思想的經濟，這個概念是與熱力學上的法規主義相聯；所以我們在化學家渥士特瓦得（Wilhelm Ostwald）《自然哲學講義》（*Lectures on Natural Philosophy*, 1902）中亦可發現這種概念，那是不足驚奇的；這位唯能論者（energeticist）看見服從熱力學法則的能力樣態（modes of energy）在物質中、在靈魂中、甚至在文化中，如同其在熱與光之中，故他認為科學的法則如同預見的方法，俾我們避免重行經驗之勞，哲學本身唯一的目的，則使思辨的工作更加容易。

柏林大學精神病學（psychiatry）教授徐亨（Theodor Ziehen），一九一二年發表《認識論》（*Theory of Knowledge*），一九二〇年發表《論理學教科書》（*Textbook in Logic*），他同阿芬那留斯的態度一樣，力求實在的描寫，應取消心與物之二元性。他把感覺（sensations）與表象（representations）劃分開來，但他又把感覺區分為兩種成分（components）：一為可還原的感覺（reduces sensation），它服從自然的法則，且形成我們通常所稱為對象；物理學家所研究的空間與地點之限定作用，則其例也；二為常識的感覺，換言之，即獨立於第一種感覺之外，而自行變化的組合，例如距離或知覺的改變所引發的即應屬於這種變化：這就是心理學的主題。徐亨在表象中，亦發現同樣的組合作用；例如我們所喚起客觀的事情，突入憶念（memory）之中，如同組合物。

我們很難把這種實在的消極的認可推得很遠，這種實在只可描寫和命名，力戒輸入其他問題。

在這種思想方式之下，實在論與觀念論（idealism）間顯出這樣重大的殊異，然而終於消滅了，舒佩（Schuppe）的觀念論和阿芬那留斯的實在論幾乎一致，則其證也。一八七八年舒佩發表他的《認識的邏輯》（*Cognitive Theory of Logic*），一八九四年發表他的《純粹邏輯綱要》（*Outline of Pure Logic*）。無疑的，舒佩認為「我」或意識，乃意識狀態之一複合物，而又不可再簡約者，他承認所有實在物乃一意識的內容，那些不存於意識內的事物，唯有某些條件之下被知覺了，方能存在。在他看來，唯有這種意識才是事物出現的舞台，因為他完全不承認靈魂這樣的作用或活動；如果他的內在主義（immanentism）不踏上意識的個人性所增加的困難，他的趨向將與馬赫或阿芬那留斯的趨向相同，因為意識的個人性將引導他走上唯我論（solipsism）。舒佩之能免去唯我論者，僅由於他承認一抽象的「我」的假設，這種抽象的我是一切個體所通有者；時間與空間成為客觀的與普遍的，因為「時」「空」依存於普遍的我，而獨立於特殊的我之外。我所顯的作用既如是超越，以致舒佩的學說，到舒普特—沙鐵因（Schubert-Soldern）的手裡，遂成為一認識論上的唯我論〔見舒普特—沙鐵因《人類幸福與社會問題》（*Human Happiness and the Social Questions*, 1896）〕，它完全否認了我，只承認意識狀態之奔流。

XI 馮特（Wilhelm Wundt）

在一八七四年至一八九〇年間，馮特刊行多種的著作，無疑的是標明德國哲學界專門的哲學研究之低潮。他生於一八三二年，去世於一九二〇年，一八七五年任萊比錫（Leipzig）大學教授。他從物理學出發，由實驗的心理學走上哲學；他的思想的演變與其是說是發展的，毋寧說是增加的；他的著作的特色在於他的淵博勝過他的深刻；他是第一個創建心理實驗室的人；他的《生理的心理學》（*Principles of Physiological Psychology*）一八七四年發表，一九〇八至一九一一年第六版；這部書所包含的特殊之點則依據他的老師赫姆賀爾茲（Helmholtz）的方法，作刺激之時間的反應研究；我們反應一外來的刺激之時間是隨我們的心理狀態而異，即由注意、分心（distraction）、情緒等而異；當馮特計量它時，就想到賦這些心理狀態以一定的特性。這種方法包含心理物理平行論（Psychophysical parallelism），至少是為工作方便而立的假設，因為人所計量的僅為一神經的進程所經的時間（duration），現在假定這一部分時間（進入大腦中樞的時間）與一心理現象所經的時間相符合。

他的《論理學》（*Logic*），一八八〇——一八八三年刊佈，一九一九——一九二一年第四版，是他的心理學真正的推廣；論理學建在被動的聯想作用（passive association）與能動的統覺（active apperception）間的區分上，所謂聯想

作用，則指表象作用的惰性，所謂能動的統覺，則指個人的表象與新的表象相同化的關係；我們知道馮特所指的統覺乃一心的動能（拉丁文，psychic act sui generis），伴着緊張的情感，且產生於我們的表象中一巨大的區別。邏輯的思想之開始，即在統覺產生綜合之際；心理學的綜合所具這種特殊的姿態，即其元素的增加常多於其所包含者。所以邏輯的概念，並不如通常人所相信，乃一類表象之共同的外延，寧可是某一最有力的表象之能動的統覺所完成的綜合，統括着一群附屬的表象。由此觀之，馮特的研究趨重邏輯的心理生活，過於邏輯本身的關係。說到這裡，馮特的著作最奇特之點，就是他以移動的理論（英文，theory of displacement；德文，Verschiebung）說明亞里士多德的邏輯之心理的起源：事實上，有許多判斷，其中的謂詞屬於主詞的不同的範疇，譬如它或指一狀態，或指一性質（動詞與形容詞）；然而亞里士多德僅認識物象的概念（concepts of objects）及包容（subsumption）的關係；邏輯思想的特徵，就在繼續增加物象的概念，這樣一直到終局為止；思想從極少數由感覺的直觀所供給物象的概念開始，改變所有概念成為物象的概念，如同在語言中所見的，名詞起始是一形容詞，形容詞原來是動詞的表達：這樣一來，所有的概念成為彼此可互相比較的，而形式邏輯亦因之而構成。

他的《道德學》（Ethics），一八八六年付印，一九一二年第四版，是一種據事實而成的道德學；它大部分則在現代

道德的動機之分析，以及道德動機所依據的立場之研究；據馮特說，我們判斷某一行動是好的，或者是壞的，即依據這一行動是援助精神力之自由發展，或妨害精神力之自由發展；這就是人類社會的最後目的。

他的《哲學的體系》（System of Philosophy），一八八九年印行，一九一九年第四版，認為哲學的任務，則在「將我們統觀所得宇宙與人生各部門知識貫穿起來，以滿足理性的要求與精神的需要」。他對哲學所下的定義：「哲學是普遍的科學，應將各特殊科學所得的知識組成一緊密的體系，且應將科學中所用普遍的假定歸結到它們的原理。」宇宙各部之密結性，理性原理要求總體的確實性，經驗僅僅發現其一部分，那麼，賦予哲學唯一的任務就在這裡，純粹形式的研究。為求給這種形式一些內容，馮特還是用心理學：直接賦予我們之唯一的動作（activity）就是我們的意欲（will）：如果我們因一外物的印象而苦痛，我們僅能以意欲，表達這外物，其次，意欲間彼此互相影響的動作即為全部之進化：一意欲對另一意欲所施之動作常振起後者一個動作，這就是表象：馮特似與萊布尼茲相同，認為意欲與表象，這就是「存在」之屬性；但在馮特看來，這些屬性構成一切實體（substance）；馮特的心理學，及從他的心理學引伸出來形而上學，實在都是唯動作的（actualistic），在靈魂中所有的實在無他，僅動作（即意欲）的進展（actual processes）而已。如此，它是和單子論（monadology）敵對的；在馮特的形

而上學中，若干意欲的統一能夠互相連結為一意欲的系統，以構成一最廣闊的統一。由綜合而生實在的理論使馮特完全與宇宙流出論的（emanationist）意象相反；創造的綜合的觀念（creative resultants）或者是馮特的形而上學之最可貴的部分。

　　但是形而上學之於馮特乃一暫時休憩，他專心於心理學之另一範圍——《民族心理學》（*The Psychology of Nations*），一九〇四年成兩卷，一九一一年至一九二〇年第三版，共有十卷之多。民族心理學專從集體心理的現象之龐大的和永恆的心理部門，去研究語言、藝術、神話與宗教、社會、法律、文化等；眾所周知的，這是所有人文的科學之綜合，十九世紀已見其發展的。他的語言的研究就是語言進化的研究，從原初的摹擬語（mimicry）一直到它的最後使用於抽象的觀念中。神話從初民意識所特具的統覺而來，這就是萬物有靈的統覺（the apperception that animates things）。藝術在他看來，不是美的創造，也不是美的愉快，也不是默想的結構；它是生命在其全體中的表現，詳言之，則生命以他的莊嚴、他的快樂、他的卓越和他的卑鄙、他的散漫和他的和諧，表現於全體；偉大的人格憑直觀把握住生命，產生了藝術的作品。

‖ 參 考 書 目 [5] ‖

I

- F. LE DANTEC, *Lamarckiens et Darwiniens*, 1899.
- G. J. ROMANES, *The Scientific Evidences of Organic Evolution*, 1882.
- F. POLLOCK, Evolution and Ethics, *Mind*, 1, 1876.

V

- BRUNSCHVICG, The Philosophy of Renan, *Revue de Métaphysique*, I, 1893, p.86-97.
- R. BERTHELOT, Ernest Renan, in: *Evolutionism and Platonism*, p.259-270, 1908; The Philosophical Thought of Renan, *Revue de Métaphysique*, XXXI, 1923.
- P. LASSERRE, *The Youth of E. Renan*, 2 vol., 1925.
- J. POMMIER, *The Religious Thought of Renan*, 1925; *Renan and Strasbourg*, 1926.

VI

- V. GIRAUD, *Essay on Taine, His work and His Influence*, 2nd edition, 1903; *Critical Bibliography of Taine*, 1904; *Hippolyte Taine, Studies and Documents*, 1928.
- H. TAINE, *His Life and His Correspondence*, 4 vols., 1904-1907.
- H. CREVRILLON, *Taine, Formation of His Thought*, 1932.
- D. D. ROSCA, *The Influence of Hegel on Taine*, 1928.

X

- W. NEF, *The Philosophy of W. Wundt*, 1923.

5 詹季虞由法文翻譯成英文。

宗教哲學

　　十九世紀上半葉，宗教哲學，除非它消融於施萊爾馬赫
（Schleiermacher）之曖昧的信仰心外，它伸向於教條對實在
之同化，或伸向於歷史哲學之總體的解釋。我們在前面曾經
敘述到的忠誠派（fideist）的運動，顯出一個大改變：宗教
的思想變成最獨斷的，同時又是最內心的；教條的認可伴有
內心信仰的反省，是保持着宗教的精神：所以，實證的精神
主宰着一切。

I 紐曼（John Henry Newman）與英國的宗教思潮

　　邊沁主義，和他的純理知的權威，它們的精神是與那時
威權的，枯燥無味的，沒有感情的宗教不十分相遠。十九世

紀中葉，普西（Pusey）是這種宗教代表的典型人物。同時，功利主義衰落了，宗教的形式主義又受到紐曼（1801-1890）所領導的牛津（Oxford）運動最嚴厲的抨擊：紐曼的學說是一種基督教的辯護，尤其是對羅馬天主教會的辯護。自他皈依天主教後，他成為羅馬天主教會的紅衣主教。這種辯護的要點乃一反理知主義（irrationalism），而有各種各式的表現，如柯勒律治，如科萊爾，至少在某一情態之下，法國的雷努維爾的思想也是如此的。他的出發點則認為由純粹邏輯的推理，產生實在的同意（real assent）實不可能。他主張同意乃一承認的狀態，不為任何疑念所動搖，而達到一具體的和個人的實在（reality）——這樣的狀態，它幫助我們生活，它激動我們，且使我們動作，它趨赴於美，趨赴於英雄主義，也趨赴於真。理知的推理所達到的多或少是很概率性的，而同意之明白清楚並無斯多噶派（Stoics）所說那種理解的表象；理知的推理既然有一定的條件，且能相移轉，而同意乃一無條件的和全人格的動作，全部自我皆引入其中。紐曼模仿帕斯卡（Pascal）把數學家和敏銳精神相對立，把論理學者和以生活的總經驗為前提之真的推想者（reasoner）相對立。

上述那種同意實現於宗教的信仰之中，產生同意之宗教的信仰唯有信天主教，這就是紐曼著作中之護教論的主要部分：「所謂信仰，就是接受一種真的學說，因為上帝說這學說是真的」。信仰是行動的原理，而行動則無暇作瑣細的研

究。理性既然建在明白清楚之上，信仰則為假設所影響。服從與皈依的幸福，由反抗而來的原罪，緊附着傳統風俗習慣的確信力，這都是我們的義務所應接受，所應忍耐的。必由神方能得救的直接情感，以及具有同意的感觸，唯在天主教的信仰之中，方有其力量。〔見《同意的規範》（*A Grammar of Assent*, 1870）〕

在瓦德（W. G. Ward）《基督教會的觀念》（*Ideal of a Christian Church*, 1844）一書中亦發現同樣的精神，不過他是用來反對新教（Protestantism）之頑鈍，無精神，無動力，及平凡的。摩累士（F. D. Maurice）著《神學試論》（*Theological Essays*, 1853）及《社會道德學讀本》（*Lectures of Social Morality*, 1870），他將宗教視作一種生活，而非知識；這一點使得他既反對神學上繁瑣學派的辯論，又反對聖經版本批評的研究，因為聖經是為祈禱而作，非為定義而作。在這個時候，德國和法國對於聖經和福音書的批評風起雲湧，盛極一時，而在英國，宗教觀念的發展對於這種批評不感興趣；唯在一八六〇年，英國人發表一本《證論與批評》（*Essays and Reviews*）還是喬伊特（Benjamin Jowett）、鮑威爾（Baden Powell）及巴的遜（Mark Pattison）三人所共著，僅把德、法二國學者批評研究的結果介紹一番而已。就是這種宗教新的需要引導西利（Seeley）在《試觀此人》（*Ecce Homo*, 1865）一書中說，達到一純粹福音主義，要拋棄所有間接的傳說，以求直達於耶穌的人格。

詩人阿諾德（Matthew Arnold）於一八七五年著《上帝與聖經》（*God and the Bible*），他用極大的努力和創見，從歷史上的基督教解放出這種宗教的概念：宗教應當是第一手的材料，應當是一確信的經驗：而基督教的信仰，一部分由《啟示錄》（*Apocalypse*）之物質世界的想像所構成，一部分由主知的形而上學推理所構成，二者可概括而無餘。宗教的直接經驗，就是正義（justice），正義是我們存在的法則，同時又是宇宙的法則，這種經驗是正確無訛的；然而斯多噶派那種公式不足成為道德（morality）；斯多噶派只見人追求幸福是合理的；但耶穌與聖保羅在這裡加上了神的使命。

II 勒魯（Pierre Leroux）

勒魯（1797-1871）很嚴厲地批評折衷派（ecclesiastical）的哲學：「這是死的和愚笨的哲學，是無理想，違背傳統習慣的人的哲學。他們是一些飽學人士，但他們只研究哲學的材料。他們自稱是哲學家，他們相信自己是哲學家，他們稱自己為折衷派；折衷主義是拿破崙巴黎高師（École normale）的產物，在那裡只養成一批辯論家和一批修辭學者；他們對於十八世紀，除了孔狄亞克（Condillac）和黎德（Reid）之外，就完全不知道了」。如同劉蜜尼爾（Lerminier）在《寄柏林人的哲學通信》（*Philosophical Letters Addressed to a Berliner*）上所說：「他們（折衷主義）的特徵就是不能從

哲學本身發現哲學的實在，和感覺哲學的實在；故他們必須翻譯哲學，發現哲學，和綜合哲學；然後他們才懂哲學和陳述哲學。」[1] 勒魯非難折衷主義者，非難其學理與其方法者少，非難其思辨的態度者多；這種哲學成為一種逃避社會生活的特殊的知識，他們教授巴黎高師的學生以心理學，如同教巴黎綜合理工大學（École Polytechnique）的學生以各種計算一樣；這種態度反應在約夫里埃（Jouffroy）的理論中，約氏把生活所統一的東西分開來，從宇宙分出上帝，從自然分出人類，從人類分出各個人，從社會分開個體，最後，在個人中，又從感情分出觀念。

勒魯力反其道，認為哲學應追隨人類的潮流，且應表現各時代的人生的趨向：「哲學乃人生的科學⋯⋯它應給人生一些定義和一些說明，這些定義與說明又給每一時代的藝術與真實的啟示、政治與真實的啟示、科學與真實的啟示、工業與真實的啟示相一致。」哲學從不採取幾何學所有的那種確定性，因為幾何學是建在抽象之上。哲學依人類的進步而煥發青春，「因為存於人類間的其他能力是創造的和豐富的，尤如思想」；純粹的思想即在天國，純粹的思想亦不會獨立地存在；純粹思想與實際接觸而形成，至於純粹思想的形式（form）亦由於不斷的運動與反動而形成，「但一切進步，不論它是外在的自然界的知識，抑是人類集體生活的組

---

1 見勒魯發表的《折衷主義的辯論》（*Réfutation de l'Éclectisme*, 1839, pp.51, 71-72）。

織，均需要（necessitate）形而上學的進步」；如果肯定一進步的宗教，那麼，哲學和宗教並非徹底的不同，使之唯一不同者在哲學思想的根源，有時是集體的，當它為人類所採用時，「可以使說它是傳授與個人」，有時是個人的，當個人希望一系統化之時，也許在未來，它將降生於人類之中：所以勒魯保留了彌賽亞（Messiahs）和集體評價的位置。

我們很容易看出這些觀念的來源，既是聖西門（Saint-Simon）的，同時也是黑格爾的；然而勒魯並不承認聖西門那種時代的區分，謂其一是批評的或否定的時代，另一是組織的時代；因為任何否定都向一肯定，且堅強有力地視它為必要；人類永遠建設，從不破壞。但是十七世紀和十八世紀的哲學聚焦於認識的起源的問題，聚焦於認識批評的問題，究竟做的是什麼呢？勒魯對這點有一特別的理論：這種迷誤的發展是從基督教所取的形式而來，這種形式是天經地義，且以嚴厲刑罰鎮壓一切討論，宗教所認定的道理決不許成為問題任人探討；結果是哲學離開宗教，集中精力於心理學的問題。

要想好好說明這一時代的精神，則在打破那些強迫我們的精神專究認識的起源與價值的羈軛，於是而得到解放的快樂，方足以說明之。勒魯的哲學，既斥責這些不變者和固執者，又大體上肯定實相各部相互的內在性；如果你把靈魂界限在理知（intelligence）中？那麼，你就擁有柏拉圖主義和偕之而來的科學專制主義（despotism of science）；如果你把

靈魂界限在感覺和激情中？那麼，這就是霍布斯（Hobbes）的體系，他主張只能用國家的專制來約束粗暴的激情；如果你把靈魂限定在感情，如同盧梭（Rousseau）一樣嗎？你看，這裡就是一種社會契約（social contract）的必然，消滅了個人。所謂真理者，就是實相（reality）的所有片段（fragment），和其與全體的關係而說明，而合理一切存在物（all living beings）之互相連帶性（mutual solidarity），在勒魯看來，與其說它是由文字所引起的純外表的關係，毋寧說是一共同體（communion）。

社會的組織，如財產（property）、祖國、家庭，可視為媒介物（intermediaries），一個人用這些媒介物與他所屬的大全（Whole）相溝通，照這樣做，社會的組織才公正合理；譬如財產，若視為工作的工具，由於財產，一個人與自然相連合；由於祖國，一個人被引入比祖國更廣大更深遠的歷史的傳統，這就是整個人類的歷史的傳統；由於家庭，一個人才有一姓氏，才有一特質，才有一人格。如果這些社會組織失去個人與全體的媒介作用，這些媒介物意欲為其自身和為各個人而存在，必流於自利主義，因此，財產變成威脅工作的資本、家庭成為維持門第的特權、國家成為戰爭與統治的工具。勒魯的全部活動則企圖改正這些過度的妄用，和將這些社會組織放在全人類的生命之中；他的社會主義乃使財產用於全體人民；後來他被選為法國國民大會的代表，一八四八年六月十五日在大會所作的演講中，要求阿爾及利

亞成為試驗社會主義的地方，他說：「讓老百姓去試試，因為老百姓有這樣的權利……否則，你們將勉強把一群蜂關在蜂箱裡，那麼，蜜蜂中怎樣相摩擦的，在人類的社會中亦將怎樣摩擦了：戰爭！不可和解的戰爭……怎樣壓制住這些意欲出來的呢？怎樣壓制住上帝法則讓它們出來的呢？」所以，依據人類的精神以改造這些社會的組織，人們將由此而造出解放的方法。

個人由此而聯屬於全人類；但這種聯繫（link）何在呢？這種聯繫不在「仁」（charity），不在「愛」（love）（因為愛確實趨向於一個和人分開的上帝勝過於趨赴人的本身）而在於連帶性（solidarity）或休戚相關性，休戚相關性使個人感覺着如果沒有人類，個人是空無所有的；感覺着人類使個人生存並使個人有所聯繫。勒魯的性格是和孔德大不相同，但在這點，他所表白的觀念是和孔德的觀念相接近的：「受過教育的驕傲者相信由自己知道，由自己感到。好蠢的東西！要知道，你有知識，有感情，是由人類而有，是為人類而有呵。」人類自行延續於我們各個人之中，而我們又將延續於後來的人類之中。老實說，人類的延續和個人生命的延續並非大不相同的；在個人中，記憶不留意細節，且僅視若永存；身體的、智慧的，和道德的遺傳就是人類的記憶呵。

III 雷諾（Jean Reynaud）

雷諾（1806-1863）於一八五四年發表了他的《地與天》（*Earth and Heaven*），未發表此書之前，他已做了許多預備的研究，如在百科全書雜誌中發表的《天體之無限》（*The Infinity of the Heavens*），及他和勒魯在一八三八年所創的《新百科全書》（*New Encyclopedia*）中，做了很多詞條，例如波尼（Bonnet），居維葉（Cuvier），古生物學，地球論，孔多塞（Condorcet），帕斯卡（Pascal），聖保羅，瑣羅亞斯德（Zoroaster），起源，德魯伊信仰（Druidism）詞條。這部新百科全書對狄德羅（Diderot）的百科全書做了更改。雷諾一八〇六年生於里昂，巴黎綜合理工大學（Ecole Polytechnique）學校的學生，後在科西嘉（Corsica）作工程師，因改信聖西門主義（Saint-Simonianism），於一八三〇年來巴黎與安芳丁（Enfantin）會合；但一年之後，又與安芳丁分裂了，由於他非難那種取消人類的自由與人的高貴的學說，及非難那種歧視婦女命運的學說。

結果他所專心的與聖西門派所專心者離得很遠，甚至與勒魯的也離得很遠了；他愈接近巴倫希（Ballanche）的天啟論（illuminism）。他所欲認識的是每一靈魂的個體的命運，而非全部人類的命運；復次，他不相信聖西門派或傅立葉派（Fourierists）的萬靈膏藥足以醫治人類的百病；每一靈魂在超人世的命運中應自行改善。我們的生命自身即一從前

的生命的延續，它懺悔從前的罪過；但是現在的生命是預備
另一生命，在無窮的天國能夠有所成就；不論是從這個地球
到另一個星球，靈魂從來絕不自天上降生人間，（雷諾同萊
布尼茲和波尼的見解一致，相信靈魂與肉體有不可分解的連
結），靈魂經過重重磨難，百折不回，永遠趨進於一個它從
達不到的完善；神學意義的天堂是沒有的，神學意義的地獄
也是沒有的，不可寬恕的永墮地獄是沒有的，完成任務的無
量幸福也是沒有的，然而一條大路過程中靈魂永遠地前進，
可以投宿的旅舍是有的。

他所拋棄基督教認靈魂為上帝所創造的定論，在他看來
產生了革命的觀念，他同神學家說：「照我看，我們已經到
了一個新時代了，現在，公共秩序必然以絕大的壓力要求不
平等的學說了⋯⋯但是，你們沒有看到嗎，如果萬人平等
的烏托邦風傳當世，且逐漸變成很大的威脅，這顯然是由於
你們的信仰把它產生出來，並把它養得羽毛很豐滿，你們沒
有看到嗎？」

IV 塞克雷坦（Charles Secrétan）

塞克雷坦（1815-1895），洛桑（Lausanne）大學教
授，他的教訓就是要反對兩種過激之論：第一種過激之論
為唯理主義（rationalistic）的神學家，第二種過激之論為
尊重權威的學說；反對那些自命自由說教者的樂天主義

（optimism），他們走上泛神論（pantheists），反對純粹重權威的忠誠主義 [2]；在這兩者之間，塞克雷坦建立基督教的理性（Christian reason）論，這種態度代表一種宗教思想運動的精神狀態，在瑞士，大家稱這種運動為晨鐘（The Awakening）。

所以，他的《自由之哲學》是一基督教之哲學的說教。他同我們說，必須區分「基督教的理性和異教的理性⋯⋯從一方面看，理性不能理解基督教，除非受了基督教固有的德行之影響，從另一方面看，這種對基督教的理解是我們復興的工作之一部分（這點是關於墮落後的人之復興），我們不能捨棄這部分⋯⋯那麼，我們所有的工作，則在說明基督教之主要原理，我們審察這些原理如同它屬於歷史哲學的，真正說起來，這些原理構成歷史哲學之中心與實體。在事故之前，我們毫未想到自然的理性曾預言這些事實（如人之墮落與神之救贖）；但在事故之後，它卻在教會中宣佈了，我們想到基督教的理性應該要求了解這些事實，且想到基督教的理性能達到這目的。」

還有，這種形而上學，乃基督教理論之一說明，原為道德學之引導而作成；所以它不受任何外部提出的教條的指揮，但為它自身的目的所支配；它應當宣示人類的自由，及一個為自由而用的規律之最高原則的存在。

2　見《自由之哲學》(Philosophie de la liberté, 1848-49, II, 403, 73)。

　　凡主張有限的事物中，看見一絕對自身提出的必然結果的學說，塞克雷坦皆把它包含在一個泛神論名稱之下：他同雅各比（Friedrich Heinrich Jacobi）一樣，認泛神論為存在統一實在的唯理的表達：他在許多神學家中發現泛神論的痕跡：凡視上帝乃一內在地必然的實有者，必以一同等地必然的動作賦予上帝。「當人從必然出發，他絕不會走到偶然。」如果人承認上帝是絕對自由，他才避去泛神論；塞克雷坦說，「向着他的自由，那種自由，可放在普羅丁（Plotinus）的公式，自由僅為它願意是自由的，自由乃它願意是全是自由的，自由願意它全自由者，即因為它願意存在……。一自然完善的存在之觀念是自相矛盾的，因為這樣一完善的存在較之自由地自求完善者要差一點。」（見《自由之哲學》，第二卷，十六頁）

　　那麼，形而上學實在只是絕對自由之偶然的動作的歷史：第一次的創造，完全自由的產物，它所有的實相非他，神的意志所創造；上帝不降身於這種意志，亦不分而為二，允許人類獨立者，這是奇蹟。上帝不為光榮的希望而創造，也不為任何其他本身的希望而創造，這只好歸之於必然的創造作用；那麼，上帝非為自己而創造人類，乃為人類而創造人類，這是他愛人類；上帝視人類為目的，故他給人類自由：「上帝創造一自行產生的實有，那就是必須這樣主張的。」所謂實有自行產生者，這或是在上帝中能自行成立者，如同天使，或是企圖反對上帝而自行成立者，如同魔

鬼；最後，企圖脫離上帝而獨立，乃自行成立者：這就是人類之所作為，人類之墮落即在於此。除了泛神論之外，人類墮落說，是人類現在的狀態和一慈愛的上帝之存在，兩者間唯一可能的解決，尤有甚者，一切人從他生下地就負有罪過，其間既然有連帶性，故必須承認人類是一體，承認人類具有宿罪，此則可斷言者；但確非以惡行的存在，證明人類之墮落，這是出於人類意志之所要求。上帝既然是人類的原理，故當人類意欲脫離上帝而獨立，人類實願意承認他自己的卑下；但上帝既然以他的絕對意志創造人類，故這種人類永居於卑下實不可能；由於一種復甦的力量作用，人類能從這種矛盾與苦痛的狀態中跳出來：所有人類的歷史就是在上帝的慈愛和人類的宿罪中，人類求復甦的歷史。

從人類分出各個人的個體，既是人類墮落的結果，亦是人類復甦的方法；亞當的子孫，代代繁衍，散佈寰宇，若按其實，僅構成一體，而且人類的一體，在仁愛的法則裡，亦有其確實的明證，所謂「民，吾同胞，物，吾與也」（視人民為同胞，視萬物為同類），即表明我們實自一體而來；但是一體散為萬人，足使人類趨於進步，故它是醫治的方法；那麼，個人化的原理乃神的恩寵，合乎人類的願望，並和各個人的創造相一致，每個人的創造可以說代表實相之一程度，人類之一狀況，所以它代表一進步的方法；這樣一來，個人有一絕對的價值，而且個人是不朽的。塞氏所主張之自由的中心觀念及救治形成（curative becoming）的觀念，在

這裡可以見到塞克雷坦受謝林的影響很大。進步達到「完善的個人」，此即耶穌基督，在耶穌身上，復甦的力量與人類相連而為一體；個人的本性在耶穌身上，和與耶穌相連結而改變性質，這種改變就是救贖。耶穌之死並不是代人類贖罪，而是一模範。

塞克雷坦遇見這點，遇見個人救贖的觀念與人類全體救贖的觀念，兩者之相對照；照他看，兩者之連結造成絕對的組織的教會之恩寵，在教會中，全體為同一目的相協助，而各個人亦有其樣態；個人之得救，唯有同全體及在全體中得救。

塞克雷坦表示他對形而上學有些不滿，故他說過：「我曾建立若干哲學的體系，毫無差別地把它們放棄了」；實在呢，他的形而上學僅為道德學的導論，不久之後，這種道德學成為他的主要任務，且見之於行動。他認為道德乃自由之實現；用以克服自然，用以形成國家，所謂自然，則構成經濟學的對象，所謂國家，則從專制的權威所產生的，現在變成自由活動與操作之保障。然而他不主張自由的實現是在康德的方式之內的：照他看，義務的內容不能從形式推引出來；康德所有的大錯誤，則在把思辨與實踐分開；千真萬確的，「意志是理智的基質；理性，離開了意志，常常是形式的」；所以理性是必然的關係之知覺，不能樹立道德的秩序，但實踐的理性是意志與理智之綜合；「就是這實踐的理性，它在理論的範圍，表現於必然的相信，它在實際的領

域，表現於行動的義務」。經驗賦予個人與種族間之聯帶關係，引導其他人遵守的義務由聯帶關係而來，全體所實現的義務也從聯帶關係而來的，最後，所謂仁愛又是聯帶關係而來 [3]。

V 柳幾業（Jules Lequier）

在這個時代，決定論（determinism）是最有勢力的理論，是科學的理論，這種科學的決定論很明顯地將因為達爾文、斯賓塞及泰納的影響而確認其地位。但是柳幾業〔1814-1862，布列塔尼的隱士，雷努維爾在巴黎綜合理工大學的同學（雷努維爾曾經出版了一些他的未完成的著作）〕，說：「這種討厭的必然論的教義不能證明，這是一個怪物，它內部包藏着絕對的懷疑，在嚴密的和仔細的考驗之前，決定論消失無蹤了，如同燈光與陰影交織成的幽靈只能恐嚇那些膽小的人，但當你用手摸着它時，就銷聲匿跡了。」──見一九二五年刊行的《最初的真理之研究》（*La Recherche d'une premiére vérité*, ed. Dugas, 1925, p.134）。決定論者是一些理論家，照他們看，只有外界是存在的：他們只在事物上去理會行動，所以人的動作好像一個機器；與他們相對的，有許多精神主義者（spiritualists），主張以內心的經驗去把握自

3　杜普羅（Duproix），《塞克雷坦及康德的哲學》（*Ch. Secrétan et la philosophie kantienne*）, Paris, 1900, pp.15, 36。

由；但在行為中不覺得強制的感情並非有自由的證據：經驗
能有的價值是，如果我發覺兩次或多次相同的情景，而產生
情景的行動則每次各不相同，但這樣的經驗可說是沒有的。
然而人亦不能把自由建在自明[4]之上，因為有一些自明是幻
想的。

柳幾業的著作最新鮮之處，則在他採用自由，認為自
由是探求真理所不可少的一條件，「是一積極的條件，換言
之，即認識之方法」（前書一四一頁）。自由只發現於內心沉
思之際，即在沉思以求一最初的真理之際，這樣的一種真理
是本身自足的，且可避去一切懸念。柳幾業開始是用笛卡
爾的方式以指導他的沉思，走上完全的懷疑，把所有的肯定
一掃而空，但是他發出的聲音是多麼不同：「一個被迫的懷
疑呵！一個反對自然的懷疑，一種想像的和兇暴的狀態，
一種精神的憤怒挑動了，衰歇了，一點快樂也沒有」（前
書一〇四頁）；將近放棄這方法之時，他再採用《美諾篇》
（Meno）的舊理，他說：「不由科學而想到達科學，實不可
能」（前書一〇六頁）；於是，他很快地改變方向，遂把握着
一追求真理的最深入的條件；此一條件，就是自由：「在這
種追求中，怎樣踏上第一步，甚或只是一個摸索呢？只有用
我的思想之自由運動的方法。怎樣作成研究的計劃，第一步
確定目的，繼則打破舊習與成見，再次，試安放我於一些獨

4　編者注：譯者手稿中使用「不言而喻（じめい）」翻譯此詞。

立的真實的條件之內……這樣我的思想就自行準備，自行湧出，自行繼起，滔滔不絕，相繼而來，秩然有序，非我所能主，並且若非我所能有，每一思念，在每一剎那，很正確地安排成為它本來之貌，又不能成為它本來之貌。」那麼，所謂自由，就是支配我們思想的能力，和給與思想一種非本性必然的秩序之能力；這裡就是柳氏研究的答覆：最初的真理，就是自由；發現這種真理的方法，柳幾業本人曾把它比做代數的分析：問題（最初的真理是什麼）本身自行矯正後，則變成所要研究的科學，並產生了答案，換言之，即科學被自行發現了（前書一〇七頁）。錯誤就是欲求出某些事物，譬如求一自明之理，它強制肯定真理；「然而還是自由的動作（即研究）肯定真理」。

要想十分懂得柳幾業，必須約略指出他的自由觀念所得出的道德環境（與雷努維爾的很不同），熱心的天主教徒，若勤勉攻讀聖經和教父的著作，尤其是聖保羅和聖奧古斯丁的著作，就可見到一種時常伸展的沉思，很自由地以來接近諸種教義，如上帝創造世界，如全能的上帝，如救贖先定（predestination）：這種沉思沒有一部分達到確切不移的理論；他很熱心地再探討所有神學的立論，並看不見神學的教條互相一致之點：一方面，我們的自由似是我們自己的創造；「自由就是行為，並非變成，而為行動，且行所欲行」（前書一四三頁）；但這點怎樣與全能的上帝相調和：「創造一物，它是離上帝而獨立，以嚴密的名詞說，創造一實在自

由的物，一個人格，上帝所有的藝術在此都用出來，而人不知何種技巧完成這傑作！……凡人（The Human person），一個無上帝而能做若干事的東西，多麼不可思議的事啊！人討論和思索着，而上帝期等着。」如果自由是確實在，延綿（duration）亦應有一顯然不同於永恆的實在性：他在一眉批中寫上：「繼續的實在性（reality of succession）」，並為之釋曰：「從他們的存在看，可認定事物實是逐一而來」；那麼，上帝「看見它們繼續而來，繼續存在，這是必須的，在這裡把一些似乎繼續的事物輸入給上帝」。準此，柳幾業有一以自由的觀念組織上帝的學說（theory of God around the notion of freedom），就象雷努維爾和詹姆士稍後受了他的影響而形成的理論；然而還有救贖先定的教義要解決；救贖先定和當墮地獄之不可思議的辯證，並沒有把柳幾業企求調和實際的自由與人類的行動之態度顯得明白；然而自由並未意識到自我及其行動的結果，因此人更容易受到上帝的審判：「上帝通曉人之心事勝於人知上帝……所以在人類中須保存着無知之感，人是這樣的無知或不知道這樣或那樣的行動是自由的。」由於人的自由行動，各個人把若干今後永不能磨滅的部分事實輸入世界的歷史。「做這事的人自己忘記了它……但上帝知道它的……在我們每一行動的將來中，我們知道這是顯露的或這是隱蔽嗎？我說很少知道……如同我們自己的存在為我們所不能理解，到處皆然，又豈僅我們之存在為已所不知。」（前書，一四八和二九八頁）因此之

故，柳幾業所主張的自由與費希特（Fichte）的自由大不相同，它把我們放在一個我們自己及我們的命運之深切無知的境界。

‖ 參 考 書 目 [5] ‖

I

- Rogers, A. K.: *English and American Philosophies since 1800*, 1922, p.96.
- P. Thureau-Dangin: *The Catholic Renaissance: Newman and the Oxford Movement*, 1899.
- Lucie Felix-Faure: *Newman, His Life and His Work*, 1901.

II

- P. F. Thomas: *Leroux, His Life, His Center and Doctrine*, 1904.

IV

- E. Boutrous: *The Philosophy of Secrétan*, Revue de Métaphysique, 1895.
- F. Abauzit: *The Enigma of the World and its Solutions with Secrétan*, 1922.
- E. GRIN, *The Origins and Evolution of the Thought of Ch.Secrétan*, Lausanne, 1930.

V

- J. Seailles: *A Philosopher Inconna: Lequier*.
- O. Hanzelin: *The Will, Liberty and Certitudes in Belief*, Revue de Métaphysique, 1920.
- L. Dugas: *The Life, the Work and Genius of Lequier*, Fragments Nostradamus, 1924.

5　詹季虞由法文翻譯成英文。

批評論的運動

形而上學的大體系失敗後，繼之而起者，除主知的實證主義，及宗教的思想之發展外，復歸於康德的批評態度，成為哲學的主要潮流。

I 雷努維爾（Charles Renouvier）

在法蘭西，批評論的運動之始創者，為雷努維爾（1815-1903），他是孔德的同鄉，生於蒙彼利埃（Montpellier），一八三一年，他到巴黎，此後遂與聖西門派時常聯繫；一八三四年，他進巴黎綜合理工大學，故孔德是他的老師；在這學校內，他亦認識了勒魯。他第一期著作是《古代哲學概論》（*Handbooks of Philosophy, Ancient*, 1842），及《近

代哲學概論》(*Handbooks of Philosophy, Modern, 1844*),稍後,在勒魯所編的《新百科全書》(*New Encyclopedia*) 發表「哲學」這個詞條。一八四八年法國大革命時他寫了《法蘭西共和國手冊》(*The Republican Handbook*) 及《法蘭西共和國公社與中央的組織》(*The Communal and Central Organization of the Republic, 1851*),還在《民報》(*Feuille du Peuple*) 上寫了大量的論文。一八五一年復辟政變之後,他不得不專心於理論的工作;他的批評論發表在他的四大卷《批評略論》(*Essays in General Criticism*) 中——第一部略論《認識的普通分析》(*General Analysis of Knowledge*),一八五一年刊行,一八七五年第二版,第二部略論《人》(*Man*),一八五八年刊行,一八七五年第二版,第三部略論《自然之原理》(*The Principles of Nature*),一八六四年刊行,一八九二年第二版,第四部略論《歷史之分析的哲學導論》(*Introduction to the Analytical Philosophy of History*),一八六四年刊行,一八九六年第二版。此外,一八五七年發表的《時態》(*Uchrony*),一八七六年出了第二版;及一八六九年發表的《道德的科學》(*Science of Ethics*),以上均屬於他第一時期的著作。從一八七二年到一八八九年他在《哲學的批評雜誌》(*Critique Philosophique*) 上寫了很多篇論文,自一八七八年至一八八五年《哲學的批評雜誌》與《宗教的批評雜誌》(*Critique Religieuse*) 合併,最後一期登載了他的《哲學的理論之系統的分類試探》(*Outline of a*

Systematic Classification of Philosophical Doctrines），一八八五至一八八六年成兩卷出版。一八九一年起，《宗教的批評雜誌》（Critique Religieuse）為畢農（F. Pillon）主編的《哲學年鑒》（Année Philosophique）所代替。一八九六至一八九八年他發表《歷史之分析的哲學》（The Analytical Philosophy of History）共四卷；一八九九年與培拉（Prat）合著《新單子論》（The New Monadology），一九〇一年發表《純粹形而上學的困境》（Dilemmas of Pure Metaphysics）及一九〇三年發表《人格主義》（Personalism），皆屬於第二期的著作；他與塞克雷坦有深厚的友誼，他們自一八六八年至一八九一年來往的通信，在一九一〇年刊佈。

雷努維爾的學說是與十九世紀初葉以來的體系相決裂。凡是認人的道德的生活唯一法則之必然的和暫時的表現，或為普遍的實相必然的和臨時的顯現之學說，不論它的頭銜怎樣，雷努維爾皆深惡痛絕它：故科學的決定論、歷史的定命論（fatalism）、神秘主義（mysticism）、唯物主義、進化主義，照雷氏看，在這點都是一樣的，因為所有這些學說都消滅個人和吞噬個人。

雷努維爾的哲學既不是他的宇宙的直覺，也不是一舉而成：好像有三個平行的理論，它們雖互相協助，但其來源與性質則很殊異：第一種理論即數的法則（law of numbers），這一理論的來源，還是他在巴黎綜合理工大學學習數學時，開始對微積分學的沉思而產生；數學家如柯西（Cauchy），

證明無限的虛數是不可能；數的法則依據這種不可能，宣佈實在的集合（real group）應為有限的集合。

第二種理論，就是意志自由論；他的朋友柳幾業（Lequier）告訴他，意志自由不僅是道德生活之根源，並且是理智生活的根源，沒有它，就沒有確實的知識，雷努維爾對柳幾業所提出的論證，作了懇切的沉思。

第三種理論，就是觀念論派的相對論（idealistic relativism），這是他從康德和孔德的思想吸取出來的：只有現象存在，而一切現象是相對的，我們僅能在這種意義了解一些關於其他的事物，這樣構成或被構成。

在這三種理論中，並沒有本質的連結：有限論（finite）可能完全和意志自由之否定相一致；數的法則所要求者，則當我們轉而推究諸現象之順序時，在這順序中，要求有一最初的起始；但它並不要求這最初的起始乃一自由的動作；這可能是一純粹的偶然。其次，有限論亦與相對論很少聯繫；康德認為精神的法則要求現象中有一無限後退（indefinite regression），而孔德拒絕提出此問題；如果我們在有限論之古代形式下審察有限論，我們將見它的兩種形式，亞里士多德之有限的世界和伊壁鳩魯（Epicurus）之原子論，實在論的絕對主義還是免不了。最後，相對論完全是與意志自由的否定論相並行的：不論是在康德體系或者在孔德體系，相對論均假設一現象之嚴格的決定論；如果一自由的動作是一絕對的開創，與先行事件毫無關係，亦與自由的肯定不並立。

　　要想十分明白雷努維爾的學說，對這些各自獨立的出發點，及有限論與相對論的關係之難點，必須特別就這點詳加討論。有限論通常對最大與最小，假設一實相之有效的決定，則對世界與原子，假設一有效的決定，至少假設一可能決定。但實證的科學很明顯地告訴我們，人既不能從視世界為全體的觀念出發，亦不能從最後一個不可分的元素出發；而觀念論的相對論，當其將一切實相併作一關係時，給它一個說明的道理。雷努維爾如何能堅持是一有限論者同時也是相對論者呢？唯一的方法，則他一方面承認全體的綜合是一些已做的和完成的事，至少在綜合本身說──這是有限論，但它是非認識所能接近的──這是相對論；換言之，我既不能夠吐露世界上諸元素的數目之真相、吐露其廣延的真相、吐露其時間永續的真相，縱則這種永續、這種廣延、這種數目自身是被決定的；這種不能為直接的和經驗的估量的知識，除非對於宇宙各種數量，有一最高與最低的定律（a law of maximum and of minimum for the diverse cosmic quantities），方能完成，但並無這樣的定律。一些相似的論證（arguments）證明包含自最低的到最高的「種」之等級的一個總表是不可能的，證明全部宇宙化生（becoming）之觀念是不可能的，證明上溯到諸第一因（first causes）之因果連鎖這樣的一個綜合是不可能的，證明依照目的秩序之一種綜合是不可能的，證明我們的意識限於一總體的意識或意識之總體，足以包含一切現象，這樣的一種意識過程是不可

能的。雷努維爾很想要有限論，但不想要亞里士多德和經院學派的世界，亦不想要他們的宇宙論，直溯至根本的原始，和把握着普遍的目的和原因；這是自外的觀點而來（拉丁文，a parte foris）的實相，我們僅自內（拉丁文，a parte intus）把握着這實相。

那麼，我們很能把握着這三個基本的理論，但到現在為止，對於這位哲學家的精神上，這三者的連結，還仍然沒有把握得很牢。

復次，我們注意這三種理論各有其證實的理由：數的法則的證明是在矛盾律，它的證明是矛盾律的一種形式：數之存在由於計算的行為；無限的數之存在既假定為完成的綜合，因為有數存在，同時又假定為未完成的綜合，因為數是無限的。自由的證明，全從柳幾業那裡借來的，做法是不相同的。在自由中，既沒有直接的經驗，也沒有先天的證據，且僅為決定論之反對者：我們覺得自由與決定論之間必然有所選擇，不准有智慧的理由使我們徘徊於二者之間，覺得無可無不可；故我們對於這必然選擇其一的理由作深切的考慮；如果我肯定必然，這種肯定或者是很真的，或者是很假的，兩者必居其一；如果必然是真的，我必然的確信是一必然的事實；但個別個人能有自由的確信同是必然的，既然兩種確信都是必然的，故不准有選擇的方法，那麼，我墮入懷疑之中；如果必然是假的，而我還是肯定必然，我豈不是荒謬絕倫嗎？結果，我總是留在懷疑之境。如果我肯定自由，

這種肯定同樣是真的，或者同樣是假的，如果是假的，我無疑的是犯了錯誤，但我得到許多實際的用處，相信負有道德的責任，信任將來的事業全憑我們的選擇；如果這肯定是真的，既為真理又獲實益，那麼，我由合理的動機而行為、而選擇，那就有了真實的人格、自由；換言之，即能反省地自行決定。

至於雷努維爾第三種理論，相對論，我們不能指出特別的證據：不過相對論是共通的精神狀態，是實證科學的結果，此即康德主義與實證主義曾經共同主張的。

然而，在哪裡找出這三種理論的聯繫呢？這聯繫即在一個關乎道德生活（moral destiny）的信念，亦即在這三種理論中找出一些合理的，和依據理由之信念，但同時這一信念包含着這三種理論且造成它們的真實的基礎：道德生活包含着這三種理論的全部，先從數的法則來討論：實在說，由矛盾律而來的數的法則之證明，引起雷努維爾的確既如是的少，以致他著述生活　開始時，即當他寫《近代哲學概論》的時候，他可說是數學家，因為他是無限的數之不可能的信徒，同時是哲學家，因為他承認無限論（infinitism）以及黑格爾的矛盾的統一的理論；在數的法則中，這不關乎矛盾律之抽象形式，而是關乎矛盾律之實際應用；所以在雷氏的精神中，矛盾律之實證的立論並非人自明的對象，乃一信念與一選擇之對象；雷氏晚年的著作，如《歷史之分析的哲學》（第四卷，四三四─四三五頁），分析黑格爾主義後，

他很明顯地向我們解釋，他如何相信在黑格爾的矛盾統一的原則與矛盾之無限制的應用中間，兩者必擇其一，以及他如何選上後者而棄前者，因為矛盾統一的原則不能用作堤防神秘的形而上學，這種形而上學儘可能趨於離心的（必須想到一八五〇年間這種離心運動是很大的）。所以我想用近人解釋雷努維爾思想的兩種見解以補充其理論，且斷定他的有限論是從他的數學的思辨和他的道德學的信念共同產生出來。

要想把他的自由論弄明白，也可依據以上所説，他的自由論緊附着同一信念；現象論的相對論（phenomenalistic relativism）也可由此而得到説明；但在雷努維爾的思想中，並沒有類似康德超越的演繹（transcendental deduction），根據經驗之可能的原則，以證明諸範疇；照雷努維爾看，這些範疇乃一些單純的事實，一些普遍的事實，雷努維爾同我們説：「範疇以實相之本然的形式，為信念做預備」；相對論之相反者，那就是絕對論（absolutism），那就是本體和物自身（things in themselves and substance）的信念，它與我們道德的信念相反，因為它走上泛神論，換言之，即負責的和自由的人格之否定。

所以，從一方面看，是有限論、自由論和相對論，從另一方面看，則諸道德信念，憑雷氏的思想型範所構成的連環，遂互相依倚而成一體。有限論與相對論卻不是康德命意所在的道德準則（postulates of morality），換言之，即一些純粹理性所不能達到的肯定，和從它們道德的必然抽取出

它們唯一的價值；相反的，這樣一些純粹理性自身所定之立論，獨立於道德的估量之外；它們之可確信，則因它們依據一種宇宙觀，在這宇宙觀下，道德的生活是可能的。雷努維爾之合理的信仰的意念（notion）則由此而產生，這一意念則建在理性與信念共同支撐的據點上。他願這種信念是合理的、反省的，和那種自發的信念極不相同，「蓋自發的信念應屬於精神的昏亂，亦即無反省的主觀衝動，由於這種衝動，以致任何荒唐的想像的關係皆變成實實在在的關係」，好像在幻覺的情形之中，相信先知，相信奇蹟，那不是癡人說夢嗎？

雷努維爾的世界觀呈現着兩種特性，既有利於科學的發展，又有益於信念的保障；這世界既由表象所構成或由現象所構成，故世界是科學的對象，所以科學所探求者，是現象間的法則，或現象間不變的關係，以說明其功用；雷努維爾對於科學的意見與孔德的相同，但超越了科學的「概括的批評」（general critique），即求最普遍的關係或範疇。但從另一方面看，表象本身所包含者，若以互相關係的名詞表之，則為「呈現」和「被呈現」（representative and represented），若以康德的名詞表之，則為主觀與客觀（a subject and an object），兩者之綜合即為意識或人格；因此世界，是一意識的世界。人格的範疇，是我與非我的綜合，所以人格的範疇乃一切其他範疇之頂點，詳言之，其他範疇中：第一類為限定世界之永恆的結構的範疇，如形勢、連

續、性質等,第二類為描寫變化之普遍的法則的範疇,如化生(becoming)、因果、目的等,而人格的範疇則為登其峰而造其極者也。

理論和實踐之互相滲透,終於使雷努維爾將所有已知的哲學體系分成兩大類,第一類哲學體系,藉口滿足純粹理性之需要,使道德生活成為不可能的,第二類哲學體系,既滿足理論的需要又滿足實踐的需要:所以前一種哲學肯定無限、必然、實體、物自身、泛神論、歷史定命論;後一種哲學肯定有限、自由、現象、有神論。在這兩派哲學之間,實無調和之餘地;他們有如兩難法中之兩支,必須選擇其一。理性,若照純粹智慧人而論,乃非人格的理性,實不能有這種選擇之力;「主知主義(Intellectualism)是哲學走上的一條錯路」;「故在哲學上必須有一種高尚意義的理性,它與信念連結而不分」。

一種本質的信念,支配着雷氏所主張的選擇作用者,這就是個人道德生活的信念;哲學家不相信有死,那就是《最後的談話》(*Last Conversations*)一書所表現的主要思想(見該書第四頁);雷努維爾的宇宙觀,構成命運(destiny)的,非自孔德所主張的人類而來,乃自個人而成。道德的個人主義曾驅使雷努維爾寫《法蘭西共和國手冊》,在這手冊中,他為每一公民要求道德生活發展所不缺少的經濟狀況;道德的個人主義又驅策他用盡九牛二虎之力,以排斥命定的和無限的進步之立論,因其犧牲個人於人類之中。

雷努維爾的神學則從那上述主義而來：照他看，上帝不是一實體或一絕對，但上帝是現存道德的秩序，是宇宙間有一要求各個人完成義務的正義法則之保證。雷努維爾全不願意在上帝與現象世界關係之外去認識上帝，他認為在上帝中除了道德的完成外，並無其他無限性。雷氏於著作生涯開始之際曾受了他的朋友梅納（Louis Ménard）的影響，梅納乃《神秘的異教徒之囈語》（*Reveries of a Pagan Mystic*）的作者[1]——他傾向多神教，因為他主張道德的至上性超出一民族的和專制的一神教，例如猶太的一神教。

要想建立一道德的科學，須把正義的觀念弄得很正確很明顯，如同數學一樣，須從一些明確的概念着手。純粹的道德學即理性規律的定義，自由的道德實踐者，不問他離群獨居之際，或與他人相處之時，皆應以理性的規律控制他的情欲；正義之純粹規律包含實踐者的公善（英文，common task；法文，un bien commun），而公善的實現則在每一實踐者視之為義務的工作而達到：這種規律，在實踐者中，創造一借與貸的關係，其所追隨的部分多少取決於每個人在公共工作之所取的。由正義所規定的理想社會，就是「和平的社會」，在和平的社會中，有一種借與貸雙方之永恆的均衡，一種各個人應做的工作和期待其他人士亦應盡責的平等，以及這種和平狀態相續之保證。

1　《形而上學雜誌》（*Revue de Métaphysique*, January 1932），由波爾（A. Peyre）所刊行他們兩人的通信。

但在這純粹的道德學中應加上一應用的道德學，表明這理想的訓條應用到人與社會之實際情形去。現實的社會怎樣呢？據雷努維爾評定，現代社會乃在擴張戰爭的狀態，而其所表現的特性則為人榨取人，及人與人互相憎惡。這戰爭的狀態認為自衛的權利為正當；自衛最有效果的方法之一則為財產權，在戰爭狀態的社會中，財產權是正當的。共產主義僅為普遍的奴隸制；防止財產權的過度唯有用累進稅的制度以限制。在一八四八年，雷努維爾已有社會主義者的傾向，且為現代法國激進社會黨提出過一個黨綱。

　　實際的社會既然是在戰爭狀態，於是提出一個極實際的問題，也就是原罪那個舊問題被重新提出：實際的社會不是正常的狀態；它有它的來源，此則在社會上一切人中，自私自利的情欲壓倒理性，也可說是一切人固有的惡性；這好像人一生來就在墮落的狀態中，也就是神學家所說的人類原始的墮落；這種狀態不應歸屬於世界的第一因，與道德的秩序想混同，但應歸屬於自由意志的決定，康德名之為根本的罪過者。

　　這種以自由意志和人類墮落說明原罪的神正論（theodicy），引導雷努維爾將這些假定建立在人類之起源、歷史和終局上，並由想像陳述人類命運的景況，情態逼真，足以說明道德的信念，雖這種假定染上基督教的信念的色彩，實際上未見得客觀、正確。雷氏想像人類原始的社會是正義的、美滿的，各人控制着自己的意志生活於自然之中。

人既然是自由的，所以墮落是可能的；墮落應從自私自利的情欲點順勢而產生，但從人欲依其自由意志而行動的經驗所產生的，更為可能。繼之而來的社會則為一戰爭的狀態，一切均憑暴力而定，個人之體力愈強者愈偉大。原始的世界的崩潰，乃有星雲及現在的太陽系之形成；所以歷史上的人類生活於原始世界的廢墟上，這分離破碎的世界中，各種勢力互相衝突，互相反對。但是所謂人類則由原始世界墮落下來的個人所組成；個人命中預定了這種生活，其後必偕之而至。雷努維爾同萊布尼茲一樣，相信個人或單子之不可分解，當各種條件是順利的，一新的結構可能從質的胚種而來。雷努維爾的單子論就是萊布尼茲的單子論，但無限主義的意味較為稀少；故自然傾向於將實體當作它的狀態相繼的法則，把一存在當作一意識，以及否認傳遞性的因果關係，支持預先建立的調和。同樣的道理，人之自由意志引起人之墮落，而在將來，人之自由意志是人類復活的主角，是恢復到以正義統治著那種原始狀態的世界之主動者。這種終局論（eschatology）和十九世紀中期流行的烏托邦的不同之處，則在這種世界終局論是天文學的，假定太陽系復歸於星雲的狀態，且在這無窮的世紀中，舉凡物理的、精神的、社會的變化，我們不能知道一點點。這種人格主義（personalism）的普通的姿態是這樣的：在這種人格主義中，自然僅對著個人而存在，在這種人格主義中，個人是實相之本質的元素，在這種人格主義中，僅存著冒險、創意，並沒有那種人類進

化之必然的法則。這如雷努維爾在《最後的談話》七十八頁中所說的一樣:「不論是對現代的哲學家,或對將來的哲學家而言,人格主義所指示者非他,乃一好奇心之對象而已。進步的烏托邦把一塊頭巾蓋着一切智慧,大家遂看不見罪惡,大家遂也覺不到非義。」

命定的進步之信念尚統治着思想界,但雷努維爾的一生皆厭惡這種信念;在一八五七年,他反對當時的哲學史而提出時態(Uchrony),此即歐洲社會發展之歷史的研究,他告訴我們何者是沒有的,何者是可能有的,在這種發展中,他想像基督教的説教是失敗了,此即造成中世紀時代的經濟落後;不久之後,他的物理世界進化之觀念明確與斯賓塞的進化論的自然主義相似。

大概從一八七〇到一九〇〇年之間,雷努維爾的思想對哲學界發生重大的影響。畢農(Pillon)是雷努維爾哲學之傳播者。培拉和畢農合著《新單子論》,曾寫《實體的觀念:批評與歷史的研究》(*The Notion of Substance: Historical and Critical Investigations*, 1905),那是一部表述雷氏的體系之主要方向的著作。布樂夏(Victor Brochard, 1848-1907),在未成為權威的古代哲學歷史家之前,深受雷努維爾派的影響,而寫成他的名著《謬誤論》(*On Error*, 1879);他的立論的主點即謬誤並非徹底地不同於真理,「真理僅僅是一證實的假定,而謬誤亦僅僅是一駁倒的假定」,一意志活動之審核作用規定了真理與謬誤。多黎亞(Lionel Dauriac, 1847-

1923）在他的《實相與信念》（*Belief and Reality*, 1889）中，企圖作普遍的批評，他批評感情與意志如同批評認識。日內瓦的哲學家顧耳（Jean Jacques Gourd, 1850-1909）傾心於雷努維爾的現象論（phenomenalism），〔他的著作：《現象論》（*The Phenomenon*, 1883），《三個對話》（*The Three Dialectics*, 1897）〕，但他主張在現象自身，有一種不可避免的二元性，一方面憑藉因果律與堅固性，而有科學的認識性，但另一方面又有一殊異的、不固定的和絕對的元素，逸出科學的認識之外；在法則之傍，有創造（creativity）；在正義的規律之傍，有犧牲；在美的排列之傍，有卓絕；這些所謂法則之外（illegalities）相當於雷努維爾的批評引入現象中之間斷性（discontinuities）；據顧耳說，這些與宗教對事物的看法有關。

同樣的道理，布樂夏堅持判斷之中，合理的自明之限度和意志之部分作用。李亞（Louis Liard, 1846-1917）在一八七九年發表的《實證科學與形而上學》（*Positive Science and Metaphysics*）中，表明自然主義者欲使實證科學轉變為形而上學，實不可能，因為關於實相的肯定，有道德信念的部分，所以：絕對即道德生活使這種至善或這種圓滿成為絕對的條件；在李亞的學說中，具有許多康德實踐理性之假定（postulates）的方法。

葉夫令（F. Evellin, 1836-1909）之有限論發表在他的《無限與數量》（*Infinity and Quantity*, 1880）中，其次發表在他的《純粹理性與二律背反》（*Pure Reason and the Antinomies*,

1907）中。葉夫令的有限論，不似雷努維爾的有限論之附屬於信念；他認為在有限與無限之間，並沒有真正的二難論；因為有限論顯現為唯一可證明者，且在康德的二律背反中，無限的反措定並不是合理的確證。數學上使用那種數量之無限僅為一自想像而生的幻想。連續的要求，甚至於實際的時間和實際的空間，均是從不可分而構成。這種有限論連結着精神論（spiritualism）：連續，由於它的不可分性（indefinite divisibility），包含着一切堅固的實在之消滅；唯有限論使這些含有自發性及智慧和自由的實在成為可能的。

II 德國的新康德主義（Neo-Kantianism）

在一八六五年，李卜曼（O. Liebmann）刊行他的《康德與他的學生》（*Kant and His Followers*），這部書每章之末都可見到這句話：「所以，必須復歸到康德」。這種復歸於康德既是康德以後那種思辨哲學之反動，又是似乎為相對論的興味所支配，強調客觀對象與人的意識的條件相關之從屬關係：人的思想，人的表象，認識的條件與視覺印象條件之比較，物自身之完全不可知論，凡此種種都是李卜曼的著作之主要姿態，如一八七六年刊行的《現實分析》（*Analysis of Reality*），一八八二至八九年刊佈的《思想和存在的事實》（*Thoughts and Established Facts*）：這一種康德主義顯然走上費爾巴哈學派。

　　將著名的物理學家赫姆賀爾茲（Helmholtz）完全視為
德國新康德主義的先驅者有些不妥，他於一八五六年至六六
年發表他的《生理學的光學概論》（*Physiological Optics*），
不遲疑地寫道：「要求一個表象（representation）毫不走樣
地切合所表象物之性質，且具絕對意義的真實，另外又要
求一個印象（effect）是完全獨立於印象所生對象的性質之
外，這是立刻見到的矛盾。因此我們所有的一切表象都是
一些客觀意象（images of objects），本質地從屬於意識的性
質，唯此意識呈現那些客觀對象；」但這種相對論，十分庸
俗地表現康德的思想又如此的少，以致它把我們的表象當做
一些象徵或一些符號，我們一方面運用這些符號以指導我
們的行動，另一方面憑藉因果律以確定外界對象的存在。
必須要加上的，由於赫姆賀爾茲對於非歐幾里得派幾何學
（non-Euclidean geometries）的研究，引導他肯定我們的空
間之殊異是可能的，但這一點很不利於超越的感性之先驗論
（apriorism of the transcendental aesthetic）；他寫道：「康德
從幾何定理而得的先驗的起源之證明，建立在呈於直觀之各
種空間不能毫無關係上，這是不夠的，因為賦予的理性是不
正確的。」當赫姆賀爾茲否認幾何定理之先驗的起源，視之
為形而上學精神的殘渣，他又使幾何學在諸自然科學居於第
一位的時候，他在試圖將康德的體系擺脫其內在矛盾。

　　把我們所有的知識都歸之於現象，形式與範疇之主
觀性，一切形而上學之不可能，直入靈魂之內部的觀察

之無力，凡此種種態度即郎格（Lange）自康德主義吸取而來，但郎格給與康德主義的解釋，有時實遠離康德的型範；他像赫姆賀爾茲一樣，想在感官的生理學中找到康德主義的說明；他賦予範疇以主觀性，同樣賦予感性的形式以主觀性，而且他空泛地以範疇賦予我們心理物理的（psychophysical）組織形式，在他的體系中，不讓它留一點超越的（transcendental）演繹；他看出形而上學之作為科學，必然走向唯物論，因為當這種體系「不甚超出實際，就可滿足理性傾向於統一的需要」〔見一八六六年發表的《唯物論史》（*History of Materialism*），一九〇八年第九版〕。他亦批評康德所用的物自身，認為物自身的存在全無證明；我們的精神這樣做，以致視它為現象之因，而得到一個含義可疑的概念。這樣一來，在郎格的體系，沒有一點東西相當於康德之實踐理性：在理智的世界，為實踐理性所要求者，他以形而上學的和宗教的創造以代替之，而且他看見它們的價值即來自這種創造而出的精神的信仰。

黎爾（Alois Riehl）是主張哲學應緊縮在認識論且應放棄一切形而上學，最有力的一人〔參考他的著作《哲學批評及其在實證科學中的重要性》（*Philosophical Criticism and Its Importance in Positive Science*, 1876-1887）〕。他的康德主義自限於純粹理性的批評；他承認康德的先驗論，但其含義則略有出入，他的先驗論誠然建築在經驗的可能的原則上，但他加上一新的因素，即認先驗的因素自社會而來，所以他

說，如果外面世界的實在是為感覺直接所給與，一個最重要的證明還是社會的證明，從我們及我們的同類間共有的經驗抽出的證據；他以這種態度，去看經驗的形成，由於超出感覺之先驗的概念的工作，但此先驗的概念乃一社會的事實，不再是個人的事實。這些社會學的考察企圖對康德的先驗論作一新的解釋，我們在涂爾幹（Durkheim）的哲學中將再發現它。

III 英國的唯心論

史泰林（J. H. Stirling）著《黑格爾之秘密》（*The Secret of Hegel*, 1865），將黑格爾哲學輸入英國，而其意願則在反對一八五〇至一八八〇年間英國流行的唯理主義。如自然主義、經濟的個人主義、社會的唯物主義，他都視之為寇狄，認為黑格爾哲學為革命最合適的武器，故他運用黑格爾之普遍的具體性（concrete universal）以攻擊自然主義、經濟的個人主義及社會的唯物主義，普遍的具體性使人明白上述各學說全屬實相之低級者。但樹立英國和美國的唯心論者還是格林（Thomas Hill Green, 1836-1882），格林的唯心論上繼康德，下至布拉德雷（Bradley），鮑桑葵（Bosanquet），羅伊士（Josiah Royce）及馬克塔加特（McTaggart），其流風餘韻至今仍然存於英美哲學界。

格林的唯心論，縱則對康德的唯心論有所吸取，然由

於他的精神和他的志願，遂與康德的唯心論大相徑庭：批評的問題不是使格林潛心苦思，而且他也不求說明批評的思想與實證科學之密切的關係；他的新康德主義是後於法國的和德國的新康德主義，所以它又具有一種性質，從原則上說，它傾向於排斥經驗論、排斥無神論、排斥快樂論（hedonism）。唯心論是一種學說，它將精神輸入認識，將上帝輸入宇宙，將德性輸入行為，凡是皆有藉於唯一的原理之一種學說。

格林以休謨的經驗論為範本，認為這種經驗論刪除認識中工作的精神，且把它打破成為意識狀態的碎片，然後再以某種觀念，如實體及因果的觀念當作一條繩，把這些碎片的元素貫穿起來，然此等做法僅為不正當的構想。認識的理想是這樣地消失了，但它反過來宣佈認識為不可能的，因為世間肯定沒有無關係的知識。所以，在事件的連續之外，必須有一統一的原理，完全是固定的和唯一的，如康德之所欲作者。這統一的原理構成客觀，且使感覺加入一有機的統一中。

格林相信從這意識自身統一的原理，能抽出精神論、有神論和道德。先就精神論來看，精神不能如進化論所說乃一非智慧的機械之結果；因為自然以精神為前提，決不能產生精神，而且它僅為認識，為超出「時」「空」之不變的和不朽的我，才是實在的。其次，就有神論來看：感覺孤立的經驗派的立論是與斯賓塞的，和漢密爾敦的絕對為不可知的立論緊緊連結着；他們切斷感覺與其他感覺之一切關係，如

同他們將絕對刪去一切關係：這兩種立論是同等的錯誤：他們既然說絕對是不可知的，這就是表示他們知道一些事（知其存在），那麼，第二項立論不是自相矛盾嗎？〔這種論證似從柏拉圖之《巴曼尼得斯篇》（Parmenides）而來〕。如果第一項立論是可斥責的，這就是因為任何感覺皆與其他感覺有關係；每一感覺在其自身是部分的和不完全的，所以它須依據一包含所有感覺之總體的知識：沒有一個感覺是孤立的，也沒有一個感覺是在體系之外的：實相或真理就是普遍的具體性，任何部分都假定立在其內；但這種普遍由於普遍的意識或上帝而存在，上帝顯現為所有知識之一假設。所以上帝對於人而言，他不是一對象、一事物、一在人心外的其他東西；人類的意識，若就是其基質來看，並不異於上帝的意識；人之有限的元素是身體，身體好像是一永存的意識之媒介物。

最後，道德學亦從同一的原理而引出，我們之自我參與普遍的我；道德的生活則在我們自身與普遍原理趨於同一的進步；但這種目的要想由各個人希望的滿足（satisfaction）實不能達到，故必須有一個關係我們全體性的滿足，才能達到目的。在這趨向普遍的進步中，個人乃在社會的組織內找出幫助而無抵抗：格林的唯心論，在政治上，有保守黨的傾向：由於他的超個人的廣大性，故任何權威的形式實在都是神的，而不論在何種情形之下，我們沒有權利以我們個人的善與一社會的組織相並立，個人主義的排斥在這個時期的英

國是很流行的，或者這就是格林全部學說的秘密動機吧。

IV 谷納（Antoine Cournot）

谷納生於一八〇一年，歿於一八七七年，曾任法國教育部的總督學，他是以批評的態度研究科學上的基本概念之第一人。根據康德和孔德的思想，他繼承了認識的相對性之立論，並繼承了認識直達事物的本質之不可能。從另一方面看，他的第一部著作名為《機會論與概率論》（*Theory of Chance and Probability*, 1843）；在這種理論裡，一種認識的確實性顯然有一限度，詳言之，即概率的程度有高下之分，排列如梯，逐級相承，各有其限度。谷納的認識論之特徵則化概率性（probability）於相對性（relativity）〔參考一八五一年出版的《哲學批評的特性及科學的基礎略論》（*Essay on the Foundations of Knowledge*）兩卷〕：一個假定在物理學是可承認的，則因為這假定答應我們很合理地把以往觀察過的事實聯合貫穿起來，有如鑰匙，例如開普勒（Kepler）之行星繞日的軌道為橢圓形之假定，包含一切已經觀察過的行星的位置而無遺漏；有許多理論愈是這樣簡單的，愈加單純地適合於這種條件。這樣一來，我們就能逐漸接近實相：例如直接的知覺肯定：金是黃的，而物理學家則從黃金之固有的色彩以及光綫在金的表面所起的反射作用中，認識這種黃色，兩者相較，前者的認識較遠於實相，而

後者的認識較近實相；但是如果物理學家能將黃金之視覺的特性和黃金之分子的構造貫穿起來，這種認識則愈加接近實相；雖然它不讓我們達到絕對的實相（absolute reality）：「所以認識乃在我們能力的標準中，它把我們從相對的和現象的實相之某一秩序上升至愈高級的實相之某一秩序，且逐漸透入現象的實相之基質的睿智裡去。」

由於概率性與相對性之同化，谷納的概率論遂與康德的相對論大相徑庭：故谷納所取的相對的概念實另有一意義，谷納所謂相對者（法文，relatif），實承認它有各種程度；事實上亦有這樣的定律，例如萬有引力律，谷納認為這定律最接近事物的本質，勝過其他定律〔見《歷史與科學中基本觀念之連鎖的研究》（*Treatise on the Interdependence of Fundamental Ideas in the Sciences and in History*），一八六頁〕：康德主義不能承認相對性有一絲不同，因為康德的相對性認為我們所有的知識應屬於單一的原因，皆具我們之時間與空間的直觀之感覺性：換言之，則一切認識須通過「時」「空」的直觀而成，故無程度之高下。但是谷納運用自他的概率論取出的論證，否認時間與空間之主觀性：如果這些概念僅是一些主觀的幻想，我們憑認識而知的現象，它們竟依據那些「時」「空」乃客觀存在的定律，而互相貫穿、互相鏈鎖，豈非不可思議的偶然嗎？例如牛頓的定律，它使得天文學的現象這樣合乎道理，包含時間的存在、空間的存在、幾何關係的存在，然皆存在於人類精神之外（《哲學批評的特性及科

學的基礎略論》一四二節）。

繼之而來者則為範疇論（theory of categories），谷納的範疇論與康德的範疇論是平行的，但其精神則甚殊異：谷納以這理論為研究對象而寫成的著作則有《歷史與科學中基本觀念之連鎖的研究》（*Treatise on the Interdependence of Fundamental Ideas in the Sciences and in History*），一八八一年出版，一九一一年第二版；其次要加上的《近代事件與觀念之進展的考察》（*Reflections on the Course of Ideas and Events in Modern Times*），一八七二年出版，以及《唯物論，活力論與唯理論》（*Materialism, Vitalism, and Rationalism*），一八七五年出版。《歷史與科學中基本觀念之連鎖的研究》一書所探討的對象，在《哲學批評的特性及科學的基礎略論》一書第一二四節中，已很明顯地指出來：「從一方面看，在自然現象安置在各種各類的範疇間，以及在每一範疇的解釋適用於科學的理論間，我們具有一定等級從屬的觀念；從另一方面看，我們知道，在某一範疇至另一範疇的過程中，很明白表現有許多理論的解決須重新改正，這種繼續不斷的解決，不僅由於我們現在的知識之不完全和我們現用的方法之不完善，並由於新的解釋之需要，有許多新原理必然加入（試舉一例，因為化學的現象，僅用機械的原理，不足以解釋，所以必須輸入親和力的觀念）……現代科學獲得很大的發展，有為前人之所不知者，在這種情形下，必須由經驗與觀察，以決定何者是本原的觀念，或本原的概念，我

們為着睿智和為着自然的現象之解釋，常常求助於這些本原的觀念，而且，不論是由於事物之本然，抑或由於我們的睿智的構造之固有的條件，都應當提出這些本原的概念。」

在《歷史與科學中基本觀念之連鎖的研究》一書內，谷納尤喜稱範疇為基本的觀念（fundamental ideas），所以範疇不是由一種內在固有的效能而證明，但由許多不同的和獨立的原由而證實：例如經驗，這是一；簡約的演繹，即引一新的觀念到某些愈簡單的觀念之演繹，這是二；想像的必要，例如原子論的來源，這是三；觀念及觀念所規定的事實中所作的和諧，這是四；觀念以及各有關聯的科學之基本意念間之和諧，此其五。總之，一基本的觀念要求「為它的成就所鑒定，換言之，即要求為基本觀念把秩序與連結放在我們的知識系統中鑒定，或要求為它在知識系統中所散播的擾亂及它所引起的衝突而鑒定」（見《哲學批評的特性及科學的基礎略論》，一三五節）；例如，實體的觀念，即由我們人格特有的同一性之經驗而生，這一觀念應用到可權量的現象是有功效的，此即經驗告訴我們，在化學的分析中，重量有永恆性；但實體觀念應用去解釋不可權量的現象，如光綫等，則毫無功效〔谷納並不接受流體理論（theory of fluids）〕。

因此，谷納的方法大大有助於各種科學的分界，如數學與力學的分野、天文學與物理學的界限、物理學與生物科學的疆界、生物科學與社會科學的劃定，界限分明，不相逾越，但這種劃分並非憑藉相當於本質的實相之知識而達到，

而基於必須把新的基本觀念輸入到每種科學之內。在這點，谷納的態度是完全與孔德的態度相類似，他同孔德一樣，主張諸科學之不可簡縮，而兩人也有不同之點。谷納的態度不是獨斷論的，而為概率論的，他抱着概率論的態度，把各種情形分開來研究：他覺得把一力學的原理，如能量守恆的原理，推廣到全部物理學，這是有效能的；反之，如原子的假定，縱則它很合於經驗並合乎我們的精神的習慣，「但絕不足以說明事物的奧秘，因為它既不能有系統地綜合已知的事實，又不能發現未知的事實」。谷納由是而樹立自一觀念至另一觀念之不可減縮性，並非建立在自第二個觀念推演至第一個觀念之不可能上，而是建在演繹所具有之複雜性上：所以應用力學能夠用在天體力學上，但此時需要一些很複雜的假定，故最好是立刻輸入一新的範疇，比如機械功或者牽引力。

　　如果我們現在審察從數學到生命科學一直到社會科學間基本的觀念之連鎖，我們將辨出這些基本的觀念依照一對稱的偏極性（symmetrical polarity）；中間的區域，是生命的區域，是暗昧的地方，對於這種地方，我們直觀的方法或表象的方法亦不能了解它，然而在兩極端的地方，一方面是數學，另一方面是最前進的社會狀態，秩序與形式的觀念明明白白顯現於其中，在這種地方，我們看見文明，「它傾向於以可計算的機械代替有活力的機體，以理性代本能，以邏輯與數學配合的固定代替生命的運動」（見《歷史與科學中基本觀念之連鎖的研究》二一二節）；觀念的連鎖，代替了自

數學至生命的意義之連續，所以它轉回於數學；社會在它的原始時代，是從屬於種族，從屬於生命力，稍後，社會依照各時各地之理性，而自行固定；同理，在各個人中，人們思想條件之生物的極複雜作用，以及人們思想把握着的法則之極簡單性，是這樣的殊異，以致從生命到睿智，其間不能有因與果的關係；然而想像或情欲若無生命是不可解的，「論理學全不需要生物學的導論」。「高級的文明不是精神戰勝物質，寧是生物之合理的和普遍的原則戰勝有機體之固有的性質與活力，所有的障礙愈多，則獲得的勝利愈大。」（見《歷史與科學中基本觀念之連鎖的研究》三三〇節）羅馬帝國及（谷納所想像的）中國，歷史被縮成一總結，由是可預想到人類之最終的想像；最偉大的生命、最偉大的英雄、最偉大的聖者並非一些偉大的個人，而為一永久的確實的機構（mechanism）。

谷納的概率論是不假設科學之基本的觀念及耗盡了現實，他的超唯理主義（transrationalism）則從此而出。人僅能在普遍的秩序中了解自己；但宗教使人知道，有一個人的命運，但命運不歸入普遍的秩序，且不能類比宇宙（意大利文，ex analogia universi）的了解：因為宗教的生是無他物可與它比擬的。谷納在他的超唯理主義中，仍忠於他的理論的精神：沒有一種基本的觀念能要求其他觀念應依據它而思維；由理性所思的自然，不能革除人們宗教的感情所要求的超自然。

‖ 參 考 書 目 [2] ‖

I

- L. Dauriac: *The Moments of the Philosophy by C. Renouvier,* Bulletin of the France Philosophy Sociality, February 1904.
- The Idea in the Philosophy of Renewal, *Philosophical Review*, 1917.
- G. Séailles: *The Philosophy of Renouvier*, 1905.
- _____: Pluralism by C. Renouvier, *Revue Philosophique*, 1917, No.7.
- O. Hamelin: *The System of Renouvier*, 1927.
- L. Foucher: *The Youth Renouvier and Known First Philosophy*, 1927.
- P. Mouy: *The Idea of Progress in the Philosophy by Renouvier*, 1927.
- R. Le Savoureux: The Conversion of Renouvier to Finitism, *Revue History of Philosophy*, 1928.

II

- Alois Riehl: *Helmholtz in His Relationship with Kant*, Berlin, 1904.
- _____: Helmholtz and Kant, *Revue Metaphysics*, 1904.

III

- Fairbrother: *The Philosophy of Thomas Hill Green*, London, 1896.
- D. Parodi: *From Positivism to Idealism: Critical Studies*, pp.9-47, 1930.

IV

- F. Mentré: *Current and the Renaissance Probabilism*, Vol. 19, 1908.
- Bottinelli: *Cournot Metaphysics of Knowledge*, 1913.
- A. Darbon: *The Consent of Chance and Cournot's Philosophy*, 1911.
- R. Ruyer: *Humanity of the Future after Cournot*, 1931.

2　詹季虞由法文翻譯成英文。

形而上學

在我們所要研究的時代，形而上學縱則遭受實證主義和批評主義的攻擊，並沒有消聲匿跡，但改變了形式，成為愈加分析的和愈加反省的，誠如泰納談及黑格爾時所說，這些龐大的泥土建築物並未被再造。

I 費希納（Gustav Fechner）

當費希納（1801-1887）寫他的《植物的內在生命》（*Nanna or The Inner Life of Plants, 1848*），及他的《死後生命小書》（*Zendavesta or The Little Book of Life After Death*, 1851），那時正在十九世紀中葉，德國人對於自然哲學的興趣幾乎消失了。但在費希納的著作中，他重興了自然哲學之

主要的理論；凡植物均有靈魂，大地亦具有一普遍的靈魂，地球所有的創造物的靈魂是普遍靈魂的一部分；星宿乃上蒼的天使，星宿的靈魂之屬上蒼，好像我們的靈魂之屬於大地。但是這些妄想全不具有十九世紀初那些自然哲學之辨證的構造，寧可是近似孔德的神話或雷諾（Jean Reynaud）的神話；在這類神話中，我們聽到普羅丁（Plotinus）與斯賓諾莎的回聲；尤其是他所創造低級的靈魂為高級的靈魂所產生意象，高級靈魂包含那些低級的靈魂似以心理地解釋的斯賓諾莎主義：大地上創造物的靈魂是屬於大地的靈魂，如同起於我們心之意象或思想是屬於我們的靈魂；內心的反省使我們知悉上帝是存在的：「如果我們指揮我們的注意，直對着我們固有的意識，我們能夠在什麼東西上衡量意識的存在，這種意識不是從過去到現在再到未來的活動之一進程嗎？它不是把遙遠的和就近的相連結嗎？它本身不是包含着由萬千殊異而成為一不可分的統一體嗎？而世界的法則是一賦有同樣性質之統一，除非這類性質以無限制的形態附屬於這法則」（見《死後生命小書》第二版，一九〇一年，一一七頁）。還有一同類性質的意象，令人憶起普羅丁：世界上僅有一唯一的意識，此即上帝的意識：每個意識，表面極不相同，但皆由一臨界點 [1]（threshold）表出其性質，僅神的意識之一有限的部分達到每一臨界點的水準；靈魂愈加

1　譯者手稿中使用「宿闕」翻譯此詞。

向上，臨界點愈加降低；在上帝中，沒有臨界點，而意識是總體的；所以靈魂間的斷絕僅為表面的。這種形而上學是與康德主義及認識論相敵對；這種形而上學供給一大全的啟示，供給一光明觀（daylight vision），和物自身之黑暗觀（nocturnal vision）對立：這種看法開始幾乎全不為人所知，但在二十世紀初葉，獲得人們很大的同情，尤其是在美國，得到詹姆士的莫大的同情。在物理學上，費希納亦反對康德與黑格爾，所以他不再是動力論者（dynamist），而為機械論者，原子論者，唯一的特點，則他在機械論中，看見精神的表現或精神結構。

費希納之《心理物理學基本》（Elements of Psychophysics, 1860），具有實證的和明確的特性，和他的形而上學妄想相反。韋伯（E. H. Weber）在一八四六年發表《生理學》（Handbook of Psychology），曾經實驗刺激與感覺之關係，而費希納闡述韋伯的定律，推出了感覺的強度與刺激的對數相稱的定律[2]。

II 陸慈（Rudolf Lotze）

陸慈生於一八一七年，歿於一八八一年，曾任哥廷根（Göttingen）大學及柏林大學教授，在某種意義中，陸慈反

2　雪雅，〈費希納的哲學〉，《哲學評論》（G. Séailles, "La philosophie de Fechner," *Revue philosophique*, 1925）。

對康德主義和黑格爾主義，重生萊布尼茲的體系。一八四一年，他著《形而上學》（*Metaphysics*）一書，即用目的論的唯心論（teleological idealism），以反對範疇論，他認為範疇僅關乎可能的東西，並不足以解釋現象何以呈現，也不足以解釋「善」是宇宙之真正實體。在他的《醫學的心理學》（*Medical Psychology*, 1852）裡，他以自我之統一證明靈魂之精神性。他承認靈魂與身體間之相互動作，這是真的；但他認為這種相互的動作完全不包含兩者彼此互相影響之過程；因為傳遞的因果律是不可能的；相互的動作，好像一事物之施行原因的勢力，把這勢力轉移於被動物體，由是將實體與屬性分開，這與論理學的原則相反；相互的動作唯有在屬於一統整的大全中的不同部分之間發生，方是可能的：「多元論應在一元論中完成，憑一元論之助，表面上是傳遞的動作，乃變成一內在的動作……這種動作表面上在兩有限物中完成，然而實際是絕對，它影響於自身。」他的局部符號論（theory of local signs）是這類觀念應用於知覺的問題者：一客觀的對象不能影響能知的主體，以致對象的屬性乃從對象中浮出，而被導入主體；外界的影響僅是一些符號，經過這些符號之請，靈魂乃依據若干不變的定律，在其自身產生一些內在的狀態。

陸慈所著《小宇宙》（*Microcosmos*, 1856-1864）一書為人的科學，如同洪保德（Alexander von Humboldt）所著《宇宙》（*Cosmos*）一書之為自然科學；他研究身體與靈魂、研

究人類與歷史，搜集了大量的實證的材料。他的興趣是從全體的觀點去連結科學研究的結果，顯然引我們至一無上帝的自然、引我們至唯心論；這必須追隨萊布尼茲棄機械觀而採用精神實體的方法，因為時間與空間的世界僅一現象而已。就陸慈所倡導的精神觀的概念而言，他嚴格地是單子論者，他不同於費希納處，則在他全不承認靈魂自身能含一些低級的靈魂；依同樣的理由，他不是泛神論者，而為有神論者；一具人格的上帝適符合靈魂的祈望：「靈魂認自己是最高的實相之希望，而又允許實現這希望者，除了人格的形式外，並無其他形式可滿足他的希望了……真正的實相，它是存在且應存在者，既不是物質，也不大是黑格爾的理念，但為上帝之人格的和有力的精神，以及上帝所造人格的精神世界：那裡就是善的世界，和眾善的世界」（見《小宇宙》第三章，五五九－六一六頁）。陸慈承認三種疊加的實相（superposed realities）：第一，必然的與普遍的法則，它是一切可能的實相之條件；第二，諸簡單的實相或諸種事實，它們不能從可能的推演出來，只為我們知覺所認識；第三，世界特有的計劃或價值，它賦與我們對世界直觀之統一。

　　所以陸慈嘗試重建一世紀以來已經打破的哲學各部門之均衡。在他的《哲學之體系》（*System of Philosophy*, 1874-1879）一書中，他探求一純粹的邏輯，完全脫離心理學而獨立；在思想中，必須區分何為心理的動作，何為心理的動作的容納式（法文，contenu）；邏輯僅審究心理動作的容納

式，換言之，即僅審究思想的形式；純粹邏輯的源可在柏拉圖著作找出來，很不幸的是柏拉圖的意典（Ideas）竟為亞里士多德所誤解，把意典當做存在於事物的自身者，然而意典之存在非他，乃一價值的存在而已。同樣的道理，他欲把形而上學從認識論中解放出來，因為當時已將哲學縮減為認識論，實甚不當。

III 斯皮爾（Africano Spir）

斯皮爾（1837-1890）原為俄羅斯人，但他開始是生活在德國，繼則住在日內瓦。他的全部學說可用下引的話表出本質：「我們必須選擇兩目的：真實的認識，及對事物有形而上學的說明，兩者必應選取其一。如果我們選上第一個目的，我們就能夠認識事物洽如其顯現的那樣，能夠了解思想之基本法則，能夠了解宗教與道德的基礎。那麼，我們就應當放棄事物之形而上學的解釋，因為我們證明正常與反常間有一絕對相反在，結果是從正常推出反常之絕對的不可能」〔見一八九五年，《形而上學雜誌》，〈批評哲學略論〉一文，第一二九頁（"Essais de philosophie critique"）〕。

從這兩目的，而知樹立宗教與道德的生活為可能，形而上學之說明為不可能，我們先來考察第二項目的：「黑格爾所主張真正本質之自己否定自己，並變成自己反對者，這是不能有的事；一個對象自己否定自己，這寧可是它沒具有一

正常的態度之證明，亦即它所含的元素異於它的真正的本質之證明」；所謂正常，就是同一的原理，所謂正常物，就是事物與自己同一者；斯皮爾以一個新的《巴曼尼得斯篇》的確信肯定這同一的原理。思想以變換、以化生、以組合賦與實有，這是思想的自殺；大部分形而上學者亦都有一幻想，幻想由創造或散發的道路，自「絕對」引伸出化生：這樣的引伸是自相矛盾。斯皮爾在這點主張維持康德的思想，「從現象不能達到實有」，不幸的是這種思想為康德的繼承者所扭曲。

化生（照《巴曼尼得斯篇》的説法，即意見的世界）造成實有之影像，這也是真的；斯皮爾同休謨與穆勒一樣，指出化生趨於變慢或複歸於自己，它好像願意與實體相彷彿，多數的感覺之並行，以及幻想我們的心靈狀態構成集團的同質，兩者互相結合為整體，由是而產生一永久的我之幻想。因此反常之存在者，則在用一個組成系統的欺詐，掩飾它自相矛盾的性質，且披上實體的外衣，反常由是而告成。[3]

但是，絕對與反常間所有之根本矛盾，除非是幻想的，實無法使之一致；這樣，我們達到第一個目的，即達到真實認識的目的：這種認識不可簡約的二元性建立了宗教的與道德的生活；這種生活存在於解放之中；自我捨棄了他的反常的個性，且超出自己，以求從意識上升至絕對而與絕對同一

3　見胡因著：《斯皮爾的二元論》（G. Hune, *Essai sur le dualisme de Spir*, Paris, 1913），四七頁。

（因意識尚蘊含化生與組合故）；自私的放棄，自我的獻身，這樣就是參與真實存在的不朽之方法。

IV 哈德曼（Eduard von Hartmann）

哈德曼生於一八四二年，歿於一九〇六年，自一八六九年刊行他的《無意識的哲學》（*The Philosophy of the Unconscious*），這本書的基礎，包含很廣泛，它討論到道德學、宗教哲學、政治的和社會的問題，最後討論認識論〔《範疇論》（*Theory of Categories*），一八九六年出版，一九二三年再版〕以及形而上學〔《形而上學的歷史》（*History of Metaphysics*），一八八九年——一九〇〇年出版〕。

他從各種各色的哲學汲取材料以構成他的學說，如黑格爾，如叔本華，如謝林的實證哲學，如萊布尼茲的個人主義，如自然科學，無不有所採用，取材如是繁多，以致要想在他的世界觀中看出其密合無間是很困難的。他的出發點似乎是生物的觀察，尤其是生物的機體作用和生物的本能；這些本能假定為一睿智，由於他的知識、他的才能以及他的決斷之迅速，他是高於我們的睿智，然而他也是無意識的；那麼，生命之顯示我們者，一睿智的和具意志的無意識（an intelligent unconscious endowed with will）。這種無意識絲毫不是意識之低級程度者，也完全不如心理學家所冒稱的無意識的事實，把它當做記憶中保存的意象；哈德曼一點沒有承

認這些冒稱的事實，照他看那些保存在記憶者，僅為一機體的狀態而已。無意識之相反者為意識，意識發現是可分的，並似是沖淡的；人身的機構中，無疑的有許多意識之殊異的中心，並立在緊附着大腦的意識之外；不僅在動物中大概有意識，不僅在植物中大概有意識，並在分子中也大概有意識。

所以，哈德曼由歸納法的引導把心靈的觀念（notion of mind）自意識的觀念分出來；心靈的意識傍邊，有一心靈的無意識，無意識的崇高可由機體的功能顯示給我們，亦可由藝術家的靈感顯示給我們，最後由範疇的功能顯示我們，康德已見範疇的功能，是在一切意識之先告訴經驗。概括地講，哈德曼認為他在無意識中發現了一種原則，在某些方面扮充上帝角色，在另一些方面扮演叔本華的意志的角色。無意識，如同世界的創造者，他的動作全憑他的純粹意志而行，不隨理智而動，故其態度似屬非理智的；這實體之顯露亦不依據任何目的。但無意識亦似是睿智，故在創造的世界中，有一目的性，不僅傾向於事物之構造（如我們見之於有機體中者），並且趨向於世界的運行：世界的運行，由趨於不存在與毀滅的傾向，以補償它的存在之非理：這好似叔本華的主張，意識不同的程度一直至人類，乃一達到終於消滅的方法。

在哈德曼的學說中，我們很容易認出一種哲學體系，它的厭世主義是大不同於叔本華的厭世主義，然而很可歸入謝林的天人合一說（theosophy）。哈德曼的上帝是一需要救贖

的上帝，上帝開始是純粹的意志、純粹的創造力，由睿智的原理而獲救贖，因睿智原理把贖回過失的意識輸入人類：這是比千年國（millennium）還要新奇的神話，哈德曼何以重行發掘出來，這或者為不知不覺；他厭惡基督教的人格神，厭惡新教之庸俗的理神論（trivial deism）和樂天主義（optimism），但他喜愛一非人格的上帝，「唯有他能救贖我們，因為唯有他在我們之中而我們在他之內」。那裡就是這種精神狀態之自然的反動。他的學生德魯（Arthur Drews）著《基督的神話》（*The Myth of Christ*, 1910-1911），否認耶穌之歷史的存在，他有許多道理看出這種宗教的理論具有日爾曼的傳說的痕跡，而齊格勒（L. Zeigler）對這宗教的理論所作的定義為：「人類意識中，世界之無意識的精神之解放的過程」，給德氏以充分的理由。德魯在笛卡爾「我思故我在」（拉丁文，Cogito ergo sum）中看到有神論錯誤的源泉，因它把存在與意識同化；這是唯理論的基質，也是英國的經驗論的基質，並就是馮特與狄爾泰（Dilthey）心理學的基質。當他們把內部經驗的內容同化於給予（given）的總體，他們否認了靈魂。

V 法國的精神論（Spiritualism）

自谷盛（Cousin）傳下來的精神論，和在法蘭西第二帝國時在野的自由黨的影響可見之於西蒙（Jules Simon, 1814-

1896）的生涯中，一八五一年，西蒙拒絕政府強迫教授的宣誓。一八五六年，他刊行《自然的宗教》（*Natural Religion*），一八五七年，出版《信仰自由論》（*Liberty of Conscience*），一八五九年，發表《自由論》（*Liberty*），上述三書皆為政論家拉布拉耶（Édouard Laboulaye）在《自由黨》（*The Liberal Party*, 3d edition, 1863）一書中的思想作辨護，反對當時假借法蘭西傳統的名義而來的反動：這種運動的起點之一，則為托克維爾（Alexis de Tocqueville）所著《美國的民主》（*Democracy in America*, 1835），他維護公眾的自由而反對民主的平等主義（egalitarianism）。西蒙的其他著作，如一八六三年出版的《工友》（*The Worker*），一八六六年出版的《學校》（*The School*），皆企圖把他的政治原理應用到實際問題上去。

這時代的精神論仍依谷盛的傳統，致力於哲學史的研究，其成績斐然。如法蘭克（Adolphe Franck, 1809-1893）所編的《哲學辭典》（*The Dictionary of the Philosophical Sciences*），夏涅（Chaignet, 1819-1890）所著的《希臘心理學》（*Psychology of the Greeks*），西蒙（Simon）著《亞歷山大學派史》（*History of the School of Alexandria*, 1844-1845）；伐希羅（Vacherot）著《亞歷山大學派的批評史》（*Critical History of the School of Alexandria*, 1846-1851）的研究，和雷謀沙（Charles de Rémusat, 1797-1875）的研究，尤其令人注目的是歐利歐（Hauréau）對中世紀哲學史的研究，以及波以兒（F. Bouillier）著《笛卡爾主義史》（*History of*

Cartesianism, 1842），此上均為各哲學學派史的主要著作；還必須加上一部名著，那就是馬丁（T. H. Martin）所著《提梅釋注》（*Commentary on the Timaeus*），他企圖將哲學史與科學史相連結。

另一方面，折衷主義的原則或者已被放棄了，或者以新的態度去解釋它；伐希羅（Étienne Vacherot, 1809-1897）在他著的《科學與形而上學》（*Metaphysics and Science*, 1858）和《新的精神論》（*The New Spiritualism*, 1884）裡，他攻擊一種哲學，它只讓常識去挑選各體系而調和之；他並強調各哲學體系之相反，實不可歸併：實在說，知識之源泉有三，一為想像，二為意識，三為理性。想像表現實相為感覺的事物之樣態，由是而達到者則唯物論；意識使我們認知自己乃一能動的存在，並把實相的基質乃動力顯示我們，由是而達到者，則精神的動力主義（spiritualistic dynamism）；理性乃原理的能力，指揮我們趨向一唯心論（idealism），有如斯賓諾莎的唯心論者，它於事物中看見一無限力量之必然的發展：所以要調和這三種趨勢，絕不可能，就是要選擇其一，而消去其他二者，也做不到。但伐希羅以另外一種作風去構成折衷主義：把它建在理想的世界和存在的世界之分歧上：我們所能規定的存在之條件，就是這些想像所能表現如有限物之存在的條件；存在世界不能與無限的完善比擬，而伐希羅反以本體論的證據，於上帝的完善中，看見否認祂的存在的道理。所以完善是理想的世界，而理想以它的意義和它的

方針給與存在的世界。這種學說，從某些外貌看來，是接近勒南的學說，復次，這種學說亦與勒南的思想相同，乃出自黑格爾哲學的沉思，然而在同一學派中，引起嘉羅（E. Caro）的責難，嘉羅曾著《上帝的觀念》（*The Idea of God*, 1864）一書，以批評伐希羅、勒南及泰納。

保羅‧夏尼（Paul Janet, 1823-1899）總是忠於谷盛的折衷主義，但他認為折衷主義並不是一死板的選擇，即把一切哲學體系所共有的選出來，而是作為一應用於哲學之客觀的方法，以求建立諸科學之調和〔參考《谷盛和他的著作》（*Victor Cousin and His Work*），一八八五年出版，四一八頁〕。哲學不建在任何絕對的直觀；而且只有由反省自己，去發現絕對、人格、與上帝，這是毫無疑問的；但最有關係的，則哲學是一全屬於人的絕對知識，偕同實證科學之發展而進步。譬如《最終原因》（*Final Causes*, 1877）一書，全從科學取出他的材料。保羅‧夏尼的《道德學》（*Ethics*, 1874）地道表出了折衷主義的特徵，他致力於調和亞里士多德的幸福主義（eudaemonism）和康德的嚴肅主義（rigorism）；義務的完成僅僅是人性趨向自身完善之發展；完善的存在一方是我們的至善（sovereign），同時又是我們的理想。保羅夏尼之最後的著作《心理學與形而上學》（*Psychology and Metaphysics*, 1897）發展谷盛的精神論之基本原理，力主由自己的反省與內省（self-reflection and introspection），以接近形而上學的實相。

VI 精神論的實證主義：拉維松（Jean Ravaisson），拉許力葉（Jules Lachelier），及布特鹿（Émile Boutroux）

當一八六七年之時，正是形而上學沉悶之日，但拉維松（1813-1900）作《十九世紀法國哲學的報告》（*Report Concerning Philosophy in France in the Nineteenth Century*），已預見「實證主義（positivism）之形成，或精神論的實在論（spiritualistic realism）之形成，它以意識為發生的原理（principle），精神在其自身取得意識的存在，並認識其他一切的存在均自它而來並依屬於它，而所謂精神者非他，即它的動作（activity）罷了」。拉許力葉、布特鹿和柏格森將於二十年後證明他的先見；拉維松可說是精神論的實在論運動的始創者，他的博士論文《習慣》（*On Habit*, 1838）實開其端。這一運動之特殊的姿態，表明它和笛卡爾的精神論大不相同，即在它賦於生命觀念（idea of life）的意義，不同於笛卡爾；笛卡爾曾把生命簡約為機器，把靈魂與物質絕對分開，並肯定二元論，把實在的連續打斷；但這種二元論在十八世紀大遭斯塔爾（Stahl）的精靈論（animism）的抨擊，又遭蒙彼利埃（Montpellier）學派的活力論（vitalism）的攻打，拉維松很注意這些批評；另外，拉維松曾在慕尼黑大學課室裡親受謝林晚年的教育，獲知精神與自然之密切連繫的理論；故拉維松的實證觀，與其說是孔德的，毋寧說是謝林的實證哲學，當謝林以他的實在論和他的偶然論

（contingency）反對黑格爾的唯心論，拉維松受了謝林的熏陶，自應引起一個精神論的實在論和實證主義之觀念。

但由於拉維松的氣質的不同，故他完全不想仿效謝林那樣創作形而上學的大壁畫；他只就一明顯的而又有限的事實——習慣，探索意識的內層，以求把握精神伴着物質的繼續。在一目的觀念和它的實現過程中，清楚的意識想見一個確實由反省而得的誤錯（difference），但這種誤錯在習慣中減少了，繼則消滅了；那麼，習慣停留在理智的而又非意識的動態：「在經過和計量相反的距離及對立的中間之反省裡，一直接的睿智逐漸繼之而來，這直接的睿智裡毫無主觀及思想的對象之分——習慣逐漸是一本體的觀念（substantial idea）了。這種繼反省而成習慣之模糊的睿智，這種主觀與客觀相混含之直接的睿智，就是一實在的直覺（real intuition），在這種直觀裡，思想與存在，理想與實際相混為一。」（見巴廬亞版《習慣》，J. Baruzi edition，三六—三七頁）那麼，我們由習慣發現自然是什麼：「在靈魂的核心，如同在靈魂所激動的及非靈魂的低級世界內，出現欲求之非反省的自動性，出現自然之非人格性，好像是習慣重見於行動的進展的界限。」（《習慣》，五四頁）那麼，自然並不是盲目的和機械的潛能（mechanical power）；自然是一直接感覺到它的目的之欲求的全體；因此，自然與自由相聯：「森羅萬有中，自然界之必須乃自由所織的鎖鏈，但這是一運動和活力的鎖鏈，欲求的，愛情的，神恩的，這是

必然的。」（《習慣》，五九頁）

　　拉維松在他的關於習慣的博士論文未提出之前，曾經寫一篇關於亞里士多德的論文，其後他在《亞里士多德的形而上學試探》（*Essay on the Metaphysics of Aristotle*, 1837-46）中給出了確定的形式；他曾竭盡全力解釋亞里士多德對柏拉圖《意典論》（*Platonic Theory of Ideas*）所作的批評，而其所得之收穫，則以推動自然趨向睿智的欲求，以解釋自然的運動和自然的生活，這是真正的實相，而非空洞的抽象的意典。而且拉維松以類似謝林《神話的哲學》（*The Philosophy of Mythology*）開始部分所表現的態度，看出亞里士多德主義為基督教的橋樑：亞里士多德僅從外部去統一潛能與顯勢（potential and actual），統一物質與思想；基督教以上帝對人類寬恕的愛情，代替自然趨向其所不知的善之欲求；這樣一來，實際與理想，潛能與顯勢，不論兩者如何殊異，竟成不可分離的聯帶關係。

　　「真的哲學將深究愛情之本性」[4]，康德與蘇格蘭（Scottish）學派的錯誤，僅使用悟性或抽象概念的能力，就以為內的或外的經驗僅能達到現象而已；但我們可用活潑有力的反省，達到靈魂的實體，畢蘭（Maine de Biran）則為其好模範；如果靈魂，在第一次反省之下，顯現如意志與努力（will and effort），蘊含努力的欲求與趨勢依據着與善相結合的感

4　拉維松未發表文章，見巴廬亞（J. Baruzi）版《習慣》緒言中所援引，二六頁，
　　一九二七年，巴黎。

情；這種結合非人，愛而已，愛實構成靈魂的真實體。

拉維松對於藝術曾作深切的沉思〔主要的著作為一八六二年發表的《米洛的維納斯》（Venus de Milo）〕，由這種沉思引導拉維松在形式的陽剛（rigidity of forms）之下，把握着一切內在的統一與內在的和諧；在美麗（beauty）之下把握着神思，在柔和的綫條之下把握着綫條所作波狀的和蛇形的運動，在形式之下把握着音樂。「學習圖案就是學習把握着造成形式的歌詠。因為音樂與歌詠是全世界所包含者之最大的表現。那麼，學習音樂之所以起於一切者，則求萬有所說者成為可覺的。」[5] 一普遍的和諧乃若一散佈萬有之神恩，自然就是這樣存在着。

拉許力葉，一八三二年生，一九一八年辭世，他以反省的方法的意念輸入法蘭西的哲學；但是要想從他的已刊行的著作，去透徹理解他的學說的真義，尤其是要想欣賞他的學說的風趣，這是十分困難的，因為他的學說的發展，大都是他在巴黎高師的講授中，唯有親在課堂上受其熏陶者，方可心領神會；然而拉氏某種態度尚可從雪雅（G. Séailles）的著作：《拉許力葉的哲學》（The Philosophy of J. Lachelier, 1920），略窺其一二。拉許力葉不大滿意聯想論的經驗主義（associationist empiricism），照他看，聯想論的經驗主義顯然走上懷疑論，但他也不大滿意當時風行法國各大學的折衷

---

5 拉維松未發表文章，見巴廬亞（J. Baruzi）版《習慣》緒言中所援引，二五頁，一九二七年，巴黎。

主義，因為「折衷主義，一方面把思想和思想的內部的和固有的決定作用相混，另一方面，思想的對象僅為意象而已，而意識既接觸不着它，也包含不着它」，思想從它的本身既然顯出曖昧和矛盾，而欲思惟其自身以外的事物，故折衷主義所要求的自然與懷疑論一致了。只有假定實相是在思想本身，是唯一可靠的。

拉許力葉這種立論與康德哲學相接觸而愈加明顯；但拉氏的立論表現一些特性，十分不同於康德的範本所具之特性；康德分可能性為兩類，第一類為經驗的可能性，產生了建設的判斷（constituent judgment），如因果之原則，第二類為思惟一次所構成的對象的可能性，於是而產生了反省的判斷（reflective judgment），如目的之原則。但拉許力葉不作此種區分，他說：「如果事物存在的條件就是思想可能的條件，我們就能決定這些條件是絕對先驗的（absolutely a priori），因為它們乃從我們的精神本性而來。」復次，在他著的《歸納的基礎》（*Foundation of Induction*, 1871）一書內，他一方面用超越的分析（Transcendental Analytic）論證，以證明因果的原理，證明普遍的機械觀，另一方面，他大量地依據判斷力的批判（Critique of Judgment），以證明目的之原理，雖然他給兩者以同等的價值。

這種分歧是拉氏哲學的特色：《歸納的基礎》書中的思想運動是大不同於康德的三批判（Critiques）之思想運動。在因果的原理和目的之原理間，拉許力葉所見的一種區分不

同於康德的區分，拉氏所作的區分在抽象與具體之分，所謂抽象，則機械觀之貧乏的實相，所謂具體，則靈感與趨勢之豐富的實相；拉氏所主張的思想是超過世界之客觀的條件，而為實有向至善和圓滿之一突進（a thrust toward the Good and toward fullness of being），結果，他所建立的機械觀並非實相的結構，而為一超出的名詞。

　　拉許力葉於經驗條件之康德的分析法外，尤愛綜合的方法，而應用於其《心理學與形而上學》（*Psychology and Metaphysics*, 1885），照上所述，這是不足驚異的；綜合的方法更適用於證明存在的法則與思想的法則之同一；在《歸納的基礎》一書中，他明白顯示世界為何種法則所支配，但此與思想無關，而思想有一種絕對的和獨立的存在；如果我們看見思想由一種綜合的作用而產生它的對象，則我們敢確定思想之獨立存在：「絕對的存在僅能直接地證明，由於思想從本身而自行創立，而自行賦與動作的原則等作用之發現，而證實」[6]。存在的或真理的觀念從自身創立，而自行肯定，縱則有人否認它，卻不因之而動搖；因為還有人肯定它不存在是真的；這種不斷地再生的肯定有其象徵，如時間，那裡面顯出無限剎那間，再如第一維（first dimension）或長度，最後，如機械的必然性，那裡面同質（homogeneous）決定同質。由於第二種動態，這種肯定創造了感覺之異質的複雜

6　布特鹿（É.Boutroux）:《哲學史的新研究》（*Nouvelles études d'histoire de la philosophie*, p.23）。

性，創造了強度的數量（intensive quantity）擴展在空間之第二維上，創造了鬆弛，然而它的各種程度之總體構成一生存的意志，一趨向目的之目的。最後，由於一自發的動作，思想反省自身如同存在之源泉，而思想成為自知的至高的自由，自由的本質，偕同它的必然和目的性，僅一片刻而已。

這些公式，無論它們的理由如何不充分，但能表明拉許力葉的辯證法不同於康德的繼承者之辯證法；每一思想的動態，並不必然地附屬於任何一先行的思想動態，無論它是分析的或綜合的；任何一先行的思想，不足以產生後起思想的動態，亦不足以預見後起思想的動態，思想動態之自相聯絡，唯有視之如思想總體的潮流，趨向於絕對的自由。

如是，思想在其運動中，不能以哲學所達到形式的絕對為滿足。「哲學上最高的問題，即由形式的絕對，到實在的和活力的絕對，由上帝的觀念到上帝之過程，然此問題，宗教的意味多於哲學的意味；如果三段論式在這裡失敗了，信仰從這裡冒一下險，宇宙論的論證讓位於孤注一擲了」〔見《帕斯卡的賭注釋》（Note on Pascal's Wager）〕；這活力的上帝，基督教徒信仰的上帝，拉許力葉心目中的上帝，即此辯證的極端的結論。這點好像普羅丁的思想，我們的真正的內心（interiority）是永遠高於我們把它放在過程的形式；它是存於我們與活力的上帝之同化中，我們與上帝同化是我們的實相，且是唯一的真正的實相。我們的道德僅為我們與上帝同化的徵象；拉許力葉在他授課時說：「某些動作，按照

他們象徵地代表事物之絕對的基質，他們能夠取得絕對的價值，⋯⋯從一方面看，人類靈魂在其紛殊的能力中之絕對的統一，從另一方面看，人類的靈魂在紛殊的人格中絕對的統一；⋯⋯推倒一切對意識與自由所作之障礙⋯⋯儘可能地把人類靈魂的紛殊引歸於靈魂的統一，在上帝中統一起來。」[7] 這樣就是道德學上的基本格言，居高臨下地指揮着仁愛，因此拉許力葉將行為以及政治的行為樹立在超個人的勢力上，尤其是樹立在傳統的勢力上，因為古老的法律常超出立法者，且如理性一樣，有成為非人格的趨勢；它是民權的敵人，詳言之，即憑私欲的和無定的公共意志所生的民權之敵人；總之，一切穩固力（stability），一切共同體（communion），照他看，都是理性的象徵。在拉許力葉的思想裡面，尤其是在他未寫在紙上的思想裡面，象徵的觀念扮演壓軸的主角，這些動機也很容易看出來：在一種學說只賦與無限以特有的實在中，象徵主義不是整飾有限之唯一方式嗎？

布特鹿生於一八四五年，歿於一九二一年，若以其影響及其大部分的著作而論，應將布特鹿的思想放在下一期（一八九〇——一九三〇）去研究；但他在一八七四年刊行的他的主要大著：《自然律的偶性》（*The Contingency of the Laws of Nature*），一八九五年發表《自然律的觀念》（*The*

7　雪雅（G. Séailles）：《拉許力葉的哲學》（*La philosophiede Lachelier, pp.125-225*）。

Idea of Natural Law）加以補充——是略在拉許力葉的《歸納的基礎》之後，故我們在這章敘述他的哲學。一八五〇年以後，我們知道雷努維爾所稱為科學主義（scientism）之世界觀怎樣發展，怎樣傳播於民間，那時候斯賓塞、畢希尼（Büchner）以及其他思想家皆主張現象的組成，皆為嚴格的定律所貫穿，如同成為鏈鎖之相續，而所謂自由的觀念、目的的觀念，一概否認：他們為維持這些概念起見，乃藉口於科學的知識之要求。布特鹿著作最大鮮明嶄新之點足表出他無限的才幹，則在他完全拋棄這些科學的結論，正確點說，則完全拋棄這些冒稱科學的結論，並用科學工作同樣的分析去探求，「如果必然的和緊附着悟性的連結範疇實出現於事物自身⋯⋯如果已知的世界顯現一些真正不可約減的偶然性的程度是實有的，自然要想到自然律本身不是自足的，有統治自然律的道理存在：所以及悟性的觀點並非事物的知識之確定的觀點」（見《自然律的偶性》第二版，一八九五年，四至五頁）。

布特鹿特別重視能量守恆的法則，曾作深刻的研究。決定論則樹立在這些法則上：生命能量守恆律（Conservation of vital energy），熱力均等律（law of equivalence of heat），機體的相關與連繫律（laws of organic connections and correlations），心理物理平行律（law of psychophysical parallelism），心力總量永存律（law of permanence governing amounts of psychic energy）；科學研究機械的、物理的、生

命的、心理的事實之每一階段，由是而構成各科學的定律，似乎是一些排去任何偶然性的原理。但是細加思索，這些定律的必然性不無問題：第一點，事實的階段有多少，則定律亦將有多少，且在這些階段中，從較不完全的至最完全的等級上，高等階段對於低的階段之關係是偶然的；這種偶性或不可再約性是一實證的與件，而且供給孔德的科學分類之出發點就是這種偶性。第二點，這些能量守恆之法則提出一個問題，則在他們的應用是殊異，而在他們的普通的形式裡則歸於同一的：所謂量的永存是必然的嗎？在機械裡面，能量守恆的原理告訴我們能力之中，毫無一點超於經驗之形而上學的本質；這原理完全不是說明事物，但說明機械的因素之一有限的體系，為經驗所知者而已；復次，兩繼起的狀態證明其為絕對相等，嚴格說，這是不可能的；最後，永恆乃一變化中之永恆，那麼，永恆假設一它所不能解釋的變化。人或者能夠常說在任何實在的階段有類似的觀察，但必須是增加的，即證明每一階段中，偶性時時增加。第三點，以生命的水準而論，不僅生命能量是幾乎不能測量的事，因為生命力蘊含無數難於溶化的性質，而且我們於生物的演變中，證明過一歷史的因素，證明過一進化或退化的變異。第四點，我們欲在意識中，發現能量守恆，也是不大可能的事。我們愈加上升，「則定律愈加趨近事實。自此以後，全部的能量守恆不復決定個人的動態，而反依屬於個人的動態。唯有個人成為定律所適用的一類，個人為定律之主宰了。個人把定

律當做工具來運用；當個人存在的每一刹那，他夢想他是與定律處在相平等的地位。」（《自然律的偶性》第二版，一八九五年，一三〇頁）

準此而論，已徹底明了的實證性（positivity）是與精神相一致的。當科學完成時，我們決不能被科學假定的演繹特性所欺騙。那麼，必然是在科學的結論中，並不在科學的原理裡。所以布特鹿認為實證科學的價值顯然有問題的（《自然律的偶性》第二版，一三九頁）；凡科學所搜集者僅為固定的和不變的而已，故認識科學，「終究要在它的創造源泉中去設法」。為此之故，經驗是不應該放棄的，不但不應放棄它，並應該擴大經驗；凡科學所保有的與件，僅為應用於歸納，和定律的建立而已；凡科學忽略事物之歷史的狀貌，蓋由歷史可以知道實在中有不可預見的行動和不能推演的動作。這種偶性的經驗使科學無法說明；完全的和圓滿的解釋，唯有見之於道德生活中，見之向善的志願中：「上帝實有，我們覺得上帝創造的動作在我們內心最深邃處，即當我們勉力求接近上帝之時」，而一切實在的等級顯示給我們，如同是自由的條件和自由的方法，相信逐漸能打破物理的定命而獲得自由。

布特鹿對於哲學史的研究是與他的學說有密切的關係；他的博士論文：《笛卡爾派偶性之研究》（De veritatibus aeternis apud Cartesium, 1874）是用拉丁文寫的，一九二七年由康威姆（Canguilhem）譯成法文，這部書探究笛卡爾偶

性的概念，這概念是上帝行動的關鍵規則；他譯策勒的《希臘哲學史》（*Philosophy of the Greeks*, 1877）第一卷，曾寫一篇緒言，他趁此機會吐露他同意策勒，反對黑格爾和折衷主義者，歷史進步的偶性是一理性的歷史：理性並不致力於事物之科學的解釋；歷史以它的宗教、它的道德、它的藝術把全體人類團結起來。他曾研究歷史上各哲學的偉大體系，特別是研究亞里士多德、萊布尼茲、康德，這許多研究的論文大都編在一八九七年出版的《哲學史的研究》（*Studies*），一九二七年出版的《哲學史的新研究》（*New Studies in the History of Philosophy*），一九二六年出版的《康德哲學》（*The Philosophy of Kant*），一九二七年出版的《德國哲學史的研究》（*Studies in the History of German Philosophy*）。在這幾部哲學史上，他很熱烈地顯示這包含全人（encompasses the whole man）的理性，說明諸家的哲學，這是很自然的，他注意於人類精神內部之矛盾所顯出的不調和：科學與宗教。科學與宗教的衝突是他第一部著作立論的基礎，並出現於他最後出版的一部著作標題中，《現代哲學中的科學與宗教》（*Science and Religion in Contemporary Philosophy*, 1908）；在這部著作之前，他在一九〇〇年著《帕斯卡》（*Pascal*），一九〇二年著《神秘主義的心理學》（*Psychology of Mysticism*），在這部著作之後，他在一九一一年著《威廉·詹姆士》（*William James*），都表現出專門研究的統一性。他在《現代哲學中的科學與宗教》一書，切切實實提出

下列問題（《現代哲學中的科學與宗教》，三四五頁）：科學精神是從理性對抗宗教精神的反動而產生，以及科學的勝利與宗教精神的消滅是唯一的和同一的事，這是真的嗎？據他看，兩者的調和不能從雙方均停止攻擊而來，亦不能從雙方各守其界限而至，但必須有一極深刻的探研後可調和二者；妨礙科學精神與民主主義何在，這對於宗教是不能成為問題；但這點是很容易解決的，只須宗教解脫了政治的形式，解脫了人們對聖經的曲解，而回到宗教自身來，而成為純正的存在，這就是說宗教是精神的和真理的上帝之崇拜。折衷派的精神論認寬容（tolerance）是哲學家對宗教之正常的態度，但布特鹿的精神論則認「寬容的原則乃一來源很壞的觀念，一令人討厭的寬恕之表現」（《現代哲學中的科學與宗教》，三九二頁）；必須要超過寬容，一直到「愛」中去求：「宗教家與別人相處，相接觸，並非以別人同意他的立場才尊重他們，就是異於他的立場的人們，也同樣尊重。」

尼采（Friedrich Nietzsche）

　　當尼采（1844-1900）年青時候，偕同他的友人羅德（Erwin Rohde）〔《精神》（*Psyche*, 1925）作者〕，進過波恩（Bonn）大學，和萊比錫（Leipzig）大學。他在大學的時候，研究語言學，由於語言學的方法和它的結果，語言學被認為是日爾曼文化的結晶。他研究叔本華的著作，深受其影響，對人對事均抱悲觀的態度，故他很早就厭惡世人與俗事。「一個學者從不能變成哲學家，因為哲學只許研究觀念，只許研究意見，只許研究過去的事，只許研究那些把他和物對立的書本，照最廣泛的意義說，哲學家是為歷史而生的，他從不自最緊要處去看對象，也從不視自己為一最緊要的對

象。」[1]這種菲力士丁（Philistine）文化的源泉則自黑格爾的哲學吸取而來，照他看，施特勞斯就是代表這種文化的典型：黑格爾宣佈說最後的時間已經到了；「而那些自以為最後至的人之信念，確確是瘋癱病的，和引起壞脾氣的特質，但當這樣的一種信念膽大妄為地把過去至現在之一切的目的和意義都神化了，他的學究式的可憐相竟成為普遍歷史的一個實現，那麼，這種信念顯然是可怕的和墮落的。」[2]

然而尼采對語言的研究，引起他對希臘的默想，他在希臘民族發現「一反歷史的文化之實相，這樣一種文化縱則是反歷史的，或者寧可就是因為它是反歷史的，所以有說不出的富厚和說不出的豐饒」。他著的《悲劇的誕生》（*The Birth of Tragedy*），就是從他以叔本華的哲學去反省希臘的文化和解釋希臘文化，以及從他的朋友華格納（Richard Wagner）的歌劇而產生，他在一八七〇年的戰爭之前寫這部書，一八七二年才刊行，（一九〇一年譯成法文）；一八八六版加上一副標題：「希臘主義與厭世主義」（Hellenism and Pessimism）；古典的批評〔這種批評上溯至溫克爾曼（Winckelmann）〕僅認識希臘藝術的一面，即塑像的藝術，阿波羅（Apollo，日神）的藝術，形式的神；這是均衡的、

---

1 尼采：《作為教育家的叔本華》（*Schopenhauer éducateur*, 1874），法文版，一〇四頁，一九二二年。

2 尼采：《不合時宜的沉思》（*Untimely Meditations*, 1873-1875），法文版，二一五頁，一九〇七年。

標準的、知識的和自我控制的藝術，適符合於痛苦的世界中所作安寧的和無感覺的默想；「實在的世界蓋上一層面紗，然而一新的世界，一愈加光明的、愈加智慧的、愈加幻想的世界，在我們的眼底產生了，且不斷變化着」。和阿波羅的默想對立着的，則是狄奧尼修斯（Dionysius，酒神）的狂喜，那是意志統一的認識，是叔本華的厭世的觀點；希臘的悲劇中，合唱則代表狄奧尼修斯的伴侶；「它使思想為英雄遭受打擊的不幸而不寒而慄；它表現這種不寒而慄之最高的和最大的力量的快樂」；它不寒而慄，因為極度的不幸不任它作阿波羅的默想；但這種極度的不幸引導它於生存意欲中把握不幸的原因，引導它否認生存意欲而獲平靜：這就是華格納所描寫特里斯坦（Tristan）的思想，照尼采看來，華格納的歌劇即希臘悲劇的再生；這種歌劇，「引導表面的世界到自行創造的，和願返於實相之唯一的和真正的，足以寄託的內心境界」。

I 上等價值的評判

這種失望的和暗晦的形而上學不再繼續下去了；他於生命本能衰弱和減退中，發現否認生存意欲之生理的和心理的因由；厭世主義是一衰頹的症候。現在尼采與華格納不和了，友誼也破裂了，他同叔本華一樣，成為法國的道德學家，如拉羅希福可（La Rochefoucauld），帕斯卡，以及

十八世紀其他學人著作的讀者了。一八七八年發表《人性，太人性》（Human, All-Too-Human），一九〇九年譯成法文，一八八〇年發表《旅行者和他的樹蔭》（德文，Der Wanderer und sein Schatten），一九〇二年法譯本出版。尼采在上述的著作裡，說明人群間基本的道德感情，如仁慈、自謙、利他主義，怎樣從人的感情和人行動之反科學的錯誤解釋而產生；道德就是自捨（autotomy）：如果軍人希望戰死於沙場，「這因為他具有為自己的一觀念、一希望、一創造的愛，勝過其他對自己的愛，結果，他殺身以成仁，犧牲小我以為他人」；那麼，相信自己能夠走出自己，這是錯誤的。

一八七九年，尼采因病而辭巴塞爾大學（University of Basel）語言學教授之職；他居於羅馬、熱那亞、尼斯，及安格丁之西馬利亞（Sils in the Engadine）等地；這種飄泊的生活，常常是孤獨的，一八八九年突患全身瘋癱，遂把這種飄流的生活結束了。此十年中，他寫了許多情緒高漲的書冊，書中的思想失去系統的發展，大部分表現為格言的方式，但有時亦有浪漫的先知者之態度，書中散佈的想像，亦風起雲湧，如《查拉圖斯特拉如是說》（Thus Spoke Zarathustra, 1883-92），即其例也。尼采所致力解決的問題，就是現代文化問題；一種文化的生活則在價值的信念；現代人生活着的價值，有：科學、基督教、唯理主義、厭世主義、義務的道德、民主主義、社會主義，凡此種種都是墮落的症候，生命趨於貧乏和滅亡的症候。尼采的著作是對抗

時代潮流而作的努力：探究現代通行的價值標準的來源，則在生命的厭倦，故必須推翻這些價值標準，另外依據權力意志（will to power）為最高的標準，肯定生命之花和生命之果，而作價值之重行估定（transmutation of values），推翻舊價值和重估新價值，這就是尼采的兩大努力。

這部著作最容易懂得的部分，就是那些憤激的批評；這種批評在《人性，太人性》一書中所表現的，尚未超出十八世紀的哲學的範圍，但當尼采擴充他的思想，推尊權力意志把握着他號稱為歐羅巴的虛無主義（nihilism）那些壞東西之後，這種批評遂變換性質；現在，他不再向自利主義找道德的起源，而於深遠的生理的基礎上，去找社會主義者所主張的平等主義，科學家所主張的客觀性，宗教家所主張的憐憫，和他們所有這些共同的態度的起源。一八八一年，他發表《朝霞》（The Dawn），一九〇一年譯成法文，在這書裡，他提出與盧梭（Rousseau）相反的怪論，盧梭的怪論是：「這種可憐的文明是我們的惡行敗德的由來」，尼采的怪論是：「我們的美德善行是這種可憐的文明的原因。我們的社會上所謂善與惡的概念，是懦弱的和缺乏勇氣的，是身體與靈魂莫大的負擔，終於把一切人的身體和一切人的靈魂都弄柔弱了，把所有的獨立的、自尊的、沒有成見的人們都打倒了，把一種強有力的文化之真正的柱石推翻了。」（見《朝霞》一八一頁）在他的《快樂的科學》（The Gay Science, 1882）一書裡，宣露的思想，可名之為尼采的實用主義

(pragmatism)，據他說，我們的真實知識是建立在生命的謬誤之觀念上，例如我們對於客觀與物體的信念，我們的論理學「則自我們研究相似的事物視之為相等的傾向而來」，總之，我們的原因與結果的範疇：「理知視原因與結果為一種條件，或非一種條件；或以我們的方式，視之為一種強斷的片段，看見事件生起如潮之洶湧，遂將否認因果的觀念，將否認一切條件的觀念。」（《快樂的科學》一六九頁）

尤其是在《善惡之外》（*Beyond Good and Evil*，一八八六年刊行，一九〇三年譯為法文）一書中，我們發現他很嚴刻地作價值的批評：他分析哲學家、分析自由精神、分析宗教家、分析科學家、分析愛國者、分析貴族們，他憑這種分析，以決定每一個人對實際所下判斷的要旨是使生命力上升，或使生命力下降；例如殘忍的感情是一切高級文化的根基；這種感情產生悲劇之苦痛的愉快，如同帕斯卡之理性的犧牲，「很秘密地被自己的殘忍性吸引，轉而反對它自身」（《善惡之外》二三三頁）。《道德學的譜系》（*The Genealogy of Morals*，一八八七年出版，一九〇〇年譯為法文）特別探究苦行主義（asceticism）的問題，視之為極端形式，道德與科學則表現其一面；「全部健康的，全部力量的，全是粗暴的，野蠻的放肆的默想者，是一個很容易輕視而不是憎恨的卓絕的人；他必須與那些野獸作戰到底，不過這種戰爭是智力多於暴力。」（《道德學的譜示》二一八頁）苦行者的定義就是這樣，我們看見道德的與科學的精神

（spirituality）是從苦行者產生出來。

我們在這些格言的結果，可看出尼采奠定基本概念的批評的方向，後來大大發展於實用主義以及科學批評的運動中，另一方面，在尼采的思想中，我們發現道德家之心理的批判，下面引述的一段話，是尼采對科學家的批評：「今日之科學是一切不滿意的、無信心的、自疚悔的，以及壞意識的避難所；科學就是缺乏理想的悲痛，就是沒有大愛情的苦楚，就是勉強自制的不滿意……我們最淵博的科學家的才能，他們孜孜不倦的專心，他們日夜煎熬的頭腦，他們每日工作的卓絕──凡此種種全是任意地把明明白白的事物弄得糊裡糊塗為目的。」（見《道德學的譜系》，二五九頁）尼采覺得只有他從來沒有獲得科學的知識，方能發展這兩種評價，方能確定這兩種評價；尼采於一八八二年就獲得權力意志的觀念，一八八六年開始發展權力意志的觀念，這觀念系統的結果可見之於他的遺著《權力意志》一書（*The Will to Power*，一九〇一年出版，一九〇三年譯成法文，這部書係由尼采的遺稿編輯而成）中，但這些觀念在他的《偶像的黃昏》（*Twilight of the Idols*，一八八九年出版，一九〇二年譯成法文），已約略指出，加以發展。尼采在這一時代已宣示他很反對那些達爾文的和斯賓塞的精神的大綜合，並反對他們的定命和機械進步的觀念；生存競爭也很不幸而得到達爾文學派所希望的反結果，達到他們所敢希望的反結果：「我意所指則生存競爭說反害了強者，害了特權者，害了特

別幸福者。種族絕不會進入完善之域，因為那些懦弱的東西常成為強者的主人，他們之能為主人，則因為他們的人數既多，而且是最狡猾的東西。」（見《偶像的黃昏》，一八四頁）現在，歐羅巴的虛無主義的定則構成了，他用這定則標明這種墮落是從蘇格拉底和柏拉圖開始，「人類這種普遍的謬誤吞噬了人類的基本的本能」；一切高等的判斷，為一切人的判斷，皆歸於虛弱無力的判斷（見《權力意志》，Ⅰ，一二六——一二七頁）；全部理想，全部不存在的目的的宣佈，則懲罰那些降低生命力的人和事。

II 價值重估（Transmutation of Values）：超人（The Superman）

所有尼采的著作照他本人看，都是趨向治癒的過程：「絕對的人格的存在，不用第一人稱——記憶之一種（Be absolutely personal without using the first person—be a kind of memory）」，他自己所造的格言就是這樣（見《權力意志》，Ⅰ，十九頁）；價值的重新估定，其淵源並不在反省與分析，而在權力的肯定，它是唯一的，無須證明的；意大利文藝復興時的人物，和他們的不道德的品性，那就是高邁不羈的人的典型，而以拿破崙為最好的代表，但科萊爾（Carlyle）和愛默遜（Emerson）竟欲證明這種人的典型為觀念的表象，那是很大的錯誤。所以在《查拉圖斯特拉如是

說》（第一及第三部，法譯本第四部），或在他的遺著《瞧！這個人》（*Ecce homo*, 1908，一九〇九年譯成法文）中，這種價值重估論自然採取先知者的宣佈的形式，查拉圖斯特拉所說的超人並非人類典型的完美化；尼采所見最終的人，有點同谷納的態度相似，人類所有的結構皆為避免一切冒險而有，確實滿意他的平靜而無風險的幸福；「但人是一些應當超越的事，人是一橋樑，而非一目的」（見《查拉圖斯特拉如是說》，二八六頁）；愛冒險和愛危險，超人的特性就是這樣；權力意志是與生存意志分不開的；因為生命僅當它控制它的環境時，方放出鮮艷的花朵。若非英雄冒大險的故事，若非我們的文明使天縱的超人冒莫大的危險，和超人豪邁不羈使他更加要冒險，以及他履險如夷，終於越出險境等事實，怎樣說明查拉圖斯特拉的散文詩的全部呢？第一步是用輪迴（eternal return）的神話，即用諸天事件之周期的無限輪迴的神話，這輪迴的觀念乃由叔本華提出，用以證明人生之無味、人世之痛苦、復生為人之可怕，此等非常恐怖的現象；查拉圖斯特拉開始即感到人生的無味，其次，他不僅接受這神話，而且把這神話歸屬於他的：一存在物之無限的和愉快的肯定，和存在物對於有限的和規定的形式之抑制，就是權力的表現，那麼，輪迴豈不是奴隸的解放嗎？輪迴是價值重行估定的典型，「唯」與「否」對立着。另有一種企望，這就是高等人（Higher men）的企望，而庸俗的人說到高等人時：「高等人嗎，世間並沒有高等人，我們在上帝之前，

我們都是平等的」；高等人，開頭就是大疲乏的宣告者，他教訓說：「一切是平等，沒有事值得苦痛」（《查拉圖斯特拉如是說》，三四七頁）；其次，「精神之有良心者」，他寧可一事無知也不願所知甚多，照他看，「真的科學中，既沒有大，也沒有小」（見上書，三六一頁）；「精神之贖罪者」，魔術家（華格納本人），他追求愛情與苦痛（見上書，三六八頁）；「最醜的人」，他看見一個上帝為他的同情者，為一個證人他要求報復者（三八一頁）；「意志的乞丐」，他討厭「財富的苦工只知從一群污穢者的身上揩油，從鍍金的矯偽的賤民身上揩油」（三九一頁）；「查拉圖斯特拉的幽靈」，他的學生，他必須警惕屈服於狹隘的信仰（三九八頁）；這樣多的高等人的典型，他們的高貴則在他們對人對已均感討厭；厭世論者、語言學家、科學家、藝術家、財富的鄙視者，他們之中沒有一個能超出他固有的厭倦。超人並不為這些人們的責任而工作：「你們，高等的人們，你們相信我願再做你們已經做壞的事嗎？……必須消滅你們的種類……這樣唯一的人才能延綿」（四一九頁）。

尼采這樣發出對知識的貴族的宣言，他所見高貴的實際上包含這樣多的墮落的痕跡；他最反對民主的和社會的理想，但稱他的權力意志乃指粗暴的和破壞的力，這不是真實的──尼采最後數年的沉思，似乎關乎生命見於選擇作用時豐富的表現，生命管理着元素之嚴格的和明確的秩序；「趣味的純化只能是一種典型的加增力量之結果」，這是一種

過度的力量自身之結果；「我們之中，缺乏偉大的集大成的人，在這種人身上，相似的力量是抑制在一羈軛之下；我們所擁有的人，不外是芸芸眾生，眾多而懦弱的人」（《權力意志》，II，二四三頁）；尼采這些思想，無疑的，打開生命與存在概念之路徑；尼采的宣傳者，在二十世紀開始是非常之多的，但想到他晚年這些思想的重要者則很少，他們只看見尼采是個人主義，並沒有看見自制與苦行使人壯健 [3]。

III 居友（Jean-Marie Guyau）

居友乃一短命天才，生於一八五四年，歿於一八八八年，享年僅三十四歲。他同尼采一樣乃一超道德主義者；據居友看，道德主義者最大的錯誤，則不知有潛意識；人們大部分行動，由於反省的動機，如求樂或避苦等，那是很少的，由於一種生命力的推進者多，這種生命是從人的內蘊而發出，不得不這樣；行動進入意識，這也是真的，但這是由危險的分析而生：「意識最終有所反應，和逐漸為明白的分析而破壞，這是遺傳的混沌的綜合所儲藏者；它是一溶解的力」〔見《無義務與強制的道德》，二四五頁（*Morality without Obligation or Sanctions*, 1885）〕。道德的目的是在反省與自發間建立和諧，實為為自發性辯護的動作。道德之能

---

3 尼采的影響，可參考比安奎斯（Bianquis）著《尼采在法國》（*Nietzsche en France*, 1929）。

證明自發者，因為最強烈的和最伸張的生命聯合着利己主義和利他主義；居友之視生命，與尼采的態度完全相同，則認生命是消耗的和浪費的，那麼，利己主義是生命毀壞；我們的能力，我們生命的能力，規定了我們的義務。

居友的美學同他的道德學一樣，在生命中發現美學的原理；照他看，所謂美，不外增加我們的生命力者，因為美學的情緒就是一社會的情緒，因為藝術企圖擴張個人的生命使之與普遍的生命同麻〔見《社會學觀點下的藝術》（*Art from the Sociological Point of View*, 1889）〕。道德的情感如同美學的情感不為缺少一超越生命的規條而消滅，宗教的情感亦然，宗教應消滅獨斷的教條，而後存在；因為宗教是一依屬於宇宙之社會的，道德的物理的情感，一生命的源泉散佈在宇宙的情感〔參考《將來之宗教》（*The Religion of the Future*, 1887）〕[4]。

‖ 參 考 書 目 [5] ‖

- Nietzsche, *Complete Edition*, Vol 15, Leipzig, 1895-1910 (Vol 1 and Vol 8, Euvres, Vol 9 and Vol 15, Posthumous writings).
- _____: *Letters*, Translate to French in 1931.

---

4 居友的著作尚有：《哲學的詩集》（*Vers d'un philosophe*），一八八一年出版；《教育與遺傳》（*Éducation et hérédité*），一八八〇年出版；《時間觀念的起源》（*Genèse de l'idée de temps*），一八九〇年出版。

5 詹季盧由法文、德文翻譯成英文。

- Ueberweg: *History of Philosophy*, 12nd, Berlin, 1923.
- Henri Lichtenberger: *The Philosphy of Nietzsche*, 1898.
- Charles Andler: I. *The Precursor of Nietzsche*, 1920.
- _____II. *The Youth of Nietzsche*, 1921.
- _____III. *The Aesthetic Pessimism of Nietzsche*, 1921.
- _____IV. *Nietzsche and Intellectualist Transformism*, 1922.
- _____V. *Maturity of Nietzsche*, 1928.
- _____VI. *Nietzsche's Last Philosphy*, 1930.

第 二 期

一八九〇年

————

一九三〇年

柏格森（Henri Bergson）的精神論

I 一八九○年間哲學的復甦

當一八八○年間，什麼是流行的哲學思想呢？那個時候，我們只見斯賓塞的禁令、叔本華的消極、泰納的簡約，三者均消毀了實有，消毀了睿智的或道德的價值；斯賓塞的禁令，把精神關在不可知的鐵圈裡，並想把一切形而上學驅逐出境；叔本華消極的厭世主義，在一切存在之下，發現個人生存意志的虛幻；泰納哲學的簡約，把精神的事實，歸約為感覺，復把感覺歸約為運動，結果看出一切實在，物質的和精神的實在，皆從一極小極小的跳動（infinitesimal pulsation）而湧出，復無限地自相組合；與三者對立的哲學，除了拉許力葉和布特鹿的思想尚堅強有力外，其餘只是

一種瘦瘠的和無足輕重的精神論，繼續維持自由與意識之不可歸納，並把自由與意識建立在一直接的內部觀察上。

當時思想界尚流行一種宇宙觀，將一切實際的和直接感着的生命之意義與價值，全行抹殺、全行消滅，這種宇宙觀似是理知和客觀的苦痛所導出；意識與德性一樣是幻想，生命力的謊言而已，易卜生（Ibsen）的劇本，尼采的哲學，指出人類的懦弱是多麼危險，而哲學的任務，則宣佈新時代之將降臨；這種情況極端的結果，則見之勒南的精神，他為尊敬真理之故，不得不宣示這些幻想，遂走到高級諷刺的路上去，將這種義務視作幻想，且由於他的保守精神，或由於他憚於為惡的意念，遂接受這些謊言：聰明反被聰明誤。

其次，在十九世紀之末和二十世紀之初，我們看見一些狂暴的和放肆的反動，這是由一生命的本能所推進而重建的均衡，故許多富有魄力的反唯理主義的（irrational）學說從此而出現了，如巴雷斯（Barrès）的民族主義，如忠誠派和現代派（fideist and modernist）的運動，如布盧狄耶（Brunetière）大聲呼籲宣佈科學的破產，和復歸於信仰，如戈比諾的日爾曼種族優越論大流行於德國，凡此種種都是同一的精神所表出不同的病症而已；這時代思想的開展，和前代浪漫主義的運動不是不相似的，以機會論，和浪漫運動是相似的，以混亂和豐富論，和浪漫運動是相似的，以偉大的優美文學的著作論，和浪漫運動是相似的，即以其太缺乏誠實性，或太過於庸俗而論，也和浪漫運動相似的；而當時人

易蹈的危機，則將哲學聯繫於某一集團的利益，有的將哲學聯繫於教會的利益，有的將哲學聯繫於民族的利益，有的將哲學聯繫於階級的利益，總之，將哲學上真理的研究，改換為防禦或攻擊的工具了。

所以，一直到我們的時代 [1] 為止，歐洲哲學思想裡，尚有一不可知論的潮流（a current of agnosticism），令人對感情的要求和理知的要求間，不得有所選擇；故克來遜（André Cresson）先生出版《哲學思想的病態》（*The Uneasiness of Philosophical Thought*, 1905）及《無法證實》（*The Unverifiable*, 1920），發展了哲學的選擇的必然性（inexorable alternative），強迫每一哲學家依照他自己的氣質，或追隨實證主義之後，或發現「一種方法足避免科學決定論的提示，因為它審定科學的提示是反對靈魂之精神的需要」。然而在我們下面幾章所要敘述的學說則遠離於這種不可知論，而且後起的學說根本否認這種哲學的選擇的必然性呢。

科學主義的精神上最堅強的一個堡壘，即達爾文以後所提出生命的機械論。但現代活力論（vitalism）的復興，可說是精神論上最活躍的反應之表示，這種活力論特別流行於德國，杜里舒（Hans Driesch）的《生機哲學》（*Philosophy of the Organic*，一九〇九年出版，兩卷，一九二一年第二版），表明生物的領域中精神的強烈反應，如移植

1　編者注：本書作者生於一八七六年，歿於一九五二年。

（transplantation）、遺傳、再生，為個體全部過去所制約的機體動作，獲得許多證據，以反對生命為機器的理論：生物乃一協和平等可能的系統（"equipotential" harmonious system）；換言之，是諸細胞的一總體，如果我們任意割去其一部分，此細胞的總體依然能長成同樣的生物。由此觀之，生命的意念取得絕對的意義，並為現代多數學說的基礎，俄國哲學家洛斯基（N. Lossky）的學說，則其一例也，洛氏於一九二八年發表《直覺，物質，與生命》（L'intuition, la matière et la vie）一書，竟主張世界乃一有機體的學說。但所有這些研究皆於柏格森的學說之下，柏氏由於時代精神要求改變方向，遂變換了我們這個時代哲學思想的條件。

II 柏格森的學說

當一八七〇年間，法國思想界尚為消極的學說所籠蓋的時候，拉許力葉和布特鹿的精神論的實證主義實為極堅強有力的思想，然此亦屬例外。柏格森先生的學說，縱則其精神大異於拉、布二人，其實則繼承精神論的實證主義，而加以肯定。布特鹿在《自然律的偶性》中，曾這樣說：「從外在的觀點去看，事事物物顯然是一些固定的和限制的實在，但應放棄外在的觀點，以求返到我們最深的內部，並在它的根源把握着我們的實相，如果可能的話，我們就發現自由乃一無窮的能力（infinite power），我們有了

這種能力的情懷後，我們每一次才實實在在行動。」（該書一五六頁）所有否定自由的哲學則從一相反的觀念出發：凡內心經驗的與件是和外界經驗的與件屬於同一的典型；兩者都是一些可計算的「量」，而且心理的實在可歸約為一些元素，並依正確的法則而互相聯合；意識常以它的性質的微異作用（array of qualitative nuances），和它的表面無確定作用（indetermination）欺騙我們，心理學若除去這一幻想，則將成為自然科學。柏格森先生第一部著作，即一八八九年發表《意識之直接的與件》（*Time and Free Will: An Essay on the Immediate Data of Consciousness*），中譯本為《時間與意志自由》（上海：商務印書館，1927 年）。他在這部書裡宣佈，如果我們從日用的語言所表達的意識的構造中，解放出我們內部經驗的與件，其次，則從科學的術語所標示意識的構造中，解放出我們內心經驗的與件，如果我們直接地把握這些與件，則我們在其中只見純粹的「質」（qualities），而不見有「量」（quantities），只見質的複合（qualitative multiplicity），並不容納普通名詞所指的殊多（plurality），而且我們可以說這種質是連續的進展（continuous progression），並非由「因」「果」所連接着的事件之繼起。柏格森先生正在這裡超越了精神論的老調，喚起內在的意識，他做得更好；實在呢，他告訴我們遠離了這直接的反省的理由，其次，則告訴我們實行這種反省的極端困難；他的學說的理路是同乎貝克萊（Berkeley）的理路，

或同乎布朗（Brown）的理路。但我們之遠離這直接反省，不如傳統的精神論所主張一樣，乃關於精神的怠懶所造成內心凝集的桎梏，而應屬於理智的本性所造的障礙：我們的理智功能則在測量，而測量又必於同質的空間施行之，因為測量則使某一空間和另一空間同時並存；所以物理學家之測量時間，則採用一些測度空間的單位，時間的流動，竟成為物理條件所決定的流動。這樣一來，我們趨向於把一種可測量的同質性（homogeneous）輸入我們的意識狀態中；我們憑藉語言，給意識諸狀態以各種名稱，於是我們想像狀態彼此互相分開，如同文字之各自分離；其次，我們想像諸意識狀態可一個接一個地安排在一條長的直線上；關於意志自由的困難則從此而來了：我們之視動機，竟為彼此各自殊異的事件，並想像它們彼此合作，如同許多種力量專注在一點，乃產生了行為，所以自由設想為一從無而生的力之增加上；但實際的情形怎樣呢，在自由動作的進程中，在我們一生所作決意的生長和消滅中，並沒有這樣一種通力的合作，這僅是意識空間化的比喻（spatial metaphor）。最大的謬誤則在將時間譯成空間，將繼續譯成並行；純粹的綿延（pure duration）不是由同質的和並存的部分所組成；純粹的綿延是純粹的「質」，是進展；純粹的綿延並不是齊一的無差別的，如空間化的時間一樣，在我們內部生活之傍流過；從生命的生長、生命的成熟、生命的衰老來考察，純粹的綿延就是生命本身。

「哲學，僅一反省的和意識的復歸於直覺的與件」（a conscious, reflective return to the data of intuition）（見《物質與記憶》，第三頁）。柏格森把他應用在《時間與意志自由》一書的方法，推廣到《物質與記憶》（*Matter and Memory*, 1896）及《創化論》（*Creative Evolution*, 1907）裡去。這裡並未出現突然而來的一種特殊的能力，如神秘派的直覺一樣，而寧可是喚起反省，要求我們「翻轉思想工作之習慣的方向」〔見一九〇三年《形而上學雜誌》，〈形而上學緒論〉（"Introduction à la Métaphysique," *Revue de Métaphysique*, p.27）〕；這樣一來，良識（good sense）的運用，就超出公式與概括，把握着它們所必須的屈折性（inflection），使它們適合於時時變化刻刻翻新的情景。

記憶的問題供給這方法的應用以特別切實的機會：我們想像諸意象如同一些清楚的事件，每一事件消隱於意識之後，則保存在大腦的某部位中，若有其意象呈顯於意識與之聯合，則此一事件的意象後重行出現；這意象的後生與局部化是由另外的一些作用而完成，這是觀念聯合論（associationism）所最可把握着的，可説毫無問題。但在柏格森這方面看，是不是有問題呢？柏格森的精神概念，若如他在《時間與意志自由》所宣佈的，這似乎成為很難解決的問題了：一精神的生活維持着唯一的連續，與「忘記」所輸入之顯然的片段，這是可調和的嗎？「忘記」的問題，對於同一典型的思想家，如柏格森先生、普羅丁、或拉維松，這是

根本的問題；柏格森先生在《物質與記憶》緒言中曾經指出，這是他所要處理的基本問題。如果知覺與記憶是純粹的認識作用，如果它們將間斷（discontinuity）輸入精神之中，這是動作中的所具有的徵驗，在這些作用裡面，若干為理智所弄成碎片的事件，如同《時間與意志自由》一書所描寫，那麼，記憶問題所遇的困難是不能解決的。但實際上，精神的連續要求某一意識生活之每一剎那裡，全部過去的意識，呈現於當前；如果我們是一些純粹地沉思的東西，是一些純粹的精神，則全部過去顯於當前是完全的和不滅的。然而我們是有身體，換言之，我們全部器官，藉神經系統之助，應以適合的反動應對外來的刺激：我們的注意是為這種情況所支配，決不能散亂和沖淡於遙遠的過去裡；若無當前的注意，於每一剎那指導我們作適當的反應，生活是不可能的；當睡眠的時候，當前的注意消失了，夢中的意象完全與當前的情勢不符合，遂侵入於我們之心境；人若沒有身體，那就是永遠做夢的人；那麼，身體是阻止精神趨入岐途的法寶。身體乃最好的選擇工具，於過去中挑選有用的意象，足供我們說明現在，或供我們當下利用；那麼，記憶中的間斷則由效用的原則而產生。普羅丁說過：「我們看守着一切所見過者的憶念，這不是必要的。」〔見《九章集》（*Enneads*, iv. 3. II）〕

但是，這種有用的意象之選擇並不顯出機械似的觀念聯合的固定性：記憶對於一定的形勢，能夠提出各種不同的計劃；不同的計劃並不在被引起的意象之量，而在我們自行安

排的意識水準。憶念（memory）在兩極端的境界裡舉行：此即設定的憶念和做夢的憶念；所謂設定的憶念或習慣的憶念（enacted memory or habitual memory），就是已學過的運動的複習，例如戲曲演員之背誦他的台詞；所謂做夢的憶念或純粹的憶念（dreamed memory or pure memory）就是一過去事件的意象，伴着它具體的音調和它獨有的特性，例如戲曲演員以前的背誦的意象。夢想與實行中許許多多的計劃則安排在這兩極端的境界裡，在每一計劃中，過去的記憶是全部出現的，但人若愈接近習慣的憶念，則過去的記憶愈淡漠，愈磨滅；若以意象為一些各自殊異的本質，於是我們選取某部的憶念而排去其他的憶念，真正這樣的選擇是沒有的；所能有的，只是一自我的各種態度，多少總要離開當前，多少總要伸入過去的。

這種理論自然要提出許多問題，尤其是失語症（aphasia）大腦的部位問題，當一八九六年時，研究失語症的由來，顯然包含一些殊異的意象分別存在於大腦的各部。如果失語症中，所有的損傷非他，乃自輸入帶至輸出帶神經導路的中斷而已（an interruption of nervous conduction from the afferent zone to the efferent zone），若此為真，我們就能解釋口語意象的喪失，而毋須求助大腦某部位的損傷了。那麼，運用某一種可能的動作，使已經消滅的某部意象復生，那也是大有可能的。

柏格森先生著的《時間與意志自由》及《物質與記憶》

提出一個問題，《創化論》中擬加以解決的：理智不斷地將「間斷」輸入我們對事物和對自己所具有的觀點上，這樣的理智的性質究竟是什麼？為解決這個問題，他着手研究生命與進化的本質。西洋的哲學，關於理智的問題，有兩種傳說（traditions）：最老的而且是最固定的第一個傳說，則認理智為一純粹沉思的能力，足把握着事物之永恆的本質；在這一傳說裡，要想表明理智及產生理智的生物這兩者的關係，這是非常困難；亞里士多德把理智從外部輸入生物之中，至於笛卡爾則認生物為一對象，和其他物質的東西一樣，那麼，生物就是宇宙這個大機器的一部分，這樣，使「心」「身」的聯繫造成一個很大神秘。依據第二種傳說，理智聯屬於生命，但第二種傳說又包含兩種大大不同的意義，對於生命（希臘文，βίος）的意義，此即實際的生命，或取生命力（希臘文，ζωή）的意義，此即生命力的原理：採用第一類意義者，如希臘的懷疑派告訴我們，理智非為理論的知識而造成，但為實際的應用而造成，理智是生活的一種方法，而非達到實相的一種方法；我們在尼采的哲學裡，已經看見同樣的理論，我們在實用主義者的思想裡，亦將發現這同樣的理論。採用第二項意義者，如新柏拉圖派（neo-Platonists）認生命的含義，則表示一伸展與逆轉的雙料運動（dual movement），生命由於伸展運動，而循環，而散佈，生命由於逆轉運動，而凝思，而自返於它所生出的統一體（Unity）：理智指示伸展的第一項變象時，好像一種看法，

它無力包舉事物使之統一，徒把事物擊成碎片，使成一紛然並存的繁多；那麼，理智乃產生於生命力發達的內部中。

上述第二種傳說重現於柏格森的《創化論》，亦含有兩種意義：《創化論》第二章指出，理智乃實用的功能，第三章指明，理智乃生命進化的產物：兩者密切的聯合造成柏格森學說的異彩。第二章的基本立論，則為能夠使用工具控制自己的命運和環境的人（homo faber），和智人（homo sapiens）的同一；理智開始所有的作用，則製造結實的工具，和使用結實的工具；因此之故，理智只能把握著靜止的和間斷的物，不能理解生命即在生命的連續，即在生命的進步；理智自然與死的物質相一致，並且是一機械論的物理學的創作者，理智努力把生物學拉進機械論的物理學，這是枉費氣力的；理智僅認識物體，僅認識關係，僅認識形式，僅認識普遍的圖形。但在理智的本性中，好像有一神秘的怪論：理智為製造工具而造成，然而理智竟不自量要探求理論；理智不限定在它的對象，且不斷越出它所完成的動作範圍，似乎要去探求它所不能發現的東西；這裡有一個和普遍問題相反的問題：人常自問，理智既然是實用的，怎樣能變成思辨的呢？這樣的事並不見於動物的本能中，本能乃應付物質的直接動作，只憑天生的器官而無須人造的工具：本能設想為認識它的對象之直覺的和完全的知識，但以此對象為限，至於理智所有的知識是不完全的，但是進步的。

如果我們從理智與生命的關係去考察理智，則理智的本

性和功能豁然顯露。所謂生命者，則指意識及他的一切潛在的可能性（possible potentiality）；我們之認識生命者，則在生命在物質中努力構成生物，當它在某一點上增加能力的儲蓄，能夠突然發放出來。復次，我們之認識生命，則生命通過一切動物，皆表現為一生命之突進（法文，élan vital）的形式，突近於更加完全的生命的形式；生命由植物，而動物，而人類，皆努力從物質中解放出來，以求自由，生命鑽入物質，使物質活動，生命欲克服物質，不得不先順服物質，故生命開始消失於物質之中者，則求克服物質而恢復充分的發展。生命使用兩種方法：一為本能，一為理智，本能沒有成功，因為本能雖決定一完備的知識，但非常有限度的；理智與之相反，然而理智成功了，因為理智從物質的壓制下把精神解放出來，並為精神預備下一最完全的直覺：若用普羅丁的術語表示之，則精神乃一預備逆轉的伸展：這逆轉就是宗教，聖者和神秘者的理智就是這樣產生的。

進化的兩條路綫，在第一條綫的末端有昆蟲的本能，在第二條綫的末端，有人類的理智。實際上本能這條綫達到蜂類的社會，那是完全的和固定的，理智這條綫達於人類的社會，那是不完全的然而是進步的。宗教與道德則顯現於人類的社會中，這就是柏格森先生最近著的《道德與宗教的兩個來源》（*The Two Sources of Morality and Religion*, 1932）所要研究的對象。這本書主要的論點，則在道德的義務和英雄的聖者的道德之對立，所謂道德的義務，為產生於我們所屬

的社會團體之規條而已，所謂英雄的聖者的道德，為蘇格拉底和以賽亞（Isaiah）的道德，兄弟愛與人權的道德。世人所有的錯誤則認第二種道德為第一種道德之簡單的發展，則認自然的、固定的、互相衝突的，保守的如同蜂類的社會，如果可以擴大到人類的社會。生命創造了社會，生命一定要蔭護和維持社會，於是給人類以宗教的儀式和神話的發明的功能，而儀式與神話之作用非他，保全社會的團結而已：這樣產生了靜的宗教（static religion），閉關自守的社會的宗教，和拘迂的靈魂的宗教。如果生命不重新突進於偉大的神秘的精神，生命則將陷入固定的形式之泥潭中了，因為偉大的神秘由直覺而上溯一切事物之源泉，這就是動的宗教（dynamic religion）的根源，基督與諸先知者的根源，一切把人類自社會生活所限的範圍解脫出來之精神衝動，則產生於此。柏格森的道德學根本就是宗教哲學，亦自成為一歷史哲學，它並不取定命論的和樂天論的觀點，但充滿了冒險的情感，對於我們工業狂熱（industrial frenzy）的文化所冒的危險，充滿不凡的洞察力，這種工業的狂熱和中世紀苦行的狂熱（ascetic frenzy）遙遙相對的。

新柏拉圖派的形而上學，從包含萬有的太一（法文，un）直至完全散亂的物質，實際唯一的區分就是統一的程度多少不相等而已。柏格森先生對於萬有亦取同樣的看法，但他的態度完全是新異的，因為他從綿延的直覺（intuitive awareness of duration）出發：照柏氏的看法，統

一（unification）成為緊張，緊張的程度是一綿延的集中；散佈在物質中每秒鐘振動五九〇萬億（590 trillion）次的東西和在精神中鈉（sodium）之黃色光的感覺，兩者是同一的事。在實相之高點是上帝，上帝是永恆的創造的和他充分集中的綿延之實有。宇宙不外鬆弛或緊張，鬆弛之極成為物質性，緊張之極成為精神性，這樣就是萬有之根本的實相。

在下面幾章，我們將要指出柏格森先生在哲學上深刻的影響；從他的學說出現後，那種受斯賓塞、達爾文、泰納的影響而構成，且極流行於一八八〇年間的自命為科學的宇宙觀，不能存在了。直接受柏格森的影響而寫成的著作，如壽貢（J. Segond）於一九一一年發表《祈禱文》（*Prayer*），一九一三年發表《柏格森的直覺》（*Bergsonnian Intuition*），一九二二年發表《想像論》（*Imagination*）。然而柏格森主義特別表現一種理知的解放：他使下幾章所述的各派運動成為可能的，或加強其運動：如行動哲學、實用主義、科學的批評；而且從柏氏的學說出現後，主知主義（intellectualism）亦不能不大異於從前所主張的主知主義了[2]。

2　柏格森的著作，除了《時間與意志自由》，《物質與記憶》，《創化論》，《道德與宗教的兩個來源》前述四書外，尚有《笑之研究》（*Laughter: An Essay on the Meaning of the Comic*, 1910），《綿延與同時》（*Durée et Simultanéité*, 1922），《精神能量》（*L'Énergie Spirituelle*, 1919）。

生命與行動的哲學；實用主義

Ⅰ 奧萊—拉普魯恩（Léon Ollé-Laprune）與布羅岱爾（Maurice Blondel）

奧萊—拉普魯恩，巴黎高師的教授，受了紐曼與雷努維爾的影響，著《道德的確信》（*Moral Certitude*, 1880; 2d edition, 1888），他表明由純粹理智的路而無意志之參與，是絕對達不到確信的；他應用這觀念到宗教的生活上去，他說，如果意志不藉神恩之助，墮落的人類不能達到超自然的生活。

布羅岱爾先生乃奧萊—拉普魯恩的弟子，在奧氏的觀念裡，看見行動與思辨關係之新的解決的出發點。一九○六年他在《基督教哲學年鑒》（*Annales de philosophie* chrétienne）上寫了一篇論文（三三七頁），無疑的，哲學對於靈魂趨向它的未來的神秘，常以顧慮供給它；哲學由於本能地反省，常轉向於原因，轉向於條件；哲學常留下一混淆的印象；縱則哲學有一點點科學的意味，一點點生命的意味，然而它既不是科學，又不是生命；復次，思辨與行動的關係又規定得很不好，因為人們常持行動與行動的觀念相混同，常持實行的知識和要想實行的意識相混淆。布羅岱爾先生在他所著的《行動，生命的批評和實踐的科學》（*Action, Outline of a Critique of Life and a Practical Application of Science*, 1893）中很明顯地指出他的目的。此書研究的對象就是行動，和它的真實的存在。行動生於能力與意欲間之不平衡，因為我們的能力是低於我們的意欲；行動傾向於重新建立均衡，如果這目的一經達到，行動也就停止了。那裡就是一種從內在的辨證到行動的原理，它在自身提出一目的。且當它感到無力時，它再追求一最易滿足的目的，然而在我們所有具體的行動範圍內從不會成功；人類的苦慮則由此不滿足的意欲而來：科學、個人的行動、社會的行動、道德的行動以一未成就的和不成功的命運排在我們面前；布羅岱爾先生看到非道德主義（immoralism），唯美主義（aestheticism）、懷疑的業餘藝術主義（dilettantism）想解決這一問題的嘗試都是徒勞無功的：廣闊的虛空終留在我們之所欲求者及我們之所能者之中。

於是，意志發現一種選擇：或者留在經驗的範圍，安於

無能；或者解脫它所不滿足的對象，拋棄了自身，其所專務者，則由傳統的力量和經驗的積蓄，換言之，則由天主教的權威，逐漸解放出來的人類行動，投向這道德規律的、感情的、觀念的大潮流裡；超自然的生活裡，上帝顯然是超越的，同時又是內在的，和我們的意志與滿足意志的理想中所具有無限的基礎[1]。

把行動哲學化入實用主義，這是完全不正確的：行動哲學認行動為接近真理的方法而已，但行動哲學將真理同化於實踐的態度，和實用主義相似，這是不成問題的。梯萊（George Tyrrel）在一九〇五年《基督教哲學年鑒》發表〈我們對實用主義的態度〉（"Notre attitude en face du Pragmatisme"）一文，特別強調這種區別：行動哲學不同於實用主義，後者承認絕對不是一些精神摹寫外界的事物，或與我們的經驗毫無關係；但這毫不構成相對的名詞；「與其從意念與概念去推演形而上學，毋寧從生命和行動去推演形而上學，這是第一次把形而上學建立在一穩固的基礎上」〔參考他的《十字路口的基督教》（Christianity at the Cross-Roads, 1909）〕。

奚特（AIphonse Chide）先生著的《現代的活動主義》（Modern Mobilism, 1908），是一部這種內在哲學的歷史，主

---

1 關於布羅岱爾先生的思想，可參考布特鹿著的《科學與宗教》（Science et religion），二七四頁；勒卡尼埃（Lecanuet）的《教宗利奧十三世治下的教會生活》（La vie de l'Église sous Léon XIII, 1931），茹丁（Urtin）著的《走向現實科學》（Vers une science du réel, 1931）。

要目的在於指出哲學與神學的歷史的經過。

　　《基督教哲學年鑑》的創立人神父拉培多尼耶（Father Laberthonnière）潛心探索信仰的本性。信仰是附從外界的權威嗎？抑或為睿智的理性所校正呢？這不是一生命的經驗嗎，一善性的表現嗎，一神恩的湧出嗎，上帝以他的恩寵與人類溝通，把他的神秘交與人類，俾人類能參與神的內在生活嗎？外在性和內在性（extrinsicality and intrinsicality），這就是引起希臘哲學之抽象的唯心論和基督教的實在論兩個最深刻對立的轉變，抽象的唯心論認實相為一些固定的和不變的本質，人類的轉化不能改變它分毫，至於基督教的實在論，認上帝超乎自然，而為一人格，人由「仁」「愛」遂能與其他人發生關係[2]。不可知論和主知主義均同樣反內在性：不可知論即笛卡爾所開闢之路徑，笛氏將上帝看成一不可超越的界限，一思想與行動的桎梏，遂把上帝驅入不可知之域；至於主知主義，承認自然與超自然之二元論，將睿智關閉在自然之內，由是而得的結論，故教條不能為我們所認識，僅被告知而已[3]。

　　勒羅伊（Édouard Le Roy）先生指出一新的趨勢已從遙遠的天涯發出曙光了：「如果舊的學說試將外界實在建立於

2　參考他著的：《基督教的實在論與希臘的唯心論》（*Le Réalisme chrétien et l'Idéalisme grec*），一九〇四年；《教條與神學》（*Dogme et thélogie*），一九〇八年；《教育論》（*Théorie de l'Éducation*），一九二三年第七版；《拉培多尼耶選集》（*Pages choisies*, Paris: Vrin），一九三一年。

3　參考《編年史雜誌》（*Annales*, 1909），九二頁及二七九頁。

一不可能的教權上，如果十九世紀普遍的批評主義必然地達到為思想而思想那種學究的崇拜，照我的意見，新哲學之結實的真理和有力量的獨創，則在重新認識從觀念到實際及從實際到行動之從屬關係，唯一的條件則在明白行動包含精神的生活和肉體的生活，而且全部實踐的行動是依靠和從屬於道德的和宗教的生活。」[4] 我們在上面陳述柏格森先生的哲學裡，理智與直覺對立，布羅岱爾先生的哲學裡，思辨與行動對立，勒羅伊的學說則將這雙重對立同化而為一；於是，行動同化於生活的思想而為一。勒羅伊將鄧斯·司各特（Duns Scotus）和帕斯卡歸之於反主知主義（anti-intellectualism），所以他既不同意於一唯情的哲學，亦不同意於一唯意的哲學，但願有一行動的哲學，因為行動，於情感與意志之外，尚包含理性。實際上，他認為行動亦見之科學之中，因為科學的發明就是一種行動，假定人克制理智專橫的習慣，並假定人接受這矛盾，例如微積分之發明[5]。

一九二七年他發表《唯心的要求與進化和事實》（*Idealistic Exigency and the Fact of Evolution*），繼於一九二八年發表《人類的起源與理智的進化》（*Human Origins and the Evolution of Intelligence*），他在這兩部書裡報告現代人類學與古生物學所知的事實，並在這些事實內，試探求生命的突進（vital surge），唯生命的突進足解釋一切生物和人類的進

4　參考一八九九年《形而上學雜誌》，四二一頁—四二五頁。

5　參考一九〇五年《形而上學雜誌》，一九七頁—一九九頁。

化：他企圖解釋進化這個字，採用在斯賓塞之前這字所具有的意義，並贊同柏格森先生的解釋，換言之，即為創化的意義。他的結論為，生命的歷史告訴我們，它乃一思想之集中的歷史。但思想當其企求取得身體使之確定的狀態時已先存在了……一切從思想而來，思想決不是從物質流出 [6]。

我們在這兩章裡所描述的現代這種哲學潮流的全體，教皇庇護十世（Pius X）於一九○七年刊佈《聖諭》（*Pascendi*）禁止這些哲學，所加的罪名為時髦派哲學（modernistic philosophy）。據教皇諭所載，時髦派哲學淵源於不可知論，它禁制人類的理智升起與上帝相接，時髦派哲學又淵源於內在主義（immanentism），它將宗教的事實附屬生命的需要，並認教條的真理不在說明神的實相，而在生命的動因，產生了宗教的情操。

然而我們能夠指陳每一行動哲學的基本姿態與任何宗教學說都有血統的關係，如果行動認作實際的適應，或認作實際的適應之傾向，如在進化論裡所描述，人將能從這行動細分知識，此即盧易桑（Théodore Ruyssen）先生在他《判斷之心理的進化論》（*Essay on the Psychological Evolution of Judgment*, 1904）所主張；伴有信念的判斷常為適應自然的

6　關於勒羅伊的著作，除已引書外，尚有：一九二九──一九三○年出版的《直覺的思想》（*La Pensée intuitive*），兩卷；一九二九年出版的《上帝的問題》（*Le problème de Dieu*）；一九○六年出版的《教條與批評》（*Dogme et critique*）。研究勒氏的著作，則有韋伯（L. Weber）著的〈發明的哲學〉（ "Une philosophie de l' invention" ），刊登在一九三二年《形而上學雜誌》（*Revue de Métaphysique*）。

或社會的環境的行為之準備。認識與行動的關係構成實用主義的本質。

II 實用主義（Pragmatism）

實用主義這個字第一次應用為特具的意義，在皮爾士（Charles Peirce, 1839-1914）那篇有名的論文：〈如何使我們的觀念清楚〉〔 "How to Make Our Ideas Clear"，一八七八年發表，登在《哲學雜誌》（*Revue Philosophique*）〕。他在這篇文章裡曾立下列的規條以說明我們使用的觀念的含義：「現在讓我們來考核實用效力所具有的結果，我們想它能為我們的概念的對象所產生：我們從這些結果所得的概念就是我們的概念之對象的全部」：一實用的效力（practical bearings）而已，換言之，則實驗控制的可能性[7]。

詹姆士（William James）生於一八四二年，歿於一九三〇年，曾任哈佛大學教授，他從這種實用的理論以作真理的定義。一命題的真，通常解說為對一定事物之妥當的肯定，以及為獲得這種真理而應有的動作之全部，兩者之間，照習慣說是有所分別的。然而實用主義反對有這種區分：照實用主義看，真理則在這些相繼的動作裡。一真的理論是什麼？所謂真的理論即引導我們證明其實際有效的結果

7　參考柳霧（Emmanuel Leroux）著的《英美的實用主義》（*Le pragmatism américain et anglais*, 1922），九〇一九六頁。

為可期。大體上可以說，當我切實地去做，或當我能夠做的一串動作，由於繼續的轉變，喚起我已有的經驗加入我當前的經驗，我們才真正地認識一對象；真的觀念並不是一對象的摹本，而是喚起對對象的知覺之觀念。但在別的地方，詹姆士所作真理的定義，與上述大相徑庭：如果人給與某一命題的內含產生一些滿意的結果，並且想到它滿足個人的一切需要，不管這需要是簡單的或複雜的，那麼，此一命題就是真理。總之，詹姆士之所謂真理有二：一為實際證明有的，一為能滿足個人的需要。第一種真理的定義寧屬於一對象之直接的知覺，如同喚起真理的活動之最後的變象，第二種真理，原則上，是獨立於一切知覺的關係之外，它寧可屬於一嘗試的觀念，一可實現的動作的計劃；而所謂錯誤者，就是失敗而已。在第二種意義內，所謂真理是很接近生命的信念，如同紐曼所主張的；大概詹姆士受了他的父親亨利‧詹姆士〔Henry James，瑞典神秘主義派 [8]（Swedenborgian）的神學家〕的影響，故詹姆士主張真理之所以為真者，則以其為善服務，「一生命的真理從不能純粹地簡單地從某一人的精神讓給另一人的精神，因為只有生命是真理的價值的裁判者」[9]。

8　編者注：原作亦作「愛默遜派的（the tradition of Emerson）」。

9　參考葉爾（J. Wahl）著的《多元論的哲學》（*Les philosophies pluralistes*），二六頁；及布來東（Maurice le Breton）著的《詹姆士的人格》（*La personnalité de W. James*），一九二八年出版。

若照詹姆士將上述兩種真理皆可界定為行動之進程，則此兩種真理的觀念都是實用主義的（pragmatic）；但第一種觀念賦與真理以一客觀的價值，因為人所獲得之直接的知覺，乃全部行動進程之最後的裁判機關；第二種觀念則賦與真理以一生命的價值，好像行為之鼓動的信念。這兩種真理的觀念彼此均是不得並約的（法文，irréductibles）；然而第一種觀念似乎與詹姆士的志向不完全一致，因為第一種觀念，最低限量假定一種真理獨立於全部動作進程之外的，那就是直接的知覺。在此兩種真理中，何者道地是實用主義的呢？這是很難說的；因為在詹姆士的思想中有兩個詹姆士，第一個詹姆士是哈佛大學動物學教授亞格西（Louis Agassiz）的學生，亞格西指導他：「你直接到自然界去，親手取出自然的事實，你自己親自觀察，親自審核」，對於他，如果觀念不能譯成具體的事實，那種觀念是不算數的。第二個詹姆士是瑞典神秘主義派的神學家亨利・詹姆士的兒子，他生長在這種超越論者（transcendentalist）的家庭裡，從理論的見解去認識真理者較少，而從鼓動萬物之神的生活的參與去認識真理者較多，潛移默化，所受之影響自然巨大[10]。亞格西的學生不求追究那些神秘的和深奧的宇宙之迷，而神學家亨利的兒子是探究這些神秘的和深奧的宇宙之迷的；詹姆士如同穆勒，是經驗論者，然而他追求大全（great whole），故

10　參考柳霧著的《英美的實用主義》，三八—四六頁。

他又是黑格爾主義者；英國經驗論的枯燥無味違背他那種深厚的宗教的性格；但黑格爾的絕對主義將個人融沒於大全，又反乎他對經驗的尊重，這種尊重不僅當他作為一個科學家，或許如一個藝術家對個人、對具體、對不可歸納之愛好者更多。

周詳的經驗考察，冷靜而客觀，足指導對外界的行動；生命的生念，熱烈而多情，那是行動之中心源泉；此兩者即詹姆士實用主義之兩極端，他的哲學與愛默遜（Emerson）的宣教，和科萊爾（Carlyle）及詩人惠特曼（Walt Whitman）之看法是有血統的關係，且他唯一的錯或者就是獻身於一種哲學。然而我們若注意實用主義的第二種真理觀，哲學要加上一個「但書」並不錯誤。一真的宇宙是什麼？所謂真的宇宙就是滿足我們的志願的宇宙，在這宇宙裡，我們能夠行為，能夠肯定我們的氣質，還有：如果這宇宙顯現為一可變化的宇宙，確非固定，如同我們的動能的信念是一修正的力量，那麼，我們的信念就能改變這宇宙，正確地實現這宇宙，如同我們所信者，一個為我們的行動所改變的世界，那就是我們能夠安居生活下去的世界；所以必須否認科學主義的決定論，必須否認那種視世界為機器而我們乃這機器上一齒輪的決定論，就是唯心論的絕對主義也同樣是要不得的，因為它甚至把時間和變化都否認了。時間是一規矩的行為的條件：「我絕對接受時間，只有時間是無裂痕的，只有時間完成一切，補足一切」，惠特曼曾經這樣說

過 [11]。相信宇宙可為我們的態度所修正，這就是理會宇宙包含一些與我們的行動無殊的創意與力量。但是，這些創意與力量是有害於我們的，抑是有益我們的呢？就在這點，硬心腸的宇宙觀和軟心腸的宇宙觀（hard soul universe and tender soul universe）分開了：惠特曼曾高唱「硬心腸」是鬥爭的機會和敵人；「呵！多少危險的和可疑的事呵！多少事是離開了虔誠的和閒暇的生活呵！呵！排除大障礙而鬥爭，碰着了一些難馴的死敵呵！」[12]。有人曾經指出，這裡或者是説加爾文派（Calvinistic）的厭世主義，它認識宇宙中只有腐化的罪惡和不可解的上帝之自由意志，但它反映了這種悲觀主義，因為它以一種堅定的意志解釋之；布拉德（Benjamin Paul Blood）亦這樣説：「宇宙中的事物豈僅衝突而已，那是多麼奇怪呵 …… 宇宙是未開化的野蠻人，是一具有鷹翼味道的猛禽。同一的重來僅為帶來殊異。」[13] 我們知道布拉德對於詹姆士的影響是很大的，至於「軟心腸」則與之相反，這是一些力量足幫助我們鬥爭和有利於我們鬥爭；「軟心腸」不僅覺得有他的同類的友誼相扶持，並覺得有一個呵護我們的上帝來相助，或者像多神教一樣有一群保佑我們的神。詹姆士的人生觀（personal vision）是搖擺於「硬心腸」的人生觀和「軟心腸」的人生觀之間的；有一

---

11 引自葉爾（J. Wahl）著《多元論的哲學》（Les philosophies pluralists），三○頁。

12 同上，三○頁。

13 同上，一一一頁。

上帝，是的！但是是一有限的上帝，在他的事業中我們幫助他，上帝，如同上帝之幫助我們；人生是一種冒險，一非常真實的冒險，沒有人能預見這冒險的結局；宇宙的歷史並不依照一先定好的計劃而實現；宇宙是充滿了機遇，充滿了偶然，充滿了風波，充滿了迂迴，充滿了變換。詹姆士相信偶成主義（tychism or fortuitism），照皮爾士的表示，則有許多機會，足以讓意志選擇，這就是賦宇宙以目的的命運；成功僅是一希望而已，按詹姆士的善世主義（meliorism）所作的定義，所謂善世主義並不是宇宙之自發的趨向，而是人類對自己所作的一法則；世界之救贖並不是一先已界定的名詞，但是隨各人所欲者而定。

這樣的宇宙觀似乎是實用主義第二種真理觀的結果，復次，它似乎為判定真理而設立者較少，為產生真理而設立者則較多。至於實用主義的第一種真理，恰與第二種真理相對立，第一種真理好像是概念的銀行，在這真理的銀行裡能兌現的就是真的，不能兌現的則為假的，概念的真偽由它審定；人若應用這種真理觀，他就具有詹姆士之激進的經驗主義（radical empiricism）、詹姆士的多元論（pluralism）、詹姆士的宗教經驗，即如他對世界的看法所作的嘗試。所謂激進的經驗主義究何所指？若照英國近百餘年來經驗主義的傳統見解，經驗的組織物是由一群破碎的意識狀態所構成，這群破碎的意識狀態自身間並不具有關係：這種關係（如因果、實體等）是由聯想作用在精神中逐漸構成的。然而詹

姆士是反對觀念聯合論（associationism）的，因為他是心理學者，故他提出與觀念聯合相反之「意識流的連續與統一」（continuity and unity of the flow of consciousness），這些關係完全沒有一超於直接經驗值的高級存在，如同經驗主義以及先驗主義（apriorists）所承受者；同時，彷彿，行動（simultaneity, resemblance, activity），凡此均為經驗，同實而異名；畢蘭（Maine de Biran）相信努力（effort）是一種特別的和不可歸約的經驗，以致說努力僅是由肌肉的反應而有的輸入的感覺，這是錯誤的；所以必須在情緒中辨認共同的經驗，即有機狀態變化的經驗。那麼，所謂關係並不是從天上掉下來的原理以統一這個世界，也不如布拉德雷（Bradley）所相信，關係在它們所連結的名詞中有其基礎，因為經驗表明關係在名詞之外，有時與名詞相聯，有時與名詞不相聯，非名詞所可冒充。激進的經驗主義認關係為經驗的事實，如同其他經驗的事實，所以激進的經驗主義達到多元論，認宇宙為一由各自分離的大塊所構成的混沌，這些大塊自行結構和自行分散，如同原子或分子，常加入其他的組合中。我們由此可以見到這經驗的多元論在哪一點是適符行動的要求，適符變化的可能，適符充滿着冒險的創意的自由，適符時間的實相給與創意自由的確信。

激進的經驗主義接受這樣子的宗教經驗[14]；這樣的宗教

---

14 關於這點，可參考雷維丁（H. Reverdin）著的《詹姆士的經驗觀》（*La notion d'expérience d'après W. James*），一九一三年日內瓦出版，第四章特別重要。

經驗非唯物論者把它視作精神病的心理狀態的解釋所可接觸，也非神學及建立在這種經驗的直覺所可接觸；宗教經驗唯在聖者、神秘者、苦行者中取得其具體的殊異性，它顯然帶來極樂和安寧，此即一切精神創進的產物，科學認為人死之後，即行消滅，並無靈魂的存在，然而這種宗教經驗表明到處見到有靈魂存在的精靈論（animism）以補償科學之所不及。詹姆士是超自然主義的信徒，甚至是愚俗的精神論的信徒，當這種精神論取消了習慣上分別意識的界限，且使我們有限的意識沉沒於一愈廣大的全體意識（a greater whole），這樣一來，精神論遂使我們與不可見的鬼神意識（invisible spirits）相通，它給我們的幫助不下於神秘主義（mysticism）。詹姆士的心理學中所指示的邊緣（fringes），即意識裡環繞着十分明朗現象的暗昧地帶，保證意識間這種連續的可能。在這裡所陳的事實回答了我們在上所指出的問題。

我們知道，詹姆士對真理所下的定義，很少超出他的全部宇宙觀所具有的意義，他的真理的定義引起他的宇宙觀，他的宇宙觀又引起他的真理的定義；我們不易看明白他的真理的定義如何能以正確的意義應用到科學的和非個人的真理上去，這些科學真理是以情感（passion）去淘汰一切情感的。他的哲學，乃一意欲的誠實的復歸到自然顯現為全部情緒（emotions）的擴張狀態；他的哲學乃一說教，主張哲學依據實相之本性，但事實上呢，他依照自己的需要的意象賦

與大宇宙而已 [15]。

　　牛津大學教授席勒（F. C. S. Schiller）先生發揮一種學說，和詹姆士的實用主義很接近，但他名之為人本主義（humanism）。自從人們欲將唯心的絕對主義（absolutism）移用到實際，他發現這是唯心的絕對主義的危險：相信行動、變化、進化之具幻想的性質，自然要走上寂靜主義（quietism）。絕對主義建立在一謬誤之上的——思維每一實在乃大全的部分，而妄稱之為必然，任何真理是緊附於本身的，並緊附於其他真理的，這僅為託辭而已。實用主義標明它是為達到真理之人類的方法，它認識真理乃一具體的和個人的事業而已；唯有概括性是緊附的，然而，我們若進一步與經驗相接觸時，細節變得更為精確，我們即將失去這種緊附性了。復次，在我們的經驗裡，有許多世界，彼此各不相緊附：直接的和日常的經驗不認識科學家所貢獻的世界，而物理學者也不知道生物學者的世界概念。從這許多世界裡，能找出一個世界是真的，如柏拉圖所主張的理想世界嗎？半個也沒有（在這點，實用主義傾向觀念論），每一世界是

15　參考柳霧著的《英美的實用主義》，九〇——一〇九頁；詹姆士主要的著作：《心理學原理》（The Principles of Psychology），一八九〇年出版；《心理學簡編》（Psychology），一八九二年出版，一九〇三年譯成法文；《信仰意志》（The will to believe），一八九七年出版，一九一六年譯成法文；《宗教經驗的多樣性》（The Varieties of Religious Experience），一九〇二年出版，一九〇四年譯成法文；《實用主義》（Pragmatism），一九〇七年出版，一九一一年譯成法文；《多元的宇宙》（A Pluralistic Universe），一九〇九年出版，一九一〇年譯成法文，法語名為《經驗的哲學》。

依我們人類的興趣而構造的一個世界；普羅泰戈拉說的比柏拉圖所說的要真實點：認識無須假設二元論，無須參考一規定好的實相。席勒先生有的時候好像是很接近唯我論（solipsism）。但他的學說寧可是一種進化論的形而上學，他所賦與進化的意義大不同於斯賓塞的進化的意義，他所謂進化者，似是一不完全的世界之實際的和不可逆轉的進程，它為個人的和偶然的創意而補滿，而完成：這種進化論（這就是他有時候用唯我論的意趣以說明世界的由來）是單子論的（monadological），它喚起自由的和活動的精神之交互動作（interaction）；但這是一無連續論（without continuisms）的單子論；一些新的交互動作能偕不可知的世界而自行產生。復次，席勒承認一種終極的救贖，一總體的調和，一人格的和唯一的上帝 [16]。

與席勒先生一起，牛津大學的其他七位成員發表了《個人觀念論》（*Personal Idealism*, 1902），其中包含一個共同綱領，其兩個主要原則是：每一個想法都必須與現實接觸；所有的行動都是一個人的行動。

當實用主義承認間斷（discontinuity），如實際的標記，承認不緊附性（incoherence），如個人與自由的條件，實用主義表面上是與絕對主義相對抗的。但是，或者另外有一種統一，完全與絕對的總體不相同的，這是實用主義所要研究

16　參考柳霧，《英美的實用主義》，第一編，第六章。

的統一：這點就是哥倫比亞大學教授杜威（John Dewey）先生所表現的思想 [17]。據杜威說，哲學欲想從它已把宇宙分割成塊的片段中，再去發現統一，那是白花精力的探究；人們努力重行發現這種統一，其所得者，或是物理科學的宇宙，一切是機械的和褫奪去精神的，或是共同知覺之質的宇宙，一切是意識的；唯心論所見的物理學乃一精心的結構而已，唯心論將物質消融於精神之中；但在這種精神裡，存留下感覺的與理性的二元性，存留下有限的意識與總體的意識之二元性，所以人不能說明絕對的思想如何自行剖分，為什麼自行剖分。唯物論則反其而道行之，使意識融沒於自然，但是沒有說明為什麼，它用意識的附隨現象（epiphenomenon）那個怪東西，顯出一價值的世界，異於存在的世界。

據杜威先生說，這兩派的錯誤，則從人們將認識看成沉思而來：所以提工具主義或功能主義（instrumentalism or functionalism）和這種認識對立着，工具主義恢復認識最通俗的概念：認識乃一指導的動能，乃經驗的功能的一部分；思想自身沒有它的目的；思想是生命之一變象，是生物在一定條件下所產生之一事件；思想出現於行為動機互相衝突的情形之際，存在於我們為適應新的情勢而重建我們的活動的努力之時（斯賓塞曾經指出這點）；觀念是為行動而立的一種假設，故觀念依屬於將來，唯真正能引導我們的觀念才是

---

17 參考柳露，《英美的實用主義》，一四〇——一六〇頁，以及一九三一年《形而上學雜誌》，一〇七頁。

真的。自然之合理性（rationality），物理學家所肯定的，並非一理論的準則，但為一種信念，使理智的活動能容新的合理改變之加入而已；「其意義之所指，為人之理智的活動不是自外輸入於智慧的事物；這是自然依照某一事件最充分的和最容易的發生，而實現其特具的潛能。」我們的道德行為亦取同一方式，它並不為先定的和造成的善之觀念所引導；道德的行為至少有三個來源各異的原理，一為視作目的之善，二為義務的規條，三為他人的衡量；道德的問題則從必須調和這三個原理而來[18]。

我們在這種思想中，很容易看出杜威先生開始是一個黑格爾派；他主張實現精神的統一，但其方式比黑格爾更加完善；照他看，現代思想的病態則從理想與實際、精神與自然兩者對立而來，例如歷史學家與數學家，道德學家與工程師，雙方對立，各不相下，而各有其不可減削的權能，此則說明兩者對抗之最好的例證。普通的教育學尚保持這種對立，故教育學中有的主張造成行動的人，而犧牲了思想，有的主張教練抽象的思想，而忽略了行動。杜威先生既不將思想歸於行動，亦不將思想附屬於行為；他表示當思想是複雜的和進步的，思想是行動之必不可少的變象（phase），所以他的實用主義恢復思想的權能，決不把思想作犧牲。但他的思想概念引導他把易曉的程度（degrees of intelligibility）倒

---

18 參考一九三○年十月份《法國哲學學會報告》（*Bulletin de la société française de philosophie*）。

轉過來，最易曉的不是數學與物理的事物，倒反是歷史與人文科學的事件，此兩者比其他事物更易於了解，易於實現，因為歷史顯然是社會上和自然中的精神的勞績 [19]。

III 索雷爾（Georges Sorel）

索雷爾（1847-1922）曾受柏格森的影響，區別智人（homo sapiens）和能夠使用工具控制自己的命運和環境的人（homo faber）。建立這些假設的科學家，憑理想創造一種機械論，必視為具有實際的機械作用；科學並不如文學家所希望，乃指導思辨的知識，科學倒反是理想的工場的創造，其中所設立的機械遂能正常地動工 [20]。那麼，一種假定之有其價值，則在其為處置事實的方法：並沒有要求它具實際有效的觀念價值。實證主義在物理學上排除了假設，然在歷史上，則承認一決定繼起事件之必然法則。索雷爾以為假設的重要權能必須恢復，在決定將來的社會中，必須留一位置與暗昧者、與無意識者、與不可期者。假設指導我們克服自然的動作；同樣道理，信念應決定我們處置將來社會暗昧部分的動作：社會主義實行家之使用總罷工，如同物理學家

---

19 參考杜威的著作：《邏輯理論研究》（*Studies in Logical Theory*），一九〇三年，《創意知識》（*Creative Intelligence*），一九一七年，《人性與行為》（*Human Nature and Conduct*），一九二二年；和一九二二年，《形而上學雜誌》，第四卷，〈美國實用主義的發展〉（ "Développement du pragmatisme américain" ）。

20 見《進步的幻象》（*Illusions du progrès*），二八三頁。

之使用假設；社會主義實行家知道總罷工是一神話，如同物
理學家知道將來科學要視他的假定為老古董：但這是為行
動而創造的神話。在社會革命中，必須打倒國家，代之以工
團的組織和反主知主義的哲學，照索雷爾看，此兩者有密切
之關係，這種反主知的哲學似是勞動者的哲學，不把智慧放
在意識形態（ideology）內，（如同十八世紀末進步的小資
產者的哲學，徒然是掩飾他的貪欲之面具而已），勞動者的
哲學把智慧用作制服自然的行動大綱〔參考《暴力之反省》
（*Réflexions sur la violence*, 1900）〕。

唯心論

受黑格爾影響的唯心論現在復興了，在盎格魯─撒克遜民族裡，有布拉德雷和鮑桑葵的唯心論；在意大利，有克羅齊（Benedetto Croce）的唯心論；還必須加上法國亞茂林（Hamelin）的唯心論。亞茂林也影響了十九世紀末葉之消極哲學，但他的態度是與行動哲學不同的。

I 盎格魯─撒克遜民族的唯心論：布拉德雷（Francis Herbert Bradley）、鮑桑葵（Bernard Bosanquet）、羅伊士（Josiah Royce）

在格林的思想裡，康德之統覺的綜合統一成為他的形而上學的原理，康德之認識的法則成為存在的法則。布拉德雷

生於一八四六年，歿於一九二四年，曾任牛津大學的教授。布拉德雷拒絕名其學說為唯心論，他的學說確實是最複雜的[1]。兩種立論支配着他的學說：第一種立論，認為欲界定絕對的實在，所有關係的範疇或概念，如因果的範疇，體用的範疇等皆不足以濟事；第二種立論，絕對於與感覺的事物直接接觸而達到，這是變化的和不可分的經驗，是「一」和一無限具體的資源，甚至人們不能反過來說它是由斷片所組成的經驗。但這兩種立論互相界定，有時顯得互相交錯不可究詰。

第一種立論由一概念幻想性（illusory character）而證明。這一種概念，從休謨到康德的批評主義，幾乎普遍地接受，這就是外部的關係的概念（external relations）：時間的和空間的關係，如同因與果的關係，或一切其他的關係，好像一種模型（mold）存在於自身，它和名詞發生關係是從外部而入的。但照布拉德雷看，唯有內部的關係（inner relations）方得存在，換言之，他回到萊布尼茲的觀點，以為任何兩名詞的關係在名詞本身有它們存在的基礎和它們存在的聯繫；如果有人向他提出反駁，說幾何的空間概念只是簡單的並列的位置，與名詞無關的，布氏答辨道，這樣理解

---

1 布拉德雷的著作：《邏輯原理》（*The Principles of Logic*, 1883）；《外觀與現實》（*Appearance and Reality*, 1893）。研究布拉德雷的著作：羅傑斯（Rogers），《一八〇〇年以來的英美哲學》（*English and American philosophy since 1800*, pp.250-263, 1922）；達本（Duprat），〈布拉德雷的形而上學〉（"La métaphysique de Bradley"），《哲學評論》，一九二六年。

的空間乃一純粹抽象作用，達不到實在所構成內部的關係之組織。

外在的關係既然否認了，還留一位置給這樣關係的觀念嗎？當人們看見這第一種立論轉變為第二種立論時，不能不抱懷疑的態度：休謨曾經說過，若沒有關係，那麼，實在將分解為一微塵，變成孤立的狀態；布拉德雷說，若沒有外在的關係，那麼，實在將為一密系的全（a coherent whole），是單一的、個體的，它和施與（法文，donné）同時發生，和表情的和感知的經驗同時發生。這樣一種經驗並非一個自主觀到客觀的關係，但為一定的客觀之呈現於當前，為一個不可描寫的和不可解釋的事實。

這種直接的施與及直接的經驗，或者是排除外在的關係的動機，關於這，開頭是很明顯的，但當人一方面取黑格爾的辯證法趨赴精神的看法，把這直接的經驗位置在一趨向自身的辯證發展的終端，另一方面則取某種意義，把它用為一新的辯證發展的出發點，這樣去辨認這種直接的經驗時，外在的關係就顯得非常之少了。我們先從第一點來看：範疇或概念的規定，在某一點說，是實在之虛擬的規定，在另一點說，是一不完全的規定：據布拉德雷看，任何判斷是由概念到實在的規定，是由何（what）到這（that）的規定；然而這種規定常常顯現出對付實在之不妥當，且常常要求補充；一判斷之能成為真，則在其包括這一判斷的真理所依據之全部條件。再進一步觀之，則人將見到判斷的條件是全體的經

驗：在全體的經驗裡，思想所常發現的且不能消滅的虛擬性（法文，altérité）不復存在了；在全體的經驗裡，虛擬的規定由於一種變質而有其真實性了；那麼，在外象與實在（appearance and reality）之間，有片段與全體之分別，唯一的條件，則不把全體當做片段之一集團，但把片段看成自一「表面上爭論的理性」而生。

但這種判斷論明顯地深染上黑格爾派的思想；它指引思想朝向精神，朝向一普遍的和具體的實在：由此而來的問題，布氏曾以個人的具體的經驗界定實在，這兩種實在豈不互相衝突嗎？但因為個人的具體的經驗是有限的，故它不能顯現如實在的。它的變化就是明證，在變化中我們就見到它繼續取得各種殊雜的特性；據布拉德雷說，事實的變化就是不完全的症候，概念的辨證亦然。這總體的實在不是高於各個人的經驗所構造「有限的中心」（finite centers）嗎？但是，如果是如此的，布拉德雷的學說是什麼呢？一經驗的哲學，界定實在為一確實的施與（法文，un donné authentique；英文，an authentic datum）呢？還是一黑格爾的辨證法，把此一實在放在全部施與之上呢？

布拉德雷是一黑格爾派，也是一注重經驗者，故當其為黑格爾派時，覺得需一種神正論（theodicy），依據最老的傳說，為邪惡、謬誤、罪過作辯護，視罪過等事為「全」之一部分，只須不把罪過等事孤立起來，不抽象地去考察它們，則罪過等事是使「全」的內容豐富，所謂「江海不擇細流，

故能成其大」；這就是黑格爾派的布拉德雷將絕對構成一高於個人超於道德的總實在。但注重經驗的布拉德雷，他視自我及自我的體系，為「我們所具有的最高貴之物」[2]，它傾向於為各個人特殊的而又不相聯屬的時間觀念呢？抑為傾向於一複合的空間觀念呢？或者依據一些唯心論的傳統，如普羅丁的唯心論，斯賓諾莎的唯心論，黑格爾的唯心論之傳統，必須說他之承認「絕對」僅使一切個體的規定豐富起來，且使一切個體轉變為永存的樣態呢？與布拉德雷同時的一位英國的黑格爾主義者羅來（Simon Laurie）於一九〇六年發表《綜合論》（Synthetica），他認為神的實在來自啟示於有限的自我之行動中，而自然則是這種啟示的中介。

聖安德魯斯大學（St. Andrews）教授鮑桑葵（Bernard Bosanquet），生於一八四八年，歿於一九二三年。一八八八年發表《論理學》（Logic），一九一三年發表《個人之命運與價值》（The Value and Destiny of the Individual），一九二〇年發表《何為宗教》（What Religion Is）。鮑桑葵最大的功勞則在顯明一切經驗均能夠拿來驗證布拉德雷的唯心論：如政治的與社會的共同生活經驗，物理環境之永存的和統一的經驗，另一世界的經驗如同藝術的世界，其價值足補滿我們的世界：所有這些偉大的經驗之共同的質素，尤其是美學的和宗教的質素，既滿足精神的需要，並使精神避免了矛盾，但

2　引自葉爾，《多元論的哲學》，一三頁。

避免矛盾，不用一理想的構造，而用一「大全」附在裡面的實驗的實在。據鮑桑葵看，沒有純粹的思想，沒有純粹的邏輯，沒有一普遍的賓詞的全稱命題：邏輯是事物的結構的知識；邏輯使實物成為可思維者，而全稱命題是一雜入細節的體系之可塑的統一（a universal is a plastic unit in a system that includes particulars）。

絕對主義的由來，則在個人主義的反動；這種反動，在布拉德雷的思想裡，竟至否認個人以及個人暫時的生命與每日的努力之具有任何真正的實在，如同普羅丁只承認個人的實在唯在永恆的睿智中，實際的努力以求模仿永恆的睿智，終屬枉然。絕對主義和誠實地認可個人之行動、之鬥爭、之苦痛的宇宙觀點是不相容的嗎？思辨的思維的要求禁止實際生活的確信嗎？此即美國羅伊士的唯心論試求聯合者。羅伊士（Josiah Royce），一八五五年生，一九一六年歿，其著作有《現代哲學的精神》（*The Spirit of Modern Philosophy*, 1892），《世界與個人》（*The World and the Individual*, 1900-1902）。羅伊士的主旨是一個美國的宗教精神之最特出的觀念：「自由人保持着權利和前進的世界是上帝的世界，同時也是他自己的世界」。一觀念之有實際的價值，則只當這觀念完全是個人化的，且不與其他觀念相似時：概括（generality）是「不全」的記號，絕對的「自我」將具有這種不全的概括，如果他不為個人的偉大真理所表出，各個人自由地造成自己的命運。羅伊士始終是一元論者，因為所有

的思想包含一元論：思維一對象，大體上說，就是具有一對象之意象；那麼，對象是停留在思想之外的；但是思想不是在意象裡，而是在它賦與對象以意義的判斷中，縱則這判斷是疑惑這對象者；這判斷之有價值，則在我們假設一比我們的思想更完全的思想，它擁有對象，且在它裡面，不復有問題或可疑了。除非一自我插入任何思想與任何對象，否則就沒有真理。這絕對自我的生命就是它實現於各殊異的個人之知識；那麼，這種絕對是不完備的。

羅伊士完成了他的祈望嗎？他的祈望或者和他的先驅者及黑格爾的思想不十分相遠，他們都欲理解一豐富的宇宙，如果思想不陷於抽象，不陷於偏激，則能在它的具體的實在證實這豐富的宇宙。此一觀念在一唯心論者哈爾丹爵士（Lord Haldane）的思想中出現了。哈爾丹是英國著名的政治家，曾著《實在之路》（*The Pathway to Reality*），一九〇三年發表。據他看，認識並非此一實體與另一實體的關係，但為基本的實在，只須不由邏輯的概括的認識去理解，而由我們之所感覺者都給與一種意謂就行了。繆爾海德（John Muirhead）先生，伯明翰（Birmingham）大學教授，曾著《現代英國的哲學》（*Contemporary British Philosophy*），一九二四年出版。他接受布拉德雷哲學的原則，但認為布氏的哲學，當其否認有限之分離的實在時，和認為哲學的進步則在探求有限之積極價值的證明時，容易引起批評。培利（J. B. Baillie）先生於一九〇六年發表《經驗之觀念論的構造》

（*The Idealistic Construction of Experience*），當他承認有許多種不能互相歸並的經驗時，他的研究是與繆爾海德的思想相接近；某幾種經驗似乎是全部完成的，如感覺的經驗；另一部分經驗，如科學的經驗值是在增長中，同時，個人亦由科學經驗的增長而增長；個人給這幾多經驗以各種不同的價值，一視它幫助自己完成程度之高下而定之；那麼，趨向統一的努力是造成一偉大的真理之條件。

這種個人的具體性的理論終於與普遍的具體性的理論相對立。約興（Harold Joachim）先生於一九〇六年著《真理的性質》（*The Nature of Truth*），承認如何了解總體的和密結的「絕對」，為維持本身的存在，竟需要我們這樣有限的知識，這是不可能之事，因為我們的知識，是不完全的邏輯的系統化，是由「何」（what）到「這」（that）之不完備的決定，是一旅行者的形容詞（migratory adjective）而已。馬克塔加特（J. M. McTaggart）先生著《存在的本性》（*The Nature of Existence*, 2 vols, 1921-1928）也同樣給黑格爾主義一種個人主義的解釋：照他看，凡唯一的存在是若干自我、自我的若干部分，或自我的若干團集而已；如穆勒和詹姆士一樣，認上帝自身是一有限的存在，其能力亦復有限。馬克塔加特先生之堅持唯心論似乎是方法的意味多於理論的意味：他想從兩個經驗的前提出發：若干事物存在，而且這若干事物是分殊的，由此就能推出實在之一切範疇。何維蓀（George Howison）先生著《進化的限度》（*The Limits* of Evolution, 1901），他之視絕對，與其為一單數的自我，毋寧是自我之一共有性（a community of selves），縱則他安於唯心論者和康德主義者，然已公開地走上多元論了：一切存在歸結到精神的存在，自然之存在僅以其為共有的表象，而自然之為客觀的，則因為它是精神的社會所共有的。精神的社會是為上帝指導下合理的理想所運動，上帝的動作不是效果因（efficient cause）而為目的因（final cause）。這樣的觀念毅然決然地離開了絕對主義的唯心論。這種精神的社會又出現於拉特（G. T. Ladd）先生著的《實在論》（Theory of Reality, 1899）中，而且格羅魏（Galloway）先生著的《宗教哲學》（Philosophy of Religion, 1914）亦認世界為一有統屬的單子的次序。一個類似的哲學和姿態亦出現於美國何京（W. E. Hocking）先生的著作中，他於一九一二年刊行《人類經驗中上帝》（The Meaning of God in Human Experience），一九一八年刊行《人性及其重塑》（Human Nature and Its Remaking）。何京樹立他的社會實在論（social realism）於必然性上，他給與認識的效能，則從「我的精神」和「別人的精神」之關係上立論，精神獨立於自然之外，認識一切事物，且僅由精神，我才能與類似我的精神產生關係。在英國，還有柏令—巴梯（Andrew Seth Pringle-Pattison）先生著《黑格爾主義與人格》、《上帝之理想》二書（Hegelianism and Personality, 1887; The Idea of God, 1917），引起他批評黑格爾主義，則由於個人的獨立性、認識上的二元論、暫時過

程的實在、上帝亦隨時間而演進等，然而他並沒有放棄布拉德雷之經驗的觀念，詳言之，則沒有放棄一種經驗既包括諸事物而又足以解決我們經驗之矛盾者。

所以，在英國和美國，特別在一九〇〇年以後，我們看見唯心論之絕對主義，本由反抗個人主義而產生，現在已超出界限，而趨於解體了。但必須加上一點，則這種主義的崩潰亦由別的理論所施之以壓力，現在新起的學說的中心不復在實在的問題，而趨重人類的價值的問題，總之，哲學的任務已改過來了。

這些新起的學說特重信念，故反對自然主義，同時亦反對絕對主義，在他們的眼光中，這兩種主義均不足取，因為兩者均否認有限存在的價值。無疑的，丁尼生（Alfred Tennyson, 1809-1892）的詩歌所傳播的精神，助滅科學主義的理論，它以非人格的定律代替宗教的上帝的位置。貝爾福（A. J. Balfour）先生，一知名的政治家，曾著《信仰的基礎》（*The Foundations of Belief*, 1895），宣告自然主義的哲學怎樣無能力，它不僅不能說明人類賦與藝術的、道德的、宗教的價值，甚至真理的自身的價值亦不能說明；因為我們的真理的信念所具有之原因，若如自然主義所給與者（如自然淘汰，觀念聯合等），這些原因消滅了與自我相聯的真理之客觀價值。沙爾烈（W. R. Sorley）先生於一八八五年刊行《自然主義道德學》（*On the Ethics of Naturalism*），一九一八年刊行《道德的價值與上帝之理想》（*Moral Values and the Idea of*

God），沙爾烈之所欲者，自然不是絕對，它既構成合理的宇宙的一部分，亦構成我們所具的價值的一部分，甚至可以說，自然乃一種工具，用以發現那些使自我完成的價值。

自然主義使意識與精神從自然界產生出來；這種理論非難者極多，其中最普遍的非難，力反其道而行之，竟從精神的另一端出發，認為自然的力（natural force）即精神或靈魂，此亦大異於批評的唯心論者所主張，這種學說淵源於斯多噶派（Stoics）及普羅丁（Plotinus）；在現代英、美二國，支持此說尚不乏其人。亨東（James Hinton）於一八六二年發表《自然中的生命》（The Life in Nature），他同普羅丁一致，主張物質惰性的確信乃從我們的知覺不完備而來；只需在智能（intellect）的境界重行建立精神的認識之機關，方了解生命充塞於天地之間；惰性的物質觀是從惡習（sin）而來；愛（love）若有缺乏之處，即有物質存在。黎特（Carveth Read）於一九〇五年刊行他的《自然的形而上學》（The Metaphysics of Nature），一九二〇年刊佈他的《人的起源》（The Origin of Man），照他看，連續的原理是泛心論（panpsychism）之真正的論證：如果意識非本來的存在於萬有之中，則意識絕不能產生出來。瓦德（James Ward）先生在《大英百科全書》裡發表那篇有名的辭條「心理學」，極力主張以唯意志論派的心理學（voluntaristic psychology）代替觀念聯合論（associationism）。他曾著《自然主義與不可知主義》和《目的境界》（Naturalism and Agnosticism,

1899; *The Realm of Ends*, 1911）二書。他依據科學之批評的運動，尤其依據傑文斯（Stanley Jevons）的理論，以攻擊自然主義。他宣佈機械論的概念是純粹假定的和方法論性質的：如果我們不接受泛心論，那麼，靈魂與身體的關係的問題是不能解決的；身體的單子（monads）是附屬於中樞的單子，且為中樞的單子所使用，有點像國家的服務被國民使用。這種單子論達到一種有神論，發現上帝是保證單子之溝通及「善」之最後勝利的基石。

II 意大利的唯心論

在意大利黑格爾派的勢力的發展，開始於十九世紀中葉，方此之時，黑格爾派是和意大利之統一與自由的政治運動相連結：國家為全體及最終的目的，個人應附屬於國家。這樣的思想顯然是黑格爾哲學的中心思想。黑格爾著作的譯述和解釋充斥於意大利。那不勒斯的斯巴汪達（Bertrando Spaventa, 1871-1883）可說是傳播黑格爾思想最力一人。時至今日，黑格爾的精神尚為克羅齊先生及詹提勒（Giovanni Gentile）先生所服膺。

「特殊的哲學（Partial Philosophy）是一矛盾的概念，思想之所思者為「全」或「無」，復次，思想若有一限度，則其所有者一限度的思想而已，結果是超出限度。」〔見《實踐的哲學》（*The Philosophy of the Practical*, 1909）法譯本，

二七四頁〕這樣就是黑格爾的公式了，克羅齊用這公式以肯定絕對的唯心論，以反對康德的批評主義。克羅齊先生曾將《百科全書》譯成意文，他看出黑格爾學說極端難懂的部分，則在歷史哲學和自然哲學中；但他認為矛盾的統一，或反對的綜合（synthesis）還是黑格爾的發現，他認為這一發現，好像哥倫布（Columbus）擊破雞蛋之一端而豎立，雖人人所能為，然知為之者還是哥倫布，矛盾的統一因甚可靠：「矛盾並非一幻想，而統一亦非一幻想。矛盾在本身是彼此互相反對，但在統一之下則不互相反對了，因為只有矛盾者之統一或反對者之綜合才是真的和具體的統一。」[3]那麼，克羅齊的哲學顯然是精神哲學，它的發展分作四期或四級而完成，相當於他所著《精神哲學》（*Filosofia dello Spirito*）的四部分：精神開始是個人的直覺或個人的表象，它是美學的對象；其次是普遍的意識及其與個人統一的意識。這兩級構成理論的範圍，與理論的範圍對立者為實踐的領域或意欲的領域：意欲開始是特殊的意欲，此即經濟的活動，願欲和實現人所發現的條件以為生活之資者；其次是普遍的意欲，此即倫理的活動，願欲和實現上述的條件，及超出這些條件的事物。

　　一九〇三年，克羅齊先生創辦的雜誌，名為《批評》（*La Critica*），竭盡全力以傳播黑格爾的政治的實在論於現代的意

3　見《黑格爾哲學活的與死的部分》（*What Is Living and What Is Dead of the Philosophy of Hegel*, 1907），法譯本一九一〇年版，一六頁。

大利。在他著的《實踐的哲學》第三部第三章裡，他宣佈法律如何僅是抽象的概括，不能預見具體的事物，且應當視之為實際決意的單純助手。如同科學理論一樣，在其自身和在其解釋具體事物的功用之外，僅是一些虛擬的概念（pseudo-concepts）。克羅齊新近發表一篇論文〔譯文登在一九三一年《形而上學雜誌》（Revue de Métaphysique, 1931, p.7）〕，依據類似的精神，斥責反歷史主義（antihistoricism），這種抽象的唯理主義，「當它剪斷人類的生命——歷史，以誇耀人類生命的建築物……且使精神的價值唯物化，當它使精神的價值成為超越的，實使精神的價值成為僵硬的死體。」這種具體的（依黑格爾用這字的意義，具體的即普遍的）傾向，引起克羅齊先生對美學、對文學的批評，對歷史編纂學（historiography）作精深而廣博的研究。

與克羅齊先生並駕齊驅者為詹提勒先生，他著《純粹的行為》（The Theory of Mind as Pure Act, 1916），一九二五年譯成法文。他的思想緊附着意大利的傳統精神，認「絕對」為精神之創造的行為，它是內在於一切實相。他是中世紀和文藝復興的哲學史家，意大利哲學家布魯諾（Giordano Bruno）著作的刊行者，他依據歷史的關係提出特有的學說，認為他的學說是歷史的發展。他說：「我們的學說使精神超出一切時間與空間的限制，同樣超出一切外界的條件；我們的學說之視歷史，並不是預定，而是精神活動之具體的和實際的形式，且照這樣以建立精神活動之絕對自由。」他

的學説可用兩原則概括之於下：實在之唯一的概念是它自身的概念；在精神的行為中所有的質料無他，僅活動自身的形式而已。所以哲學並不是沉思默想，而為藉政治的和道德的生活，以參與這種創造的活動。

III 亞茂林（Octave Hamelin）

亞茂林（1856-1907）的學説陳述在他的《表象之主要的元素》（*The Principal Elements of Representation*, 1907; 2d edition, 1925）一書中，他與雷努維爾的批評主義發生關係，即在他的出發點是與雷努維爾相同的。實在説，他的學説就是一範疇表（table of categories）的建立，範疇之最重要者即關係的範疇；範疇表如下：數目的範疇，時間的範疇，空間的範疇，運動的範疇，性質的範疇，交替（alteration）的範疇，規範（specification）的範疇，因果的範疇，人格的範疇，這範疇表盡人皆知是對雷努維爾的範疇表加以反省而來，他顛倒時間與空間範疇的秩序，顛倒運動（在雷氏範疇表中為化生）與性質範疇的順序；他於性質的範疇中加上規範的範疇，於運動的範疇中加上交替的範疇；然此種顛倒與增加毫未改變雷氏範疇表的精神，它從以抽象關係的過程決定對象，過渡到以具體的關係決定主體。復次，每一範疇呈現如一正與一反之合（the synthesis of a thesis and an antithesis），例如亞茂林的範疇表和雷努維爾

的範疇表均視數目為「單一」與「殊多」之「綜合」，而且大體上說，亞茂林對於這些規定是追隨雷努維爾的。最後，這等範疇，亦同雷努維爾的一樣，是表象的元素，且非如黑格爾的思想，視範疇為絕對之界說。

不過，亞茂林還欲解決雷努維爾所曾提出的一個問題：「建立現象間普遍關係的體系，如同建築一大廈，此等普遍關係決定此大廈的主要綫條，故已知的或屬可知的事實在此大廈上全有其顯著的或支持的位置，這就是科學的問題。」（見雷努維爾《批評略論》，第二版，三二三頁）雷努維爾把範疇當作經驗的與件，用去建築這科學的大廈，可是沒有成功；亞茂林企圖運用綜合的方法去建築這個大廈，不讓任何觀念是獨立地存在着，換言之，即運用一類似柏拉圖和黑格爾的辨證法去建立這大廈。

不過我們知道黑格爾的體系和亞茂林所喜愛的雷努維爾派的精神間，有一嚴重的衝突存在着：黑格爾的辨證法完成於「精神」，完成於一普遍的具體，但據亞茂林看，這一普遍的具體非他，乃一亞歷山大學派（Alexandrian）之絕對的「一」，任何個體皆沉沒於「一」之中；據雷努維爾的人格主義，最高的範疇是人格的範疇，亞茂林是完全同意的。那麼，綜合的方法對於這種結論不一定有連帶的關係，實在呢，亞茂林所想建立者：使得亞茂林和黑格爾不同的，則在他對「正」與「反」的關係的看法。據亞茂林的看法，「正」與「反」的關係不是互相排斥之矛盾的名詞的關係，而是對

立的名詞或相關的名詞的關係，這種對立的名詞互相喚起，而且它們不是伸向於否定的神學之虛無，而是伸向於互相補足的肯定，所謂相反相成，即此理也。

站在這種立場上，亞茂林體系最優美的部分即在最後一章裡，他怎樣說明人格自因果與目的之綜合產生，由辯證的運動而完成：人們怎樣理解原因之連續，為一目的所指導，形成亞茂林所稱為一主動的體系（active system），此一主動的體系在自身有其活動的一切條件，結果取得其獨立的條件。但是，此主動的體系顯然是我們所號稱意識的和自由的人格（毋寧是世界，或是宇宙，或是含生的機體），顯然沒有十分被證實。這立場肯定後，亞茂林貢獻我們一種淵源於人格主義的宇宙觀：但這不是由於一新的辯證法的進展，由人類的人格到神的、自由的、創造的、天授的人格；這由於一完善的要求而已；在這裡不復有「必然」了；「實際上人只見思想自行實現，且只能在意志和由意志而自行實現。第一剎那就是精神完成它第一次行為之時；第一原因就是精神第一次造作之因。」我們在表象之低級的和抽象的地方看見「必然」勝利了，但在這裡，「必然」不復有位置了，同時我們看見這種「必然」僅為實在之最表面的狀貌而已 [4]。

4　達本著，〈亞茂林之綜合法〉（ "La méthode synthétique dans l'Essai d'Hamelin" ），登在《形而上學評論》（Revue de Métaphysique），一九二九年一月；及查爾斯・布許（H. ch. Puech），〈關於亞茂林的筆記〉（ "Notes sur O. Hamelin" ），登在《精神雜誌》（L' Esprit），一九二七年。

IV 日爾曼的唯心論

　　倭鏗（R. C. Eucken）的唯心論是一改良者的唯心論；一九〇四年，他刊行《當代知識潮流》(*Intellectual Currents of the Present*)，這是一精神世界之道德的說教雜誌，由行動與沉思啟示我們。我們可以說，自一九一八年起，在德國確有黑格爾主義復興的趨向，一九二八年，國際黑格爾主義協會的創立，一九三〇年在荷蘭舉行第一次大會，即其明證。馬爾克（Siegfried Marck）著《當代哲學的辯證法》(*The Dialectic in Contemporary Philosophy*, 1929-1931) 即研究這種運動；特別是克龍尼（R. Kroner）之新黑格爾派的辯證法，表現在他所著的《自康德到黑格爾》(*From Kant to Hegel*, 1921-1924)，以及《文化哲學概論》(*Prolegomena to the Philosophy of Culture*, 1928) [5]。

V 哥狄耶（Jules de Gaultier）的唯心論

　　哥狄耶於一九〇〇年著《自康德到尼采》(*From Kant to Nietzsche*)，這書名很能表明哥狄耶的唯心論的性質：他的唯心論不似其他唯心論，反對自然主義，企圖恢復人生之價值，他欲證明價值的問題是在純粹的哲學之外的。道德的感

5　荷因里許（Heinrich levy），《德意志哲學中黑格爾主義的復興》(*Die Hegel-Renaissance in der deutschen philosophie*, 1927)。

性和形而上學的感性是兩種完全不同的宇宙觀之出發點；從前者出發，人想像一個宇宙，它有若干勢力影響於我們的行為，影響於我們的命運，影響於我們的幸福；世界被一允許行動和認識的目的支配着；所有哲學幾乎由於這種要求而組成，大體上說，哲學附着一種彌賽亞（Messianic）對幸福無疆的希望。至於從後者出發，則具有「天地不仁以萬物為芻狗」的宇宙觀，這種宇宙觀認真正的實在與主體無關，並認思想為天地間自然湧出的活動而已；任何客體與任何主體只是此無限的實在之表象的方法罷了。包法利主義（Bovarysm）是發現藏在第一種宇宙觀下的幻景（illusions）之學說：「實在必然地看作異於他所顯者，這樣就是它的原則。」〔哥狄耶的著作有：《包法利主義》（*Le Bovarysme*, 1902）；《普遍的虛構》（*La fiction universelle*, 1903）；《道德的依賴和道德的獨立論》（*La dépendance de la morale et l'indépendence des mœurs*, 1907）；《形而上學的感性》（*La sensibilité métaphysique*, 1928）。〕

科學的批評

大約在本書劃分的現代哲學第二時期開始（一八七〇年）之際，許多卓爾不群的思想家認識到實證科學並沒有斯賓塞和泰納所給與那些形而上學的效能和意義。從一八七〇年起，拉許力葉依據康德的《判斷力的批評》一書，宣佈自然律的研究設立目的之原理，如同其設立因果的原理；布特鹿在其《自然律的偶性》中，由科學知識之內在的分析，說明我們從物質，而生命，而意識，則見實在的形式愈進於高級者，決定論愈形鬆弛了。

科學的批評運動則從此時開始，但在十九世紀終結之前後那數十年間，尤足表現這種運動的特性：人們探求科學上使用之基本概念的價值與意義。這種運動有兩種殊異的特性：第一種特性，是屬於專門的範圍；幾何原理的研究產生

了非歐幾里得幾何學（non-Euclidean geometers）純粹專門的研究；這派運動的領袖為一般數學家，如龐加萊（Henri Poincaré），稍後者如康托爾（Cantor），如懷特海德及羅素（Whitehead and Russell）先生，以及一般物理學家，如杜漢（Pierre Duhem, 1861-1916）；第二種特性，是屬於實證科學的本質，它之審證科學原理並不在科學的本身及絕對中去考察，亦不關乎一些最普遍的原理，如同矛盾律或充足理由律，其所欲審證者，則在科學的知識中這等原理所具有之效果的和不可少的作用；人們斷定人只能在這些原理所構造的部分中去審察這些原理；一種完全的科學之推證的理想消滅了，這對於經驗論並無益，但有益於一更複雜的理想。

I 龐加萊（Henri Poincaré）、杜漢（Pierre Duhem）、密納（Gaston Milhaud）

龐加萊生於一八五四年，歿於一九一二年，他是微分方程（differential equations）新的解決方法發明者、天體力學有名的創造者。他研究哲學，則以科學家的態度，探究科學工作實際應用的條件而起。龐加萊最主要的態度，則認為在科學中必須分別何者為實驗的真理、何者為定義、何者為理論，然而普通人士沒有把這幾點分開來。例如，當人說：星體遵循牛頓定律而運行，人常把這事實真理的命題混入其他兩個命題，其一是定義，那就是萬有引力遵循牛頓的定律。

這一命題是不變的和不能檢查的，另一是我們能夠考察的命題，那就是「萬有引力是影響於星球之唯一的力」。龐加萊的批評大部分是在作下列的分析：「舉凡數學的空間，三維的空間（three dimensions），同質（homogeneity），各向同性（isotropy），皆是我們預先訂定的性質，並不是自外界給與我們的；至於機械的力的性質（如作用力與反作用力之永遠相等，以及其他等……）也是一些簡單的定義。」但是，這些肯定和這些定義從哪裡來的呢？這不過是一些簡單公約（simple conventions）而已。從理論方面說，這些公約是完全自由地訂定的，但從實際方面說，我們選取那些最適宜而方便的公約，換言之，即選取那些允許我們用簡單的結構去安排諸現象的公約：龐加萊承認馬赫所立思想經濟的原則，或思想簡易的原則。但是實驗的與件終是獨立於這公約之外的，這是很顯然；至於一種事實的機械的解釋，那就完全是公約的。同樣的道理，我們能證明某一種事實具有無限可能的機械的解釋：但事實終屬有限度，我們的自由即停留在這限度以內。

準此，龐加萊指陳科學家之創意的部分，但他的約定法成論（conventionalism）並沒有判定科學家在這些公約裡獲得實相，它只留在相對的和關係的境域之內而已。但物理學家杜漢所得的結論恰好與此相異。據他著的《物理學的理論，它的對象和它的構造》（*Physical Theory, Its Object and Structure*, 1906）所說，物理學的理論有兩種看法，或者我

們將物理學的理論當做說明實在的法則，如同笛卡爾派的機械論自誇能深入實在；我們由是而構成與實在的形而上學概念有關的理論，且將這種理論引入絕對的討論；或者我們認為物理學的理論當做一簡單實驗的知識之分類的表象和節略的表象，這種表象毫不探索實在；波雅士（Henri Bouasse）先生著《力學的理論》（*Theory of Mechanics*）亦抱這樣的思想去認識物理學的理論之本質：力學找出一些方程式，如是而已，絕不允許我們對於找出這些方程式的理論有所選擇。這點是必須加上的，即物理的經驗在其自身已經包含一理論的說明加在直接的與件上〔在這點，杜漢在一八九四年《科學的問題雜誌》（*Revue des Questions scientifiques*）上發表一文，陳述他所創獲的觀念，後來密納（Milhaud）及勒羅伊（Edouard le Roy）先生復加以發揚而光大〕：物理學家沒有證明一煤氣佔據一定的容積，但證明儀表裡的水銀標出一定的度數：我們憑藉一種抽象概念和假設，方能由水銀所指的度數推得煤氣的容積。杜漢曾著《世界的體系：從柏拉圖到哥白尼之宇宙學說史》（*The System of World: A History of Cosmological Doctrines from Plato to Copernicus*, 5 volumes, 1913-1917）。他在天文學上，觀察物理學的理論史有兩種特殊的概念，一派的概念欲接觸實相，把科學固定在舊習上，逐漸與事實遠離；另一派的概念力反其道而行，無抵抗地服從新的經驗。

　　密納（Gaston Milhaud, 1858-1918），當他未成為哲學

家及科學史家之時，曾教授過數學。他以獨特的見解，說明斯賓塞和泰納的世界觀怎樣不合法地將科學轉變成形而上學；「現代科學定律之所包含者，似乎與自由的事實相矛盾。若按其實際，則科學與自由的衝突不在其定律，而在一先驗的（priori）觀念。根據這先驗的觀念，世間任何事物沒有能逃避決定論者⋯⋯科學的進步絲毫沒有改變決定論的形式，第一個思想家欲以數量的關係連結人所想像最簡單的兩種現象，故以決定論的方式去理解這世界。」〔見《邏輯的確證之界限與條件論》（*Essai sur les conditions et les limites de la certitude logique, 1894*），一四三頁。〕科學決不是外界關係之單純的和消極的登記簿，如培根和孔德所相信者，科學是精神的事蹟，故在它的創造過程中，包含着一些偶然性。密納的著作尚有：《合理論》，一八九八年出版；《實證主義與精神的進步；孔德之批評的研究》，一九〇二年出版（*Le Rationnel, 1898; Le positivism et le progrès de l'esprit; Études critiques sur Auguste Comte, 1902*）。

魏波雅（J. Wilbois）先生在一八九九至一九〇一年《形而上學雜誌》（*Revue de Métaphysique*）上發表的論文，亦以同樣的精神，對穆勒的歸納五法作透徹的批評；歸納法的應用僅包含事實的一種單純的登記而已；譬如勒維耶（Le Verrier）之發現海王星這件事，穆勒認為是由剩餘法發現它的，實際上是理論與計算的結果，完全與剩餘法無關。

II 科學的批評與批評主義

如果科學是精神的事業，人就能提議重用康德的方法而擴大之，用精神指導科學。亞尼更（Arthur Hannequin, 1856-1905）著《原子的假定試評》（*Critical Essay on the Hypothesis of Atoms*）便是這樣做的。如果我們對物質現象一層一層分析下去，最後的結論，即物理學引起我們認識「運動」乃事物的最後論據；然而運動本身包含一完全不能理解的質素——連續，它既設立時間的連續又設立空間的連續；準此，力學不是一純粹可理解的科學，只有一種科學能達到悟性所要求之完全的理解（perfect intelligibility），那就是數的科學或不連續量（discrete quantities）；在運動的科學中，只有一種方法能達到完全的理解，那就是使數的科學透入運動的科學：這就是原子所造就的。亞尼更宣稱力學和化學中必然要有原子論，尤其是在化學中，原子論不能超越經驗之生硬的結論，因為人企圖從原子論推出的定律，如給呂薩克的定律（Gay-Lussac's Law），杜隆和珀蒂（Dulong and Petit）的定律，只是一些近似的定律。

達本尼（A. Darbon）先生著《機械論與唯名論》（*The Mechanical Theory and Nominalism*, 1910）一書亦具同樣的精神。我們不能抱笛卡爾的態度，以為機械論表出事物的真相：由是觀之，必須認機械論為一純粹的虛構（pure fiction），且墮入馬赫或杜漢的唯名論嗎？概率性和歸納法

各種形式的研究，引起我們的相信：「精神有能力自其內部抽出一些指導經驗的觀念」；但這不關乎一些完全鑄造好的觀念，但為一些時時重鑄、時時重估的觀念，足以妥善地說明事實，事實之所知者愈多，則構成的觀念愈正確而豐富，而其說明事實，亦愈妥善；達本尼先生斷定某一觀念與全部事實之一致，給他以最結實的論證，這就是我們的智慧形式所容納的論證。

亞尼更在科學理論一題目所說精神的必然，即費英格（Hans Vaihinger）先生在他《宛若哲學》（*The Philosophy of As If*，一九一一年出版，一九二二年第八版）中所說生命的必然。費英格的學說似是將尼采和柏格森先生依據達爾文主義以說明智慧功能具生物的目的說以及龐加萊的約定法成論合而為一，並竭盡其全力以顯明這種學說的價值。他所企求者，則證明沒有一種理論的思想具有它本身自有其目的和價值者；這學說包含兩種立論，彼此大相徑庭。第一種立論主張思想並沒有把握實相的任務，只有便於我們適應環境的作用而已；思想是一種工具，詳言之，即一允許我們憑藉先見之力，從這一部分的實物向另一部分的實物很安穩地前進的工具。值得注意之點，則這一立論並不與主張思想代表實相之說相反，譬如柏格森先生宣佈理智的範疇縱則是源於生物的，然理智的範疇若欲探求生命的真相，它只有失敗，但當理智的範疇自限於惰性的物質之認識時，則能達到物質之實相。第二種立論，費英格先生主張，他的學說亦主張思想乃

生物的功能，由一些虛構（fiction）所組成；這些虛構允許我們用來適用環境，但它們毫不代表「實相」：唯一的實相即感覺的凝結，而因果律及賦與一定性質的事物只是一些虛構罷了：因為因果律及事物的性質有時是這樣的，有時又不是這樣的，費英格先生即從這種矛盾中，探求其虛構的性質：物理學上的基本概念和數學上的基本概念是互相矛盾的：一個原子，它是廣延的，一個無限小，它可被當作零而消去，這就是一些虛構，因為這是一些不相貫串的概念；在數學裡，也有一些共認的虛構，如同負的數量，那是不合理的或想像的。政治經濟學之研究亦有其虛構，如同經濟人（homo oeconomicus）只為他的利益而動作，對之外的一切均不敏感；如孔狄亞克（Condillac）所作石象之比喻，費希特（Fichte）所謂商業自給的國家，均是一些虛構。這種虛構的概念大異假定的概念，因為假定可由它自身去考核，或由它的結果去驗證，至於虛構則完全則與之相反，它沒有和事實對質，而且這要求沒有一點意義。剩下來的問題，則怎樣證明虛構係在我們的適應環境中而完成；在這一點，費英格的思想表現得不十分清楚，虛構的作用類似乎紙幣的作用；紙幣非常便利貿易，故在商場上佔很重要的位置[1]；故費英格抱這樣的態度去認識萬有，他視經驗「宛若」由事物所組成，視物質「宛若」由原子所組成，視曲綫「宛若」自

1　費英格，《宛若哲學》，二八八頁。

無限小的直線所構成，這樣就可在經驗中發現最便利的指導。至於實相則為鋼鐵，在任何情形之下，均不能使之柔軟；我們必須服從它。

費英格先生不願意人把他的學說和實用主義混在一起；最大的分別則在下列一點：實用主義是一討論真理的學說，承認我們的行動改變事物；而費英格先生不想像不可使之柔軟的事物，比如鋼鐵，但由於虛構之發現，想像思想的可屈性之增長。詹姆士最後還想有一真實的和經驗的宗教；至於費英格先生乃一「平民」，只探求一宗教的神話之真相，而且他相信他的老師郎格（Lange）所說的，人不可能非難—信奉宗教超過帕萊斯特里納的彌撒（a mass by Palestrina）：實證論的唯心論（positivistic idealism），唯心論的超理性論（idealistic irrationalism）。這就是費英格給他的學說的名稱。

III 科學的批評及現代科學的發展

哲學思想在一九一〇年又開始一個新的時代，和上一時期大不相同：二十世紀開始時，哲學的普遍趨勢，則認知理智所創造的建築物，多少有點不結實，遂復歸於直接經驗；龐加萊之約定法成論和柏格森先生之直覺主義（intuitionism）以及詹姆士的實用主義相聯合，顯示智慧或者達不到實相，或者改變了實相。在心理學的演變裡，在法律理論的變換裡，在生物進化的新觀點裡，在二十年來物理

學所遭遇的大革命裡，到處表現同一的精神，雖則這種精神確難於疏解和界定，但它顯然以同一的意義負起我們理智的文化。大體上我們能夠說這種精神是顯示放棄了哲學上由來已久的舊對立，如間斷之與連續對立、外表固定之與演變對立、內省之與客觀的觀察對立、規條之與事實對立；在間斷、固定、內省、規條裡，我們認識了人類理智之觀點，以及人類理智能夠接近實在之條件；在連續、演變、觀察、事實裡，我們發現不可再簡的非理性的名詞。但是間斷或者是實在的一種最深刻的特性，而連續或者是事物所具的表面狀態，浮光掠影的認識；萊布尼茲的名言被現代物理學顛倒過來：「自然由跳躍而開始」。把間斷裝進事物的基質，決不是將經驗的對象裝進精神的範疇，而是拋棄了十九世紀以來任何思想都不免受到影響的康德批評的唯心論；若干年前，我們很難放膽說，物理學家或生物學家所主張間斷的實相，而不補充說這些間斷的實相為精神的建築物，好像加在事物上的形式；當人們震驚於物質與能量的粒子論之巨大的成就時，人們多以為原子論是精神的本性安放在事物上的一種觀點，或者乾脆是一方便的虛構在事物上的一種觀點。

批評的問題能夠這樣宣佈：每一問題的疏解，則決定精神對於事物之必然的觀點。反過來說，每一問題的疏解，不是除去精神對事物的觀點嗎？所有一切僅是觀點而已嗎？物理學上，相對論（the theory of relativity）是這種思想運動一個的著名的代表者，因為相對論的問題能解釋物理學的定

律乃由任何觀察者之特殊的觀點抽象而成立。

實際上愛因斯坦（Einstein）先生的相對論在其體系裡，似乎朝向實在論派的認識論的意味。自從康德以來，人們老是宣稱時間之同質與劃一以及歐幾里得（Euclidean）的空間，物理學家看見事情（event）伸展於時間、看見事情排列於空間，而「時」「空」帶上精神欲求把握着現象之關係而造成的標記：所以我們的宇宙的表象乃自我的設想的以及自事物而來的兩者之混合物；宇宙的表象從屬於觀察者之觀點。我們能夠發現一些時間與空間的概念，以描寫宇宙的事情，這些事情是獨立於一切特殊觀點之外，而存在於自身嗎？這就是愛因斯坦先生所提出的問題。他的理論把希臘幾何學者所造成的「遠」與「近」普通化了，希臘人所發明之幾何的空間，一幾何圖形的性質，是完全獨立於偶然的事實之外，與觀察者所在之遠或近是無關的；或者如柏格森先生在《綿延與同時》（*Durée et simultanéité*, 1922, p.241）所說的一樣：「將引力簡約為慣性，這確是已成的概念的一種淘汰，當已成的概念介在物理學家及其對象，介在精神及事物之構成的關係時，在這點是妨礙物理學成為幾何學」；我們以我們的時間之一刹那加入我們的綿延，那種獨特的方式，則足説明事情之流（course of events）了。

科學的理論家視決定論或為實相的一種特性，或為一精神虛構，或為一方便的公約。這虛構或公約是有成就，但毫不説明實相的基質；而愛丁頓（Arthur S. Eddington）在

他著的《物理世界的本質》（*The Nature of the Physical World, 1929*）一書裡說：「量子論（quantum theory）出現所有的結果，則物理學不再附屬於包含着決定論的定律那一種框式了。自從人設立理論物理學新理論後，決定論沒落了，且人能追問決定論可否恢復它的老位置。」（見該書法譯本二九三頁）在這點，哲學主張恢復科學的主觀的條件之必要；但科學的批評在這點看見一些框式，且只是一些框式而已；科學之實際發展在這點看見一些成見，自從人停止取用粗略陌生的事物及在科學方法的平均結果裡，觀察是不足以矯正這些成見的。

IV 認識論與實證主義

實證主義的中心觀念則拒絕任何哲學之不具科學的內容者。在雷阿培（Abel Rey）先生的思想中尚可發現這中心觀念，他視哲學與實證科學之反省為同一東西。雷阿培站在科學進步諸條件的立場，反對杜漢與渥士特瓦得之唯能論（energetics），而為機械論作辯護。雷氏於一九〇八年著《現代物理學家之物理的理論》（*Theory of Physics Among Contemporary Physicists*），及《認識條件的觀點上之機械論與唯能論》（*Mechanism and Energetics from the Point of View of the Conditions of Knowledge*）：機械論傳統的特性，明白而易曉，喚起新經驗的傾向，凡此皆屬機械論的優點。雷氏在

《現代物理學家之物理的理論》第二版（一九二三年），以及他最近的著作裡，依據一九〇〇年後科學的演進，強調他的思想之實在論的特徵。他說：「世無事理強使我們把原子當作一形而上學的實在。但一切均強令我們認原子為物理化學上實驗給與的關係之緊密的一束」。

培爾（Henri Berr）先生一九一一年開始是歷史綜合所（Synthesis in History）的理論家，曾創辦《歷史的綜合雜誌》（*Revue de synthèse historique*）以宣傳他的主張，即將廣泛的工作作一全體的綜合，由各部門科學家切實合作，以實現這一切科學知識的綜合，此則孔德曾夢想綱羅一切科學而成的實證哲學。在意大利的思想界，我們亦可發現類似這種綜合精神的人，比如利格拿納（Rignano），他於一九〇六年曾創辦《國際科學雜誌》（*Scientia*）。

現在尚有一種認識論和上述那些主張十分不同者，這種認識論乃科學知識條件之分析，由此分析，而與一普通的精神哲學相連結，此即邁耶遜的認識論。

邁耶遜（Émile Meyerson）先生著作等身，一九〇八年發表《同一與實相》（*Identity and Reality*）；一九二一年發表《科學中的說明》（*On Explanation in the Sciences*）；一九二五年發表《相對論演繹》（*Relativistic Deduction*）；一九三一年發表《思想的進步與過程》（*The Progress and Processes of Thought*）。他的認識論由實證主義的駁難而開始；然而他認為實證主義就是法規主義，換言之，即科學的哲學注目於說

明科學知識的關係；不僅孔德是站在此立場，就是馬赫以及唯能論者亦站在此立場，唯能論者反對關於事物的結構的一切理論，它們和二十世紀開始時科學批評運動有密切的關係。邁耶遜以為科學的知識，照它現在已成者而觀之，絲毫沒有證明：科學家為着給現象作一說明以及達到現象之實在的原因而構成一些理論。極端地說，發現某一結果的原因，這就是把原因與結果同一起來，宣告結果不異於原因；因此之故，一切物理學是為守恆與慣性的原理所統率，這等原理刪除紛殊與異質以達到統一與同質，幾乎無微不至；物理學極欲刪除時間，因為時間之一往不復（irreversibility），暗示因果序列之流包含着一種趨向，和物理上因果的同一相反；物理學極欲刪除性質和欲達到物質之單一，故極端的理論，竟使物質化為同質的空間而一。這種同一作用的方法（procedure of identification）是為科學所特有的嗎？絲毫不是，它為常識的方法所固有的。邁耶遜在他最近發表的著作《思想的進步與過程》說明自發的思想是接近科學的思想。至於《相對論演繹》一書，其目的則宣述新近出現的相對論亦遵守這種趨勢，因為相對論是演繹之真正的體系。

復次，思想亦出現一些抗辯，此即卡諾—克勞修斯（Carnot-Clausius Law）的原理，宣佈自某一能量（energy）至另一能量的變形不能任意可逆；還有一些不合理者（irrationals），如感覺的和不可歸納為運動的性質；屬於遠距離的動作與衝突，一樣是不可解的；在科學裡，目的性之

所支配者也是不合理的。

這些抗辯似應引起一些形而上學問題之提出：何處是實在呢？實在是在「同一」這邊呢，還是在殊異這邊呢？抑如柏格森先生之所主張者，有兩種實在，其一是鬆弛的實在，如空間與物質，另一是性質的實在呢？(必須注意，柏格森的學說包含邁耶遜的認識論之一面，因為柏格森先生亦認為物理學的思想之自然的進程，乃將紛殊歸納為同質。) 但邁耶遜先生是純粹的認識論者，力戒研究這些形而上學的問題。但我們的物質與能力守恆的原理至少有一部分與實在相一致，由這點所產生的實在論是與虛構論、利便論、約定法成論距離得很遠，這也是相當真實的。這種實在論就是柏格森先生那種實在論，其發展為實用主義，則不免是錯誤的解釋了；因為據柏格森先生的看法，這確是物質的實在之絕對的特徵，精神在物質與能力守恆的原理中達到這種實在。

哲學的批評

　　我們已經看到，在行動哲學和唯心論中，發生了有利於精神價值的反應，這精神價值在之前幾代人的世界表象中並無立足之地。在這些學說中，特別是在勒羅伊先生的學説中，科學批評已發揮了其主導的作用；在這一章中，我們將談及與科學運動密切相關的學説，尤其是在德國和法國：在德國，我們見證了康德批判的覺醒和價值哲學的誕生；在法國，哲學的批評運動受到了澤維爾・萊昂（Xavier Léon）先生創建的《形而上學與道德雜誌》（*Revue de Métaphysique et de morale*, 1893）的極大幫助，該雜誌彙聚了科學家和哲學家的撰稿；在由萊昂先生發起的國際哲學大會（第一次會議於一九〇〇年在巴黎舉行）上，以及法國哲學學會會議（始自於一九〇一年）上，討論的論文經常得到科學家們，

如朗之萬、佩蘭、丹特克和愛因斯坦（Langevin, Perrin, Le Dantec, Einstein）的支持，促成了長期以來一直分離的科學與哲學密切合作，並使科學與哲學的知識互相接近。

I 馬堡學派（Marburg School）的新康德主義

如我們所見，原始康德主義的全部均衡建立在超越的感性和超越的分析之區別上：如果感性不供給悟性以素材，則理智的作用不能發生；引起唯心的現象學以及現象的不可知的基質的物自身（自在物，the thing itself）的概念，此則感性的與件的要求。對這種二元性的否定構成了「馬堡學派」的本質特徵。對於赫爾曼‧科亨（Hermann Cohen）〔著有《純粹認識的邏輯學》（*System of Philosophy: Logic of Pure Knowledge*, 1902）；《純粹意志的倫理學》（*Ethics of Pure Will*, 1904）；《純粹感受的美學》（*Aesthetics of Pure Feeling*, 1912）〕而言，思想的活動同時也是它的內容，而生產本身就是產品；在科亨的思想中，它首先反對的是費希特（Fichte）。在費希特看來，每一個產品都是生產的中止，以思想活動為對象是一種無法實現的理想。科亨一樣也不承認「形式邏輯的荒謬概念」，這種概念在亞里士多德的著作中源於不幸的邏輯與一般語法的結合。正如畢達哥拉斯和柏拉圖所見，作為邏輯自身對象的思想是「主導科學」的思想，其中思想和現實是基於自然的數學科學。這個思想不是綜合

的，它就像它的條件一樣是假設的，是在它之前的給定；它完全是原創的，它的原理是「起源」，通過思想產生對象，正如科亨認為可以在無窮小中找到它一樣，它是自然科學的一個基本構件；在這個推算中我們可以清楚地看到，思想不是對預先給定一個的簡單構成，而是要生產一個對象。無窮小的量確實可以在其精神的現實中掌握運動、加速度和自然規律；它遠非一種推算技巧，而是擴展和數字之前的真正單位。從而得出邏輯「概念」的真正含義：將概念與觀念混為一談，即與一種表象的元素混為一談，由此產生了整個「浪漫頹廢」；但在康德看來，概念是構成客體的織物的一根綫，而客體本身不過是諸概念的一個織物。哲學的問題是如何把握它，既包括幾何和機械的規定，也包括化學和生物學的對象；因此，與自然哲學相反，科亨哲學的目標是在任何地方驅逐對概念的直接的直覺。

科亨將這種嚴謹的主知說（intellectualism）精神帶入了道德、美學和宗教之中。將道德與科學對立、將應然與實然對立是錯誤的：因為道德的對象並非實際存在，而是一種被義務規定的、純粹的意志的存在。他的審美發現了一種「純粹」的感覺，獨立於任何欲望。他在《宗教原理》（*The Concept of Religion*, 1915）一書中，把宗教從宗教歷史的神秘感中解放出來，從「宗教哲學」中解脫出來，注定將其全部價值賦予個人和內在生命，通過將個人融入人類，使得道德變得完整。這三者的共同概念就是人的概念：道德使人成

為人，藝術使人成為愛的對象，宗教使個人自由。

　　科亨的主知主義（intellectualism）在一八八五年是對保羅・納托普（Paul Natorp）的啟示；納托普從中學到了與佔主導地位的自然主義和經驗主義，尤其是與印象主義作鬥爭的手段，印象主義無可救藥地將理性與經驗、自然與人性、普遍與個人分開。納托普在他的著作《柏拉圖的觀念論，唯心主義導論》（*Plato's Doctrine of Ideas, An Introduction to Idealism*, 1903）中，試圖通過歷史證明主知主義與柏拉圖哲學的親緣關係：思想和存在的統一是他的本質論點；我們在赫拉克利特的邏各斯裡，巴門尼德的太一裡，尤其是在柏拉圖的理型中可以發現它；這絕不是思想和存在之間的綜合；它存在於生命的活動中，自行提出，由研究而獲證明，它所論述的不是關於創造而是關於結構，這是確定無疑的。根據這些原則，納托普著《正確科學的邏輯基礎》（*The Logical Foundations of the Exact Sciences*, 1910），以純粹邏輯的方式建立數學，而不訴諸空間和時間的直覺。他以一種比科亨更生動、更引人注目的方式理解承認一個事實、一個給定的事實、一個未構建的事實的必要性；但有時他認為事實的概念僅意味著它還有待建立，知識已經有了，但未到盡頭；有時，尤其是在心理學中，他承認在柏格森的影響下，這一論點認為知識可以向智力構建的相反方向發展，並從客體返回到純粹的主體：因此，我們的研究將有兩個方向，但永遠不會到達終點：一個是朝向客觀化的方向，將通過對自然法則

的絕對知識來完成；另一個是朝向純粹主體的方向，對主體的要求是「所有具決定的力量的主體，通過客觀化知識實現或將實現自我完成」。在這些條件下，他理所當然地應該考慮反知主義（anti-intellectualistic）哲學提出的反對意見，即認為邏輯派的圖形主義（schematism）是膚淺的，且無法觸及存在。他回答說，真正的邏輯本身承認對立，因為邏輯是生產和從非存在到存在的過程：科亨和納托普的共同思想似乎是賦予微積分以新的意義，給數學分析提供了一個例子，且意義更普遍；這就是納托普如何看待抽象過程中的另一個例子，普羅丁（Plotinus）通過這個例子得出他的最高原則，「行動優於一切被動者」（德文，Sieg der Tat über alles bloss Getan）。

納托普的主知主義實際上以一種與十八世紀末啟蒙運動哲學類似的情況而結束：知識文化傳播的重要性優於用純經濟和物質的手段來解決社會問題。這個認知使他在他的《社會唯心主義》（Socialidealismus, 1920）一書中，對這個學派的論點表示了支持。

恩斯特·卡西爾（Ernst Cassirer）在《現代科學與哲學上的認識問題》（The Problem of Knowledge in Modern Philosophy and Science, 1906）一書中，試圖表明自文藝復興以來哲學的演變趨於始終朝著更清晰地陳述批評問題的方向發展。他還在《實體和功能》（Substance and Function, 1910）一書中，提出了一個數學理論，該理論對馬堡學派的精神方

向有很大的啟發：數學不是一門關於量的科學，而是一門普遍的組合學，它在樣態關係中發現連結的所有可能樣態。最後，他試圖將科亨的建議應用於化學；在他看來，化學現象的能量概念似乎能夠將化學轉化為自然的數學科學。卡西爾在愛因斯坦的相對論中看到了對他唯心論的證實，這證明物理學並不尋求描繪真實，而是分解它研究的某些數值組合中的事件。

　　因此，對於馬堡學派來說，純數據（與件）[1] 的概念是不合理的。正如李伯特（Liebert）在《有效性問題》（*The Problem of Validity*, 1906）一書所指出的：哲學尋求的不是存在，而是它的價值，而這個價值在於不承認任何存在，除非存在作為成員在系統的秩序內。在斯塔姆勒（Stammler）倡導的法律社會學中〔《經濟和權利》和《法律理論》（*Economy and Right*, 1896; *Theory of Jurisprudence*, 1911）〕，法律概念在社會中的一個作用，就像整合所有的事實到一個系統的物理概念一樣；法律是管理所有社會關係的形式或規範，在它帶來的理想狀態下，當每個人被公正對待時，他將自己的目標當作其他人的目標，他和其他人一樣都遵守其中的法則。

1　編者注：前文中譯者詹劍峰先生使用「與件」翻譯 data，後四章中譯者詹季虞先生使用「數據」翻譯，二者對應的外文實為一詞。

II 巴登學派的新康德主義

不是將客觀知識定義為對外部現實的映象，而是通過知識的普遍性和必然性來定義，這是康德批判的一個特點：在真實的知識中引入適於社會和道德規則的價值元素。正因如此，文德爾班（Wilhelm Windelband）先生接受了康德主義〔見文德爾班《前奏》（*Preludes*, 1884）；《哲學導論》（*Introduction to Philosophy*, 1914）〕；表象是那種能被思考的表象，正如善的行動是必須做的，美好的事物是必須令人愉悅的。我們看到道德義務的概念如何在他身上形成所有哲學學科的統一：哲學不是價值的創造者，而是在混亂的經驗中找出價值，此價值作為體系構成通常的意識並體現在人類文化中。因此，文德爾班反對相對主義（relativism），相信絕對價值；但他沒有給出辨別它們的系統方法，而是認為這種通常的意識的存在本身屬個人信仰或思想假設的範疇。

海因里希·李凱爾特（Heinrich Rickert）先生忠於文德爾班的精神；他的唯心主義應被稱為先驗唯心主義，以區別於主觀唯心主義，在真理的規定中，他把邏輯的優先權賦予了價值和應然（Sollen）。一個價值與事實無關（例如，一幅畫的價值與畫家使用的繪畫顏料無關）；它獨立於以它為前提的評估行為；甚至獨立於應然，這應然假設了價值和主體的關係，而這主體將價值視為規範：價值因此成為一個獨立的超越主體和客體的領域。哲學試圖不僅定義價值領域，

還定義事實領域與價值領域兩者之間的關係，也就是説相對一種確定價值而言，物體和事件所具有的含義。李凱爾特和文德爾班都沒有給出確定價值的原則，其確定似乎是隨心所欲的〔李凱爾特《知識的對象》（*The Object of Knowledge*），1892 年；第 6 版，1928 年〕。

我們特別感受到，在發揚文德爾班思想的過程中，李凱爾特處理歷史哲學的方法是有問題的。由於他定義歷史與自然科學完全不同，後者尋求存在的普遍規律，而前者，歷史，則研究個體事物本身，研究的是只發生一次的事件。這種差異與事實本身無關，而是與人們可以掌握同一事實的各個方面有關，例如，牛頓的天文學和康德的宇宙起源論之間就存在自然科學和歷史之間的差異。但從形式上來説，歷史研究的是只發生一次的事件，並不能確切定義歷史的對象；在事件中，歷史學家選擇研究的那些具有價值的事件，更確切地説，選擇研究的往往是那些對「文化」具有價值的事件；因此，這種選擇借用了文化概念的所有價值觀；我們可以看到它的處理是多麼隨意〔李凱爾特《文化研究和自然科學》（*Cultural Studies and Natural Science*, 1899）〕。

我們也可以將恩斯特·特羅爾奇（Ernst Troeltsch, 1865-1923）早期的概念與文德爾班的思想聯繫起來：在他的《基督教的絕對性》（*The Absoluteness of Christianity*, Tübingen, 1901）中，他從先驗理性和內在必然性中尋求對宗教的支持，這種必然性標誌著宗教在人類意識經濟中的必要地位；

在上帝的生命過程中，有一種分離，一方面表現在靈魂的自然和自發的生命中，另一方面表現在，在理性的世界中個性的形成和歷史衝突的呈現上。在《歷史主義及其問題》（*Historicism and Its Problems*, 1921）一書中，他在歷史相對主義和文化價值的關係中看到了歷史哲學的一般性問題；歷史是一個「個體的總體」，例如古希臘文化和日耳曼文化，它們是完全自主的，無法通過先行要素的簡單組合來解釋。歷史的意義不在於把握一系列由因果關係聯繫起來的事件，而是把握使它們充滿活力的生成過程的統一性。

正如我們所見，這種「巴登學派」的康德主義已經放棄了任何推論範疇的希望。布魯諾・鮑赫（Bruno Bauch）先生在《自然法的概念》（*Concerning the Concept of Natural Law*, 1914）一書中指出，不能認為範疇系統本身是封閉的，因為數量一直在增加的自然法則是與經驗相一致的真實範疇。另一方面，隨著價值觀念的出現，在沒有任何先驗演繹的情況下，「理論原因」和實踐原因被置於同一水平，因而導致「理論原因」和實踐原因的觀念均受到極大的修改。鮑赫〔見《倫理》（*Ethics*, 1921）〕想通過「文化價值」體系來完善無條件的道德義務，而康德未能理解其重要性；此外，這些與文化價值有關的「道德義務」產生的後果是顯而易見的；由於文化價值只能通過權力在歷史中實現，因此為它服務的政策可以是且必須是一種武力政策：這是價值絕對主義最後的一個延續。這種專制主義在明斯特貝格（Münsterberg）的

《價值哲學》（*The Philosophy of Values*, 1908）中體現得尤為明顯，他想在鮑赫的價值體系中找到原則；他唯一找到的地方，是在「一個賦予我們存在意義的原初行為中」，「抱著存在一個印象，對於我們的價值不僅僅是印象還是獨立印象的世界的願望，這種原初行為賦予我們存在的意義」。這個說法本身也顯得十分隨意。

III 齊美爾（Georg Simmel）和沃爾克爾特（Johannes Volkelt）的相對主義

與巴登學派的合一的學說截然不同的是喬治‧齊美爾（1858-1918）的有生命力的、包容的相對主義。他最具特色的作品也許是他關於康德（1903）、叔本華和尼采（1906）、歌德（1913）和倫勃朗（1916）的專著。對於齊美爾來說，哲學是一種精神的表達；與科學不同，它是一種對世界的直覺，是哲學家本人和他內在的人性類型的表達：例如，在康德看來，理性主義類型佔主導地位；一切都是注定要被人認知的；他的問題不在於事物，而在於我們對事物的了解。相反地，歌德則追求精神與自然的統一；他收錄了各種在自然界中與精神、精神上與自然之間有密切關係的事實。

精神的類型在這裡表現為選擇的積極因素：它是真正的先驗，心理的先天性的；我們的心理物理學組織只允許對其自身的保護有用的表徵通過；知識不應該被設想為演繹類

型，如同從我們既無法證明，它又證明一切的第一原則出發，而是應該被設想為一個完全自由的過程，其元素相互支持，並相互確定元素們的位置。

齊美爾的《道德科學導論》（Introduction to Moral Science, 1892-1893）顯示了純粹形式原則的空泛；從純粹的道德義務形式中不能推導出任何東西，正如形而上學中的純粹存在形式一樣：道德義務是對與現實相對的某種行為理想的感覺；什麼理想呢？只有經驗才能回答，而且，通過觀察道德史給我們的各種回答，我們將看到，除了通常的形式之外，在對理想的確定過程中出現了不同的心理傾向。這些不同的心理傾向都以各自的方式選擇道德義務：持久的約束產生的道德義務；一種儀式或全部儀式，其目的被遺忘，儀式本身就成為義務；有些人認為要與當前的事態相違背的義務作鬥爭，而另一些人則認為有責任保護它。齊美爾感興趣的是這些道德類型的確定，勝於了解道德類型事實、細節。

齊美爾的思想總是在空泛的先驗和不確定的事實碎片之間游移。正如他的《道德科學導論》可以看作是對某種先驗論的批判，他的《歷史哲學問題》（Problems of the Philosophy of History, 1892；1921 年第四版）證明在歷史中尋求純粹的事實是徒勞的，因此，在歷史中尋求原因和規律也是徒勞的。唯一的歷史事實是思想和感覺；物理原因，氣候或土壤，以及經濟原因只能通過改變心理狀態來起作用。這些感

覺過於多樣和複雜，使我們難以觸及。如何在細節上表現出產生了歷史上馬拉松勝利的精神力量？這些原因只能通過歷史學家的思想和感覺才能達到：歷史學家的思想形式是真正先驗的，他為我們描繪的圖畫與其說是事實的形象，不如說是他的腦子對事實的創造；事實材料只有通過它們接受的信息才能轉化為歷史。

同樣，齊美爾的《社會學》（*Sociology*, 1908）也未研究社會結構本身，即迷失在無數的社會類型中；他所研究的是一些中間類型，其中每一種都像是極其不同的社會的組織核心：社會優越感從何而來？ 什麼是競爭？ 秘密社團的基本特徵是什麼？他認為這些是社會學可以解決的問題。

齊美爾總是謹防懷疑的主觀主義將其形式或類型與個人氣質相混淆。在其最後的著作中，他堅持理想內容或價值的客觀特徵，如邏輯規範或自然規律；但除了價值邏輯規範對被給予物的判斷之外，還有「理想的要求」，它們不僅是氣質的要求，而且構成了一種非個人的秩序：它們不僅是指導著我們的行動的先驗形式；它們想從我們身上得到的也不僅僅是服從，更是我們生命的內在轉變。對於齊美爾來說，善行不是一個行動，而是存在本身。他在《人生哲學》（*Philosophy of Life*, 1918）中宣告的神秘主義（mysticism）得到了發展：否定神學吸引著他；同樣，他試圖展示靈魂的不朽，卻不接受它的實體性；他認為靈魂只是一個功能法

則，在變化不定的完全不同的實在界條件下將保持不變。[2]

然而，約翰內斯・沃爾克爾特（Johannes Volkelt）〔著有《經驗與思考》（*Experience and Thinking*, 1886）；《人類確定性的來源》（*The Sources of Human Certainty*, 1900）；《確定性和真理》（*Certainty and Truth*, 1918）〕指出這種相對主義不是主觀主義。一切真理只以確定性的形式出現，這也正是批判主義的要旨；確定性有幾個：包括純粹經驗的確定性，即形成一種如亂麻般纏結的意識現象的確定性；不在經驗領域被給予的思想必然性的確定性，如因果關係或合法性的確定性；還有超主觀現實的直覺確定性，存在異於我們意識的陌生意識，和存在持續和永恆被規律所連結的事物的確定性，這些事物為相同的人形成一個相同的世界。在這種「超主觀主義」中，沒有理由不引入其他的確定性。以「人生哲學」的名義，沃爾克爾特承認存在一種形而上學和宗教意義上具有直覺特徵的確定性：但這難道不是為了逃避主觀主義的隨意性嗎？直接的數據無法超越主觀；但是，一旦我們想要思考，就會將一個超主觀的最低限度引入到認知行動中，而這確實借力於信念。後來，沃爾克爾特試圖為這種信念提供更精確的解釋：他必須在經驗中引入連接或內聚（德文，Zusammenhang）概念，不同於單純的邏輯一致性。

總之，對於齊美爾來說，哲學是對文化的反思。對歐

2　詹克列維奇（V. Jankelevitch），〈生命哲學家齊美爾〉（ "Simmel philosophe de la vie" ），《形而上學雜誌》（*Revue de Métaphysique*, IV, 1922）。

洲文化價值觀的可靠性產生的懷疑，在世界大戰後，尤其是在德國引發了一場悲觀主義運動，奧斯瓦爾德‧斯賓格勒（Oswald Spengler）在他的《西方的衰落》（*The Decline of the West*, 2 vols., 1920-22）中對此有描述。赫爾曼‧凱瑟林（Hermann Keyserling）看到了西方文化的局限性，他說：「西方著迷於精確，卻幾乎完全忽略了意義。假使它理解了事物的意義，就會幫助意義找出其完美表達，並在事物的本質和現象之間建立完全的和諧」〔《哲學家的旅行日記》（*Travel Journal of a Philosopher*），1919 年法文版，第二卷，374 頁〕。這樣的陳述被正確地解釋為浪漫主義新的匯聚，將所有事物轉化為象徵 [3]。

路德維格‧克拉格斯（Ludwig Klages）〔《意識的本質》（德文，*Vom Wesen des Bewusstseins*；英文，*The Being of Consciousness*, 1921）；《性格學原理》（*Principles of Characterology*，法文版 1930 年）〕在分離靈魂和精神時，也有著同樣的主張。精神（Geist），在世界和意識之外，是外部的絕對，是邪惡的魔鬼，它進入靈魂的生命，試圖遏制自我統一的進化過程，通過訴諸邏輯將其法則強加給世界。通過這種「寄生的智力生活」，原本存在於人類靈魂和意象世界之間的聯繫被打破，這聯繫原本是我們已經失去其意義的神話所解釋的。這些對西方文化的反思與深層次的二元論信仰有

3　歐內斯特‧塞利埃（Ernest Seillière），《德國的新浪漫主義》（*Le neoromantisme en Allemagne*, 3 vols., 1928-31）。

關，從文化的角度來看，這二元論是藉由西方與東方的對立所表達，這二元論也在弗洛伊德的精神分析中找到它的心理學表達：潛意識變成了一種獨立的存在，由一種被壓抑的基本欲望組成，除了在夢境或神話裡，不再出現在意識中，而所謂的夢境或神話一直都是深刻、卻被無視的生命力的象徵。

IV 意大利的新康德主義

在意大利，一八八〇年左右開始得到發展的康德主義是對決定論（determinism）的一種反對。坎托尼（Cantoni, 1840-1906）研究康德並撰寫了長篇巨著〔《康德》，共三卷（E.Kant, 3 vols., 1879-1884）〕，他在康德主義中看到了將精神現實還原到物質世界的答案，而這也正是從進化論所作的一種嘗試解釋。早在一八七八年，巴澤洛蒂（Barzellotti, 1844-1917）就已經在《新康德學派》（The New School of Kant）一書中，讓他的同胞們意識到新康德運動的深遠影響。基亞佩利（A. Chiappelli）認為康德的批判是新唯心主義和精神論一元論的起點。由於哲學是「現實的整體成為一個理想的整體，即一個從屬認識主體和心靈的概念」；應由反自然主義來恢復古典遺產，並為理想目標而保護藝術和宗教，並拯救純機會主義（opportunism）的道德[4]。

4　《哲學雜誌》（Revue philosophique, I, 1909, 233）。

V 霍夫丁（Harald Höffding）的相對主義

丹麥哥本哈根大學教授霍夫丁（1843-1931），在他的所有著作中都支持實證主義和批判主義學說。其所著《心理學綱要》（*Outline of a Psychology*, 1882；法文版，1908），認為在「無靈魂的心理學」和心理物理學的平行論中，存在著科學必需的、有條不紊的預設。在其《道德》（*Ethics*, 1887）一書中，顯示了與休謨的道德觀非常接近的思想，但他區分了道德行為的動機即同情，以及道德判斷中包含的客觀內容或價值。在《宗教哲學》（*The Philosophy of Religion*, 1901）中，他完全區分了作為對世界進行全面解釋的宗教和作為對價值體系存在予以肯定的宗教。在第一種意義上，宗教只會帶來負面結果；在第二種意義上，宗教必須經受批評的檢驗，這檢驗只認為不與現代意識衝突的表達才是令人滿意的。他寫道，「一個哲學家應該時刻注意不要使用神學的表達方式。哲學裡，神學教義對價值等問題作出了解釋。」〔《柏格森的哲學》（*The Bergson's Philosophy*），法文版，1916 年，151 頁〕因此，霍夫丁最擔心的是只帶著批評式謹慎去解釋實相；他不相信形而上學中的直覺，並認為柏格森主義開啟的是一條通往某種藝術感知（沒有任何現實價值）而不是通往高級科學的道路（同上，20 頁）。他在《哲學相對論》（*Philosophical Relativity*，法文版 1924 年）中發展了相對主義，將價值與各種形上學的對立的觀點

區別開來，因此，在各類元素構成的整體中，人們或關注於元素，或關注它們的內部關係，該關係使得整體具備了單個元素所沒有的特性（同上，42頁）。這就是兩種傾向之間的對立，它們可以分別被稱作機械論和活力論、觀念聯合論（associationism）和精神論（spiritualism）、個人主義和社會主義。

VI 法國的精神論（Spiritualism）

力的概念以及力的守恆定律是斯賓塞推導出進化論的中心思想：行動就是事物的本質。但是，阿爾弗雷德·富耶（Alfred Fouillée, 1838-1912）指出，定義為具有行動傾向的力被直接理解為意識事實的普遍特徵：沒有獨立於意志的智慧，沒有一個簡單的已知的觀念，只有一種自發的或反射的、根據這個觀念進行的行動；每一個觀念都已經是一種力量，一種行動的趨勢，如果它沒有找到另一個與之抗爭的觀念，它就會通過行動自己實現。

因此，力的概念可以同時詮釋精神和自然。同時，它允許（這是富耶大量工作的目標）在不脫離實證精神強加的條件的情況下，拯救精神價值的實在，而這精神價值因斯賓塞不合理的應用實證主義而無可挽回地受到損害。以斯賓塞的《自由意志和決定論》（*Liberty and Determinism*, 1872）中討論的自由意志問題為例：一旦我們承認所有觀念都是一

種力，我們也必須承認自由的觀念也是一種力；相信自己是自由的人，與相信自己是被決定的人的行為是不同的。自由的人認為自己可以用替代方案來改變自己：因此他無限期地對自己做出改變，這是一切參與精神生活的事物的特徵。他的《思想力的心理學》（*The Psychology of Ideas as Effective Causes*, 1893）展示了完整的精神生活，尤其是精神的智力生活是如何由意識—行動發展而來的。唯有活躍的意識才將自身假定為存在，並作用於、或與之一起作用於其他存在，以及由意識行使的條件中推導出智力範疇（例如因果關係）。富耶的《思想力的倫理學》（*The Ethics of Ideas as Effective Causes*, 1908）展示了該學說的實際應用，即一個理念的內在力，是具有吸引力和說服力的。因此，在力的概念中，自然和精神是一致的；它成為絕對現實的標誌，並非是斯賓塞想要的根本不可知，而是相對不可知，這足以證明意識不是一種附帶現象。

起源於拉維松（Ravaisson）的精神論實證主義，本質上是一次通過思考其產生而理解精神活動的努力。從 1880 年至今，法國的許多哲學著作都試圖引導對這種精神生產力的反思。

加布里埃爾・塞耶斯（Gabriel Séailles）的《藝術天才》（*Genius in Art*, 1883）在天才的藝術家身上看到了精神的本質。精神比只能感受結果的意識更廣闊：晦澀的作品和靈感的自發性，不僅在藝術作品或科學假設的發明中起作用，而

且在最常見的感知行為中亦起作用（因為我們對世界的感知是靈感的運作），這就是精神或生活；但它不是無序和混亂的生活，而是趨於和諧、智慧和有序的生活；天才的自由在於他所遵循的有活力的法則。精神，就像法蘭西共和國之善一樣，既包含愛的溫暖，也包含清晰的理性。

生活和精神的結合也為查爾斯・杜南（Charles Dunan）所接受〔《普通哲學論文》（*Essays in General Philosophy*, 1898）；《兩種唯心主義》（*Two Idealisms*, 1911）〕。「我們所有的偏好，」他寫道（43 頁），「都是為了一種實驗性的唯心主義……形而上學的目的是在具體現實中思考我們和其他自然界的存在……形而上學是一種具體的體驗，因為它是一種親身體驗……在思想和行動中感受到它所創造的每一個生命中充滿活力和激動人心的自然界本性……沒有身體或精神的眼睛，僅僅因為我們的存在是事物的存在，值得高興地對自己說：在這一點上，我知道我們能知道的一切，我肯定知道嗎？」「一種無法分析的知識，一次神聖的陶醉」，這就是精神生活。

保羅・蘇里奧（Paul Souriau）在《理性之美》（*Rational Beauty*, 1904）中認為美存在於生命的精神化、表達和生活中（沒有什麼比惰性物質更違背精神了）；這種表現主義美學，屬普羅丁和拉維松的傳統，將藝術解釋為一種追求精神的方法。

儒勒・拉格諾（Jules Lagneau, 1851-1894）在《形

而上學雜誌》的文章〈摘錄〉（"Fragments," *Revue de Métaphysique*, 1898）；《追隨者們整理的著作》（*Written Together by the Care of His Disciples*, 1924）；《上帝的存在》（*The Existence of God*, 1923）等著述中進行了反思分析，其模型來自於他的老師拉許力葉（Lachelier），很大程度上也歸功於斯賓塞的反思（法文，méditation）。在我們前面已提到的作者中，精神論如果不完全成功，就會趨向於一種活力論，它在晦澀的和自發的生活形式中看到精神的實在。通過拉格諾，我們回到一種精神方法和一種分析的概念，在固定對象中發現產生它們的精神活動。哲學就是這樣在外部感知中發現精神成就的。這種分析並沒有停留在有限的自我和自我心智上，它到達了普遍的精神；對個體自我的追尋是徒勞的，因為「思考的主體不是一個存在，而是一套原則，即將經驗思維與精神、經驗思維與絕對統一連接到一起的聯繫」。因此，拉格諾的反思不是自私地退縮到自己的內心深處，其達到的理性不僅是一個獨立的原則，更是一個秩序、團結、犧牲的原則。理性是走出自我的力量。這種反思承認「自身的不足以及來自內在絕對行動的必要性」。正是在這一行動中，人們才能與上帝同在。上帝不是外在的力量，而是一種內在的力量，是我們心中的道德良善準則。因此，拉格諾並沒有將自己局限於純粹的反思，他與保羅・德斯賈丁斯（Paul Desjardins）一起創立了道德行動聯盟。埃米爾・查蒂埃（阿蘭）〔Émile Chartier (Alain)〕寫了《拉格諾的回憶》

（*Souvenirs Concernant Lagneau*, 1925），在他的《阿蘭語錄》（*Propos d'Alain*, 1920）和許多文章中汲取了拉格諾的靈感。他的研究指出了這種主知主義（intellectualism），它肯定真理的合理性，並在美麗中看到了智慧的光芒，它認為人們可以在正在製作的作品中，例如，在藝術技巧中，更好地領悟思想。

VII 列昂·布倫施維奇（Léon Brunschvicg）

上面討論的哲學家們的精神論對於那個時期的科學發展而言，是毫不相干的。布倫施維奇，從其第一部作品《判斷方式》（*The Modality of Judgment*, 1894）開始，他就支持拉格諾和拉許力葉的反思方法：「精神不再給自己一個一直放在它面前的固定對象；」他寫道（4頁），「它試圖在它的運動中、活動中抓住自己，實現生氣勃勃的生產，而不是隨後抽象的可以單獨分離出去的產品」。但從積極的方面來看，他主要是在自古希臘人以來在西方形成的科學中尋找這種精神活動〔《數學哲學階段》（*The Stages of Mathematical Philosophy*, 1913）〕。在數學家或哲學家對數學工作的反思中，他發現了兩種截然不同的理知（intelligence）概念：「第一個是亞里士多德和經院意義上的觀念，精神本質的角色是掌握最一般的術語，即使這意味著要竭盡全力把它們圈定在初始定義中。第二個是柏拉圖主義和笛卡爾的主知主義

學說，在這種學說中，觀念是精神的一種行為，轉化為聯繫來表達理解的事實，這就是 τό 理知（τό intelligere）」（537頁）：一方面它是邏輯推理的觀念，智力作用可以被計算機器這種物質機制所取代；另一方面，它是一種並不起源於現成的觀念的活動，而是「以內在的真理構成的觀念」，例如數字觀念的發展，那是利用它而進行的操作的產物。在《人類經驗和物理因果關係》（*Human Experience and Physical Causality*, 1921）中，布倫施維奇用現成的框架和被動的事實記錄，展示了發現定律和歸納機制的無效性，正如穆勒所理解的那樣。相比之下，相對論中純物理學向幾何學的轉變顯示了精神的作用，利用其自身的資源發明了旨在解釋自然的概念。但更廣泛地說，布倫施維奇在《西方哲學意識的進步》（*The Progress of Consciousness in Western Philosophy*, 1927）中展示了這種精神活動：它是自蘇格拉底以來，哲學中有關的精神活動要麼與將概念視為固定事物的哲學作鬥爭，要麼與將精神與生命活動混淆的活力論作鬥爭：道德意識、審美意識與產生科學的智力意識相同，它們與人本主義有關，人本主義不認為精神是所有科學得以永恆實現的超驗現實，而最重要的是人類生產中的活動。如此構想的反思性分析，與人們所理解的內在經驗相去甚遠：《人類經驗和物理因果關係》開篇即提及畢蘭（Maine de Biran）的錯覺，他相信只要簡單地退縮回自我就可以掌握因果關係。事實上，自我認識是大量行動中對精神的認識，包括人類

（homo faber）的生產活動、科學和道德：這就是《自我認識》（*Knowledge of Self*, 1931）這本書的主題。簡而言之，布倫施維奇的精神論意味著與仍然存在於拉維松和拉許力葉思想中的活力論的決定性決裂，它將精神與理知等同起來。

VIII 安德烈·拉蘭德（André Lalande）和唯理主義

斯賓塞的進化論在一八九〇年左右廣泛傳播，是最與精神論對立的學說之一，因其提出了社會機械化概念，作為進化規律的必然結果，其完美性使任何精神活動都變得無用或不可能。拉蘭德先生在《物理和道德科學方法中與進化論對立的分解思想》〔（*The Idea of Dissolution Contrasted with That of Evolution in the Method of the Physical and Moral Sciences*, 1899）；1930 年第 2 版，書名《進化論幻象》（*Evolutionary Illusions*）〕中首先研究了斯賓塞的進化論法則的有效性。進化是從同質到異質、從無差別到有差別的轉變。不僅卡諾—克勞修斯定律表明能量的轉換總是趨向於更加同質的方向上，更重要的是，所有形式的精神活動，包括科學、道德和藝術，都在發展的過程中變成與生活的無序變化相左的同化活動：實證科學使精神相互同化（這就是它的客觀性），使事物彼此趨於同化〔這是邁耶遜（Émile Meyerson）先生的解釋〕，還使事物與思想趨於同化，使之易於理解。我們看到隨著文明的進步，習俗和律法的多樣性正在消失；

而藝術本身似乎則更傾向於個體差異的論點，它只有通過精神交流才能存在，這種交流將它逐漸擴展到全人類。

這種趨於同化尤其適用於標誌社會發展的真實方向：平等趨勢、種姓制度和階級的解體、家庭作為獨立社會單位的退化、男女在法律上和道德上日益平等，最後是國與國的關係的改善。趨於同化不應被視為一種與斯賓塞的進化論的命運（fatum）相反的命運，它實則是自願活動的原則，是衡量理性價值的度量單位；它非但沒有削弱和消滅個體，反而加強了個體的本質。毫無疑問，它反對麥克斯‧施蒂納（Max Stirner, 1806-1856）的個人無政府主義，但是它贊同捍衛所有理性人的共同權利不受團體侵犯的個人主義。拉蘭德在《歸納與實驗理論》（*Theories of Induction and Experimentation*, 1929）中也指出精神普遍性的基本傾向是歸納的真正保證。這些書的結論都是勸說大家朝著精神同化的方向行動。《哲學的技術和批判詞彙》（*Technical and Critical Vocabulary of Philosophy*, 1926），包括拉蘭德寫給哲學學會成員的文章，是統一主知問題的又一嘗試。

在穆勒時代，在實證科學和唯理主義（rationalism）之間、已被論證的經驗主義和專斷的先驗主義之間存在著某種衝突。埃德蒙‧戈布洛特（Edmond Goblot）的所有著作〔《論科學分類》（*Essay on the Classification of the Sciences*, 1898）；《邏輯專論》（*Treatise on Logic*, 1918）；《科學體系》（*The System of the Sciences*, 1922）；《價值判斷邏輯》（*The*

Logic of Value Judgments, 1927）〕都旨在證明，隨著科學的進步，實證和經驗是如何吸收理性的。目前可理解和可演繹的科學，例如數學，只有在積累了經驗法則和歸納真理之後，才能達到這樣的狀態。經驗科學向主知科學轉變是一個普遍規律；通過主知同化實相，這是科學的根本，也是邏輯的根本。這就是為什麼原地踏步的三段論推理沒有給出真正推理的概念；演繹是一種從簡單到複雜的建設性操作，任何數學論證都是由這樣的操作組成的。正如西格特（Christoph von Sigwart, 1830-1904）教授所定義，邏輯是心理學的一部分，通過研究邏輯我們研究精神（spirit），認為它僅涉及知性而不帶任何感情色彩。如果我們為精神重建感知，它就會判斷事物是好的還是壞的，是否與自己的目的相吻合或相對立，並對事物進行價值判斷。這些價值判斷反過來又可以成為邏輯的對象，戈布洛特（Goblot）最新的作品《障礙和水平》（*Barrier and Level*, 1925）研究了這類價值判斷。該書裡的一個謬誤推論是，精神活動的價值依賴於肯定靈魂實體有別於肉體的形而上學〔《價值判斷邏輯》（*The Logic of Value Judgments*, 1927），71 節〕。

保羅・拉皮（Paul Lapie）在《意志的邏輯》（*The Logic of the Will*, 1902）中揭示了唯理主義實用性和道德性的一面。在他看來，意志行為（voluntary acts）取決於對目的和手段的判斷。所有行為都涉及「意志力理性」，它將目的置於大前提裡，手段放在小前提中，將行動放在結論裡。意志

的缺點表現為對未充分了解目的和手段的思想所產生的懷疑，或是表現為正誤差（positive error）。由此可見，道德是一門科學，它終將能夠衡量人的道德價值，並根據價值水平對人進行分類。

帕羅迪（Dominique Parodi）先生在《道德問題和當代思想》（*The Moral Problem and Contemporary Thought*, 1909；第 2 版，1921）一書中，認為人們公認的道德活動的特徵就是理性活動的特徵，並捍衛道德中的唯理主義：首先，只有當產生一個行動的衝動被「屬另一種秩序的事物和被人們不加區別地稱之為意識或理性的事物」接受和承認時，這種行動才是道德的。其次，只有當我們在行動完成的過程中確定，公正的旁觀者不會以不同於我們的方式評判它，且其客觀性屬理性的特徵時，這種行動才是道德的。英勇的犧牲，似乎超越了理性，但只有當它達到理性認為具有普世性和道義性的目的時，它才是道德的。道德行為最後需要對我們的動機進行直率的審視，如果沒有非常理性的抽象行為，這種審視是不可能的〔帕羅迪《問題》（*The Problem*），288 頁起〕。

勒內‧勒森納（René Le Senne）先生是《哲學導論》（*Introduction to Philosophy*, 1925）的作者，受到亞茂林（Hamelin）思想的影響，在另外兩部著作〔《責任》（*Duty*）；《謊言與性格》（*Falsehood and Character*, 1930）〕中闡述了一種道德唯理主義，其中亞茂林綜合方法式的理性觀念發揮了最大的作用。矛盾是道德生活的根源：對於矛盾，自我可

以以懷疑的態度回應；但是道德活動則會憑勇氣作答，這「意味著任何可能的未來都不能隱藏一個不可還原的核心，在其面前，精神只會感到羞恥」。積極思考開始於「將矛盾化解為同一」設定為公理；這種化解是道德意識應該賦予一個具體內容的目標或理想。

IX 弗雷德里克・勞（Frédéric Rauh）

弗雷德里克・勞（1861-1909）先生的學說〔《情感心理學方法論》（*On Method in the Psychology of Feelings*, 1899）；《道德經驗》（*Moral Experience*, 1903）〕為相互對立的科學與意識提供了一種完全不同的解決方案。該學說指出：道德真理確立，和獲得我們贊同的方法，與科學真理確立並獲得贊同的方法沒有差別；從其本性及其要求的思想態度而言，道德確定性和科學確定性沒有什麼不同。在科學上，除了觀念（ideas）與經驗的聯繫證據之外，並無其他證據：這個證據只是相對證據，因為經驗本身總是在增長的。在道德上，表面上看是另一種情景：道德意識賦予我們具有絕對的和確定的特徵的普遍原則，它們在特定情況下的應用只是簡單的邏輯問題。但這只是表面現象，而道德現實則大不相同：每個人都發現自己處於不斷變化和不可預見的的境遇之中，這些境遇是由個人和社會的變化造成的，致使每個時刻都無法與其他時刻相比。一般性概括這些境遇對我們沒有多

大幫助，我們必須擺脫所有理論，在面對事物每一個境遇時採取科學家的客觀態度，在接觸經驗和其它思想後，評判式地檢驗自願為我們所用的各種方法。「從對實相的即時適應中尋找確定性，而不是從抽象的意識形態中推斷它；並且將所有成為觀念原則的事物作為檢驗觀念的手段；將永恆或客觀的真理當作活生生的當代觀念，而不是試圖從真理中獲得行動的規則。對於被經院教條扭曲或限制的人來說，這將是一場革命，一場復興。」〔列昂・布倫施維奇（Léon Brunschvicg），〈弗雷德里克・勞的道德經驗（L' expérience morale chez Rauh）〉，《哲學評論》（*Revue Philosophique*），I（1928），235 頁。〕

實在論

I 盎格魯—撒克遜（Anglo-Saxon）實在論

威爾頓·卡爾（Wildon Carr, 1857-1931）試圖對唯心論進行最廣義的定義，並給出了「知識不是一種外部關係」的原則〔《單子理論：相對性原理的哲學概述》（*A Theory of Monads: Outlines of the Philosophy of the Principle of Relativity*, London, 1922）〕。這是廣義相對論原理的一種形式：物理現實很難完全獨立於經驗條件之外。基於該原則，在英國以喬治·弗雷德里克·斯托特（George Frederick Stout）〔見《思想與物質》（*Mind and Matter*, 1931, p.308-309）〕為代表的批判唯心主義者，認同黑格爾的唯心主義和實用主義（pragmatism）。

　　此外，實用主義和英美黑格爾主義者之間只是朋友之間的爭吵，並沒有阻止他們形成深刻的思想共同體。他們所偏愛的具體事物、抽象事物的非真實性，已達到在事物中實現自我的努力，這既是英美黑格爾主義的又是實用主義的，它所指的不僅僅是真正意義上的科學經驗，更是對內在生命發展的一種直覺。狄金森（Dickinson）寫道：「人，是一種未完成的、充滿各種變化可能性的、正在自我創造的生物⋯⋯他喜歡以神聖的真實事物抗拒惡魔般的真實事物。」[1] 我們將看到，實在論者對兩者都懷有敵意。

　　黑格爾唯心主義者和實用主義者之間純哲學性質的辯論可以歸結為這樣一個問題：「關係是內部的還是外部的？」如果它們是內部的，也就是說，如果一個術語不能獨立於它與其他事物的關係而在其自身中被把握，那麼宇宙就形成了一個單一的、永恆的、不變的整體；這是絕對主義者所支持的。如果它們是外部的，宇宙就只是各個獨立部分的總和，這就是實用主義的多元論（pragmatistic pluralism）理論。當一個術語進入一種關係而不會改變這個術語的性質，該關係是外部的，例如，一個術語到接近、分離或相似的關係中去。然而，在實用主義中，有一種關係隱約地是這一規則的例外，那就是認知關係，即主客體之間的關係，因為他們學說的要點是：知識是對客體的一種修改行為。新實在論可以

1　葉爾（J. Wahl）著的《多元論的哲學》（Les philosophies pluralistes），171 頁。

定義為嚴格接受外部關係理論並將其擴展到認知關係的學說，從而回歸到一種常識性的學說，即被認識這個事實是絲毫不能改變被認識的客體的。根據這一學說，知識的客體可以是非精神的，這不是一種意識狀態；在認知的主體和客體之間，沒有必要假設任何本質上的共同，也不存在任何東西，比如一個觀念或中間的精神狀態，來連接主體和客體：這實則是對直接感知學說的回歸。

但是，由於對外部關係的排他性存在，一些新實在論者得出了與實用主義觀點相似的其他結論：第一種是對一個客體的斷言本身可能是真實的，有別於關於該客體與其他客體之間關係的所有斷言。這就像是反對黑格爾主義的原子論的復興，它認為複雜的存在取決於簡單的存在。第二種是柏拉圖主義的，認為關係是獨立於條件；此外，由於認知關係的外在性，關係作為本質獨立於被了解的事實而存在 [2]。

總的來說，這些都是摩爾（Moore）在《倫理學原則》（*Ethical Principles*, 1903）和〈判斷的本質〉（"The Nature of Judgment"），《精神雜誌》（*Mind*, 1901）以及羅素（Russell）在《數學原理》（*Principles of Mathematics*, 1903）等著作中闡述的思想。在道德領域，摩爾想要證明善是一個客觀存在的終極實體，是可以被感知的，但卻不能被分析；真理也是

2　關於實在論和邏輯之間的聯繫，參考：布倫施維奇（Brunschvicg），《數學哲學的階段》（*Les Étapes de la philosophie mathématique*, pp.370-411）；庫圖拉特（Couturat），《數學的無窮大》（*L'Infini mathématique*, 1896），支持同一種類型的實在論。

如此，它是某些判斷的不可定義的屬性。新實在論與實用主義的最大區別就在於它無法定義真理，只有實在論才認為知識是客體對直覺的直接呈現。因此，判斷的真實性並不在於它與實相（reality）的對應關係中，説一個判斷是正確的，就是説在現有的概念之間存在著某種聯繫，這種聯繫無法被定義，但必須立即被識別。這也意味著實相是由相互關聯的概念組成的。所以，實在論的世界是一個由邏輯實體構成的世界，但這些邏輯實體並不會構成一個系統性的統一體。

羅素先生説：「邏輯已經成為偉大的解放者。」邏輯這個詞可以作為他的作品的一個銘文。他厭惡地拒絕了讓哲學服務於人類利益的想法；哲學需要一種只有通過邏輯論證才能滿足的超然精神。邏輯在某種意義上「解放」了我們，因為它研究著所有可能的領域裡存在的關係：自由的邏輯結構，其中起決定作用的是經驗。羅素方法的一個典型例子是他的外部客體感知理論：他提出，從經驗中不可否認的數據開始，這些數據不是事物，而是不斷變化的感質（qualia），運用邏輯定律來建立永久客體的概念。大眾相信客體存在於一個共同的空間裡，而感質在我們看來是這些客體呈現出來的外觀或外表，它們會隨著我們的看法而改變。但是，對於羅素來説，實相就是這些外表本身，它們不在公共空間裡，而是在我們的私人空間裡構成了我們的私人世界。客體是一個純粹的邏輯結構，它不依賴於感質以外的實體，也不依賴於對任意實相的任何推斷，它是所有可能外表構成的完整

體系。羅素想證明這個體系完全具有常識賦予客體的各種屬性；公共空間是在每個觀察者的私人空間基礎上以邏輯的方式構建而成的。我們可以看到羅素如何用自由的邏輯結構取代了自發的信念，這就是為什麼羅素為共產主義所吸引——從純粹的私人利益出發，在沒有任何共同本能的情況下對社會進行邏輯重建的學說〔見《數學原理》（與懷特海德合著，*Mathematical Principles*, 1910-1913）；《哲學中的科學方法》（*Scientific Method in Philosophy*, 1914，法文版1929年）；《心靈分析》（*An Analysis of Mind*, 1921）；《哲學問題》（*The Problems of Philosophy*, 1912，法文版1923年）〕。

依照嚴格意義上的實在論，我們必須消除一切精神客體：客體始終是非精神的實相。曼徹斯特大學教授塞繆爾・亞歷山大（Samuel Alexander）〔《空間、時間和神》（*Space, Time and Deity*, 1920）〕得出了這一結論，他將精神生活簡化為純粹的意志行為，所有可認識的事物都在客體的一邊。不過，除了作為客體意識（awareness）的沉思知識之外，亞歷山大接受這種對實相直接的佔有，其中主體和客體的二元性消失了，他稱之為享受。因此，記憶不過是對過去事件的沉思，會將一個對象引入精神，重溫過去的經歷。亞歷山大將心智活動的方向視為內在體驗的基本數據，該方向根據客體的內容而變化，就像一束光瞄準要看見的東西。

亞歷山大先生的實在論與羅素先生的實在論有很大的不同，對宇宙的看法與實用主義和絕對主義的相似；然而，

與新實在論一樣，它被剝奪了情感和內在性。他將時空的複合實相作為萬物矩陣，由其確定中推導出各種類別，例如：存在，是對一部分時空的佔領；實體，是一個受輪廓限制的空間，事件在其中接連發生；事物，由運動組合而構成；關係，是事物的時空聯繫；因果關係，是從一個連續事件到另一個連續事件的過渡。所有這些類別，在康德唯心主義者看來，意味著統一空間和時間多樣性的精神行為，對他來説是客觀的確定。更重要的是：在對精神的描述中，他儘可能地將它與神經系統聯繫起來，而神經系統正是確定時空的。我們上面談到的心智活動的方向，對他而言可能只是神經系統作用過程的方向，這方向只能被作為一種全新性質的意識（awareness）行為所阻止。一般來說，質量的順序似乎不可能還原為時空，它們引入了實相層次和進步的概念。宇宙中沒有神，但有神性，有產生更高形式的趨勢，每個更高形式都有較低形式的支持，就像我們的精神由身體支持一樣。[3]

我們還必須區分亞歷山大先生的實在論和沙德沃思・霍奇森（Shadworth H. Hodgson）先生〔《經驗形而上學》（*The Metaphysics of Experience*, 4 vol., 1898）〕及亞當森（R. Adamson）先生〔《現代哲學的發展》（*The Development of Modern Philosophy*, 2 vols., 1903）〕的實在論。根據霍奇森的說法，意識不是一種活動，它本身不能產生外部世界的表

---

3 菲利普・德沃（Philippe Devaux），《亞歷山大的學術體系》（*Le système d'Alexander*, 1929）。

象，這些表象只能在物質中找到它們的存在條件。亞當森反對康德的理論，認為自我意識是精神進化的產物，完全不能作為對客體實相的支持。另外值得注意的是摩爾的文章〔〈駁斥唯心主義〉（"The Refutation of Idealism"），《精神雜誌》（*Mind*, 1903）〕，與亞歷山大一樣，他假設了一個僅屬意識範疇的表現行為與被表現的事物之間的區別。

如果可知事物完全屬客體，那麼意識就是不可知的。我們剛剛看到亞歷山大是如何避開困難的。美國新實在論者的看法則完全不同：如果有心理科學，它只能是身體態度或行為的科學；因此產生了一種既沒有靈魂也沒有意識的心理學，這就是行為主義（behaviorism），正如沒有認識論的形而上學。一九一二年，六位作家合作出版了《新實在論》（*New Realism*），從而使新實在論運動得到公認。其中詹姆士（William James）的前弟子拉爾夫‧巴頓‧佩里（Ralph Barton Perry）〔《當前哲學傾向》（*Present Philosophical Tendencies*, 1912）；《理想的當前衝突》（*The Present Conflict of Ideals*, 1918）〕，從本質上證明意識的無用，存在的只有人類的有機體和它的環境。這些相同的客體是物理事實，並且只在一種條件下可以變成意識事實，就是它們與反應體有著特殊的聯繫時。在特殊的關係中，精神事實只是身體事實而已。

因此，新實在論作為一個整體，尤其是在羅素先生和他的美國門徒眼中，與浪漫主義（romanticism）、生活哲學和連續性哲學完全相反。然而，羅素本人就有邏輯法則

和經驗數據的二元論觀點。該觀點被馬文（Walter Taylor Marvin）先生強化〔《形而上學的第一本書》（*A First Book in Metaphysics*, 1912）〕，成為一種反理知主義（irrationalism），它在單一經驗中發現了一個數據，它反對所有將其置於任何數量可確定的定律之下的努力，結果是任何特定事件都成為最終的邏輯術語。正如葉爾（J. Wahl）[4] 所指出的，在許多方面，這種無法分析的實相難道不是與新實在論的主知論（intellectualistic）分析類型相反嗎？

　　除了上述的新實在論之外，美國也出現了類似的學說，它有實在論的元素，但在賦予精神的角色上有所不同。桑塔亞納（George Santayana）〔參見《實在論的三個證明》（*Three Proofs of Realism*, 1920）；《理性的生活》（*The Life of Reason*, 1905-1906）〕認為機械論是對事物的唯一理性解釋，物質是唯一的因果因素，而意識只是有機體中正在發生的事情的簡單關係，如同身體的內在回聲；但另一方面，他認為意識是價值的唯一來源；理性的任務不僅在於對事物進行機械論的解釋，還在於建立一種理想價值觀的統治，使生活的需要與理想相適應，使理想與自然條件相適應。同樣的意識觀念也存在於完全不同的懷特海德（Alfred North Whitehead）〔《自然的概念》（*The Concept of Nature*, 1920）；《過程與實在》（*Process and Reality*, 1929）；《科學與現代世界》（*Science*

4　葉爾（J. Wahl），《多元論的哲學》（*Les philosophies pluralistes*），231 頁。

and the Modern World, 1925，法文版 1930 年）〕學派的思想中。他認為，感知和情感之間的分離，心理事實和有效因果關係之間的分離，有效因果關係和智能計劃之間的分離，對任何令人滿意的宇宙學來說都是致命的。然而，自笛卡爾以來，幾乎所有的歐洲哲學都存在於這種分離中：笛卡爾發明了思考實體和延展實體分離的概念，其中每一種實體存在都只需要自己，「這就使得不一致成為一種美德」。基於一些確定的原則，這種方法允許使用被錯誤地視為是哲學方法的演繹法。上帝被認為是一個傑出的實相，是一切事物的出處。受印度和中國文化影響的懷特海德先生對這種觀點持相反的看法，他試圖把握通往正發生的實在的方向，而不是用現成的實在作為演繹的出發點。「我採用的原則是，意識以經驗為前提，而不是相反」；事實上，實體作為主觀性，「只不過是宇宙對它的意義，和它自己對宇宙的反應」。在這一點上與柏格森的觀點有些類似，他認為一個有機體應該完全面向這個主體的建構，並從宇宙中選擇要整合到其中的元素。懷特海德從詹姆士 1904 年在文章中闡述的思想〔〈意識存在嗎？〉（"Does 'Consciousness' Exist?"），《哲學，心理學和科學方法雜誌》（*The Journal of Philosophy, Psychology and Scientific Methods*, 1904, pp.477-491）〕出發，認為物質的東西和精神的東西沒有實質性的區別：它們之間只有公共和私人的區別。在創造過程中有一種節奏：從一個由多種事物組成的「公共」宇宙，跳躍到「私人」的個性，這是導向點，

理想的中心，事物為此而協作的目標；然後，又從「私人」個體跳到「客觀化個體的公共性」，在宇宙中作為一個有效的動機發揮作用。懷特海德認為，宇宙的進步，就像有機物和環境的作用理想化的描述，有機物因環境作用而加強，並向環境回饋自己得到的。雖然與懷特海德定義的不同，因為他把它與唯物主義等同起來，由於該思想試圖研究在物質與精神之間的概念結構之下的事物，它無疑是一種實在論 [5]。

　　與自布拉德雷（Bradley）以來的所有英國學說一樣，它基本上是對宇宙的描述。這些學說都是「獅身人面像之謎」的解決方案，不是依照在可知宇宙中尋求對於我們認知條件的表達法，並由此引入現象論的關鍵標準，而是憑藉直達事物的大膽視角，無視認識論的想像力去嘗試解釋事物。

II 德國的實在論：胡塞爾（Edmund Husserl）和雷姆克（Johannes Rehmke）

　　邏輯獨立於心理學嗎？ 時至今日，對這個問題的討論仍在很大程度上影響著德國哲學的發展。「心理學家」通常反對康德主義；在這一節裡，我們將看到反心理學家們通過何種具有轉折意義的運動，使自己進一步成為前者「心理學家」的死敵的。

5　葉爾（J. Wahl），〈懷特海德思辨學說〉（ "La doctrine spéculative de Whitehead" ），《哲學評論》（*Revue philosophique*, V, 1931）。

我們已經知道弗里斯（Jakob Friedrich Fries, 1773-1843）學派對心理學的作用。同樣的，卡爾·斯圖姆夫（Carl Stumpf）〔《心理學和知識論》（*Psychology and the Theory of Knowledge*, 1891）〕從知識論和心理學的孤立中看到康德主義缺陷的根源：如果知識論原本的任務是確定最普遍的知識，那麼根據斯圖姆夫的說法，了解普遍的真理如何成為可能就是心理學的問題。

在具有心理學背景的邏輯學家中，西格特（Christoph von Sigwart）的《邏輯學》（*Logic*, 1873-78）值得一提。他堅持認為邏輯學僅限於研究某些思想行為。對他而言，邏輯學與心理學的不同首先表現在意圖上，邏輯學尋求真實思想和普遍判斷的條件；其次表現在內容上，因為它只考慮其中存在真假的思想領域，即判斷。但西格特對否定判斷的性質的觀點，清楚地表明了他在邏輯上對心理態度的重視。他說：「否定判斷既不具有原創性，也不像肯定判斷那樣具有獨立性；它僅在積極肯定的嘗試失敗時才有意義，並且其主觀特徵表現在人們無法詳盡無遺地去描述一個主體要被否定的方法。如果亞里士多德能將肯定和否定對立起來，就像謂語和主語的結合及分離，那是因為他含蓄地接受了柏拉圖思想的命題，即認為謂語是一個獨立的存在。」同樣的，耶路撒冷（Wilhelm Jerusalem, 1854-1923）先生〔見《判斷函數》（*The Function of Judgment*, 1893）；《批判唯心主義和純邏輯》（*Critical Idealism and Pure Logic*, 1905）〕也只在邏輯中發現

一種真實思想的理論，像研究判斷一樣來研究思想行為。當判斷的傳統形式與實際影響的行為不符時，這行為本質上是在分離中，在一個單一的表徵裡，將作為主語的「著力點」和表述它的事件區分開來（例如：玫瑰散香）。本諾・厄德曼（Benno Erdmann, 1851-1921）在他的《邏輯學》（Logic, 1892）一書中研究邏輯學與心理學的關係時，將語言所表達的思想視為邏輯學的對象，因此也是心理學研究對象的一部分。但是，邏輯學不是心理學的一部分，因為它是一門形式的和規範的科學。反心理學家們從完全不同的角度解釋了邏輯學的獨立性。

反心理學家們的解釋與弗朗茨・布倫塔諾（Franz Brentano, 1838-1917）有關。他是維爾茨堡（Würzbourg）大學的教授，曾是天主教的神學家，力推將思想的邏輯有效性與其心理起源區分開來。他從邏輯中劃分出一種心理認知，旨在發現構成所有心理現象的最終心理要素，就像萊布尼茲所夢想的那樣，使為我們提供現象產生和消失所依據的規律的普遍特徵成為可能 [6]。亞歷克修斯・邁農（Alexius Meinong, 1853-1920）的思想朝著類似的方向發展，在《關於更高階的對象》（Concerning Objects of Higher Classification, 1899）中，他認為任何對象（例如一個圓的方），即使它不

6　〈克勞斯從經驗的角度對布倫塔諾心理學的介紹〉（ "O. Kraus' s Introduction to Brentano' s edition of Psychologie vom empirischen Standpunkt" ），《哲學圖書雜誌》（Philosoph. Bibliothek, 1924, pp.xvii-xciii）。

存在，即使它不可能成為對象，都可以成為科學知識的對象。他的「客體理論」以最大的普遍性來定義自由存在（德文，daseinsfreie）的客體，不管它是否被我們理解，也不管它是否對我們有價值。在對象中，我們可以發現高階對象（例如關係），並由它們來假設低階對象（德文，relata）。

胡塞爾曾任哥廷根大學和弗萊堡（Freiburg）大學的教授，也是布倫塔諾的學生。他是《算術哲學》（*Philosophy of Arithmetic*, 1891）的作者，該書僅出版了第一卷。書中要點是數字符號的發明及運用，它是為了彌補人類思維的直覺缺陷。另一部作品《邏輯研究》（*Logical Investigations*, 1900; 2nd éd., 1913-1921），其中第一卷《純邏輯的導論》（*Prolegomena to Pure Logic*）的內容，除了對心理學的冗長批判之外，還有對邏輯領域的界定；而第二卷《現象學與知識論研究》（*Investigations of Phenomenology and Theory of Knowledge*）僅包含構建純粹的邏輯系統的初步成果。

對心理主義（psychologism）的批判建立在心理規律和邏輯規律對立的基礎上，前者是經驗性的、模糊的，僅限於可能性和對事實的觀察，後者則是精確的、確定的和規範的。胡塞爾從未停止對這種對立關係的思考，並且一直以其作為自己著作的中心。《形式與先驗邏輯》（*Formal and Transcendental Logic*, 1929）一書 137 頁表現了他思想的最後狀態：要將邏輯形式從與其密不可分的心理事件中抽離出來並不容易。概念、判斷、推理被看作是心理事件，

邏輯是心理學的一個分支：但心理主義的根基是感性自然主義（sensualistic naturalism），是洛克（Locke）和休謨（Hume）的反柏拉圖主義。我們只能在感性的印象中看到直接數據，而唯一能夠解釋邏輯形式的只有遵循心理規律的因果關係，例如習慣性的聯想。言下之意是，唯一的給定是可感知的（sensible）事物，理想或不真實的事物則是無法給定的。作為對象（德文，Gegenstand）的獨立性標準是什麼？是在意識中的多重顯現時保持數字上的同一性（上書第138 頁）：例如，這個數字同一性可被用來證明畢達哥拉斯（Pythagorean）定理的全部邏輯關係像可感知的事物一樣。胡塞爾先生的思想，既反對康德，也反對經驗主義者，從其本質來講就是客體的概念，涵蓋的範圍比單純的可感知的客體要廣闊得多。

胡塞爾在這裡使用了布倫塔諾已經提出過的意向性（intentionality）概念。認知中有什麼是主觀的，有什麼是真正的心理的？方向指向客體，應用也落在客體身上，布倫塔諾用經院哲學詞匯稱之為意向（intention）：所有意向指向的事物就是對象（德文，Gegenstand）。在這個問題上，導致錯誤的是對證據的誤解和狹隘：它被認為是真理的標準，給了我們絕對不犯錯誤的保證；事實上，它指的是「對某種事物的意向性或意識的一般形式，在這種意向性或形式中，被意識到的對象是有意識的，即被自己理解並被自己看到」。有多少種類的事物，就有多少種類的經驗和證據。外

部經驗就是一種具體的證據，因為這是自然對象被自己擁有的唯一方式。還有一種經驗，或者說是理想或不真實的對象的證據，其中每一個對象無論經歷了多少次試驗都在數字同一性上保持不變：對象的超驗性只不過是這種同一性。對馬林或費英格的哲學來說，這種同一性只是一種虛構，只是心理學的一種形式，荒謬的是他們看不到這「虛構」的同一性有自己的證據。

這種反心理主義代表了一種將哲學思想帶回到休謨哲學和批評主義的極端努力：這種嘗試雖然與樸素的實在論有關，但又因其非現實客觀性理論而與前者有著深刻的不同。

胡塞爾所理解的純邏輯界定與傳統的形式邏輯大不相同，他稱其為科學學說（德文，Wissenschaftslehre），是理論的理論，最後稱為普世數學（mathesis universalis）：其目的是確定在所有理論科學中均存在的本質；而其必要性，根據胡塞爾在《算術哲學》一書中已做的評述（很可能是他所有哲學思想背後的推動力），則立足於精神的缺陷。頭腦只在極少數情況下表現出對事實的立即了解，因此只能被用作循環論證。該學說研究所有用於證明的元素：新命題中命題的析取、聯繫，或假設的關係；描述對象的範疇：客觀性、統一性、多元性、數量、關係等；基於這些範疇的法則研究，例如三段論；純數論；最後是包括數學群論在內的各種理論。粗略地說，胡塞爾的學說在傳統邏輯學基礎上，接納了萊布尼茲主義裡的精神。

　　但在著手構建這一邏輯之前，胡塞爾認為定義他所謂的現象學（phenomenology）至關重要。這個詞，在傳統詞彙中，指的是哲學的初級部分，是在研究現實本身之前，尋求了解現實在意識中的表現方式：黑格爾的「精神現象學」概括了人了解精神所經過的不同階段。在胡塞爾的《邏輯研究》中，現象學是對使我們了解邏輯對象的思想行為的純粹心理學描述（不試圖解釋或說明起源）；我們了解邏輯對象的思想行為後用有意義的詞語來表述這些對象。什麼是表述？什麼是有意義？這就是一個現象學問題。遺傳心理學極大地藉助聯想（associations）來解決這些問題。對胡塞爾來說，表述是一個詞語固有的特質，這就解釋了人為什麼用詞語來思考事物。它不用依賴於任意和可變的聯想，含義或意義是相當固定的，例如數字 1 的意義；因此它就是一個真實的對象，正是這個對象是純邏輯的思考對象。純邏輯研究種類和關係，在它看來，「普遍意義」（如動物的或紅色的普遍意義）與個體意義（如凱撒的個體意義）同等存在。

　　胡塞爾定義的現象學的另一個問題是：思考的行為（德文，Denken）是什麼？我們已經看到，思想是一種意向性（intentional）的行為，是一種朝著某物的指向。但是，即便某物是同一個，「意向」卻可以不同，它可以被純粹的思想所思考，可以被代表、被肯定，因而呈現諸多意向的「特質」。此外，即使只用純粹的思想，一個相同的對象也可以用不同思想的組合來描述，例如，同一個對象可以解釋為等

角或等邊的。認知必須與思想區分開來，胡塞爾將其描述為「意向的實現（德文，Erfüllung）」。當思想的對象就是它本身在意識中的那樣時，認知可以是完美的，比如數字；而外在感知中的認知是不完美的，因為對象只能從某種感知被理解。

　　以這種方式解釋的現象學呈現出一種既是哲學家同時又是數學家者所具有的特點，笛卡爾就是這樣的哲學家和數學家：這是一種對原理的分塊處理，以作為理想數據的方式使其相互補充，其間數學家從不尋求這些原理的統一，而是首先列出所有進行推理所需要的必要和充分的原理。但胡塞爾的邏輯中從未說這樣的研究是先決條件。在《哲學與現象學研究年鑒》第一卷的文章〈思想：純粹現象學概論〉（"Ideas: General Introduction to Pure Phenomenology", vol. 1, *Jahrbuch für Philosophie und phänomenologische Forschung*, 1913）中，他把現象學作為基礎的哲學科學，使哲學躋身於像數學一樣的精確科學之列，這就意味著，不像人們在十七或十八世紀理解的那樣，它不必採取從單一原理出發的演繹形式，而是以數學家的方法研究其原理，如同研究理想的和固定的、並置的、獨立於經驗的東西一樣，而無需憂慮其起源。現象學，也稱為本質科學或本相（eidetic）科學，旨在提供發現這些東西的方法；其原理是簡單地找出最初提供和被給予直覺的事物。世界上最樸素和最習慣性的直覺，以混合的形式，送給我們大量的事件及固定的東西，它們時

隱時現，但始終保持不變：例如，藍色、紅色、聲音、判斷
行為等。這不同於通過組合和聯合形成的一般或抽象觀念，
而是柏拉圖觀念中不變的本質，它們是一種特殊的直覺，即
本質的直覺（德文，Wesensschau）。這種直覺是先驗的和獨
立於經驗的，唯有通過現象學分析才能把直覺和經驗分離。
在胡塞爾的思想中，現象學分析幾乎處於柏拉圖辯證法的地
位，其基本過程包括排除在外（德文，Ausschaltung）和置
放於括號中。一個典型的例子是思想或意向性的本質，它是
通過將對象排除在認知之外，而只保留朝向對象的方向而獲
得的；但是，被排除在外和要「放在括號中」的東西，反過
來可以通過相反方向的排除法從現象學上進行分析。很明
顯，我們開始進行現象學分析時所使用的數據是具體的，但
並不一定是真實的；具體的虛構可以識別出與現實相同的本
質。哲學〔這是胡塞爾先生在他的《笛卡爾沉思》（*Cartesian
Meditations*, 1929）中闡述的、與笛卡爾思想相似的思想〕
必須暫時將所有給出的事物「置放於括號中」，不僅是物理
現實，還有數學本質，以形成對意識本質及其不同模式的直
覺（明意識和暗意識，通過符號、圖像或純思想等進行）[7]。

　　〈思想：純粹現象學概論〉一文也是他尚未寫成的「哲
學」的前言。胡塞爾的最後一本書《形式邏輯和先驗邏輯》
（*Formal and Transcendental Logic*, 1929）回到他《邏輯研究》

7　列維納斯（E. Lévinas），〈論胡塞爾的思想〉（ "Sur les Ideen de Husserl" ），《哲
　　學評論》（*Revue philosophique*, III, 1929）。

中討論的邏輯劃界問題，但運用了一種全新的觀點，並在其中恢復了康德主義所摒棄的形式本體論。這觀點要點如下：傳統數學分析也好，引入集合、排列和組合概念的現代數學也好，都與一般意義上的對象或客體有關，它們教會了我們使用所有可以想像的演繹形式（群、組合、級數、整數和分數），使我們能夠發現新的屬性。因此，數學是一種形式本體論。另一方面，亞里士多德的邏輯學看起來像是一門論證科學，唯一的主題判斷是主語和謂語；它不是關於對象的理論，而是簡明的命題理論。毫無疑問，我們可以將形式邏輯視為一種代數演算，並且可以像布爾（Boole）一樣，將算術演算當作邏輯演算的一個特例，而這並不妨礙邏輯仍然是關於事物的命題或陳述的理論。在胡塞爾看來，必須減少這種對立，所有客體的形式，如聯繫、關係、集合等，都以判斷的形式出現，例如，邏輯之中把複數多主詞判斷（其主語是複數形式）轉變為謂語表現一系列動作的判斷，這種操作導出了與數學一樣的客體概念。因此，形式邏輯就像數學一樣，是一種對象理論。與康德的觀念相反，胡塞爾認為形式邏輯已經是先驗的，所以像先驗邏輯一樣需要批判，即基於邏輯本質認知主觀條件的現象學分析的批判。

胡塞爾先生首先是一位數學家和邏輯學家，但其學說精神卻能夠滲透、並且事實上已經滲透到哲學思想的每一個領域。心理學、倫理學、宗教哲學，這些學科幾乎在整個十九世紀裡支配著思想的起源、緩慢形成、從複雜轉為簡單

等觀念，似乎都特別不利於胡塞爾學說的發展。然而，科隆（Cologne）大學教授馬克斯‧舍勒（Max Scheler, 1874-1928）受到了現象學的啟發，對胡塞爾學說做出了獨創性的貢獻。道德和宗教價值似乎更依賴於情感或歷史進程，它們非常好地包含了不同的判斷方法，從人的觀點出發可能有其必要性，但與存在無關。舍勒通過表現形式的多樣化，在價值中發現了數字身份的這種表現形式，這對胡塞爾而言是客體和本質的標記。愉悅、神聖是跟聲音、顏色一樣的品質，無論它們所依附的主題如何不同，它們都將呈現出完全一樣的樣子。因此，價值是一種獨立於精神主體和欲望的存在，它完全不受起源的影響；只有感知價值的能力是唯一能夠變化的。舍勒的價值觀念更接近文德爾班的新康德主義而不是自然主義。在這種條件下，舍勒提出的價值分類，表現出了胡塞爾的本質直覺（德文，Wesensschau）的那種劃定特徵。感官的價值（愉悅與不悅）、生命價值（高貴和庸俗）、精神價值（知識、藝術、法律）、宗教或神聖價值，他所區分的這四種價值之間既無聯繫也無共同原則〔《形式主義倫理學和物質價值倫理學》（*Formalism in Ethics and Ethics of Material Values*, 1913-1916）；《價值的革命》（*Revolution of Values*, 1919）〕。

根據康德的說法，道德先驗論要求形式主義，因為如果道德依賴於對善的認知，則意志的自由就得不到保證。舍勒以其先驗的價值理論，相信自己可以創建一種質料道德先

驗論。人們會記得，康德的形式主義以公設的名義要求宗教依賴道德。但是，舍勒的質料道德先驗論並不要求宗教依賴道德。一般來說，現象學對宗教有利。自文藝復興以來哲學反對宗教的主要論點是它打破了精神和知識的統一，只有當其保持理性或自然時，宗教才能在知識體系中找到自己的位置；但作為一種積極的宗教，要麼依賴於傳統，要麼依賴於神秘的直覺，所以它仍然處於知識體系的邊緣。毫無疑問，就人們所能判斷的時代而言，二十世紀將使我們看到笛卡爾通過科學統一性思想所表達的對知識的熱愛在減弱。減弱的結果是崩潰的開始，它擺脫了對被譴責為膚淺的一元論的對統一性的理性需求。現象學中對本質的分離就是一個例子，它的出發點是對數學方法的要求（進行證明必不可少的各出發點的獨立性），但它很快就離開自己出生的數學領域，成為另一種給予各學科平等權利的學說的基礎，例如倫理學、美學和宗教哲學，它們各自都依賴於一種清晰且不能還原的本質直覺。

對於信奉天主教的舍勒而言，宗教哲學不是分析和還原的心理學，而是對某些表現在原始的、不可還原的宗教體驗中的本質直覺。根據舍勒的說法，沒有真正的宗教進化，因為宗教從直覺得到的基本本質是神聖的本質，這神聖的本質無論應用於有限的存在還是無限的存在，它都保持不變。基於直覺的信仰是唯一的信仰，例如，基督教信仰是從上帝通過基督的直覺開始的。我們通過對宗教的分析發現的本

質，如同它被給定的樣子，是神聖的本質，即在神聖中具有
絕對價值的存在；神聖的啟示的形式，宗教行為，是人通過
啟示得到絕對價值的主觀準備。這些價值不能被還原為其他
東西，也不可還原為道德價值，儘管舍勒承認並不可能將道
德態度與宗教態度分開。舍勒對世界的看法被他的宗教信仰
所支配；世界，從最初的墮落開始，自然而然地朝著逐漸衰
落的方向發展；在這個物理學相對論已經證明是有限的世界
中，能量退化定律向我們展示了能量在質量上的衰減；歷史
的演進呈現於僅僅服從經濟需要的社會趨向中；世上實實
在在存在著一種與上帝對抗的撒旦力量〔《人的永恆》（*The
Eternal in Man*, 1921）〕。

　　舍勒的傾向被鮮明的綫條所分割、分裂，如同印象主義
畫派一樣。這種傾向也體現在他的心理學中，他接受五個
截然不同的領域作為直接和直觀的數據：外部世界、內心世
界、身體、他人的意識、神性。我們只能通過「感官」的媒
介來感知現實，而「感官」只會讓目前對生活有用的東西進
入意識。從這個角度來看，內在的感覺與外在的感覺處境相
同，與外在的感覺一樣有自己的幻象，因為它只能了解內心
狀態的一部分。

　　弗萊堡（Freiburg）大學教授馬丁・海德格爾（Martin
Heidegger）先生，他最初的作品都與經院哲學有關，直到
一九二九年都發表在胡塞爾自一九一九年起編輯的《哲學
與現象學研究年鑒》上〔《存在與時間》（*Being and Time*,

1927）；《存在的基礎》（*The Ground of Being*, 1929）〕。他思考的基礎是某些基本情感，這些情感不依附於這個或那個特定對象，而是依附於普遍存在及其形式：不安、焦慮、痛苦、親近、無聊、孤獨、驚訝、尷尬。正是這樣的感覺揭示了世界的本質。如果簡要闡述他的觀點，可以從他的反笛卡爾主義開始：笛卡爾通過有條不紊的懷疑否定世界的存在，從而確定了世界的本質（由被思考的事物抽象而來）以及被思考事物的本質。這種實體的二元論使他完全遠離了經院本體論。然而，他的沒有世界的主題是虛構的；給定的東西，即存在，就是在世存有（德文，Sein-in-der Welt）。這不僅是一個處理我們周圍的外部事物的問題，而且是一個存在於存在的整體中的感覺的問題：「如果我們真的從來沒有從自身並以絕對的方式掌握存在的整體，至少，可以肯定我們發現自己處於這個存在中間，其整體性正以某種方式向我們展示……可能看起來在我們一致的行動中，我們專心於這個或那個存在；此外，日常生活看似零碎，但它在整體中保持了存在的凝聚力，雖然隱藏在黑暗中，但它是真實的。這種情況下，我們並沒有特別專注於整體性向我們顯露的事物或我們自己，例如，當無聊普遍而深切時……極度的無聊，像悄無聲息的迷霧一樣延伸到存在的深淵，在普遍未區分狀態下奇怪地混淆了事物，混淆了人和我們自己。這種無聊揭

示了存在的整體。」[8] 焦慮（Angst）是同樣的情況，這種感覺與恐懼非常不同，因為它沒有具體的對象，並且它的對象是作為一個整體來感受的，它向我們揭示了存在的虛無。在焦慮中使我們煩惱的是熟悉感和陌生感的消失，以及隨之而來的事物的消散。

根本的哲學問題，是作為存在或存在者的存在，只能通過擺脫了存在整體感的文化，來擺脫我們為避免偶像而為自己塑造的偶像。「每個人都習慣於卑躬屈膝地拯救自己的偶像」，例如，我們保證神聖的絕對存在，或者更簡單地說，我們聯繫熟悉的感覺到我們參與的事物 [9]。

尼古拉·哈特曼（Nicolai Hartmann）的著作〔《知識形而上學的基本特徵》（*Basic Features of a Metaphysic of Knowledge*），1921 年，第 2 版 1925 年〕與先前的趨勢相同。事實上，他認為知識的問題包含了存在的問題，不處理存在的問題就處理不了知識的問題，但是二者並不會產生混淆。客體的存在不會歸結為主體的客體；被稱為知識的關係是獨立於這種關係而存在的存在者之間的關係；知識論必然從存在論開始；甚至當它純粹是批判的時候，它也含蓄地斷言，存在與知識有關。在這裡他沒有解決方案，但在對問題

8　海德格爾，〈什麼是形而上學？〉（ "Qu' est-ce que la métaphysique?" ），《評論雜誌》（*dans la revue Bifur*），法文譯本，1931 年 6 月，15 頁。

9　古爾維奇（G. Gurvitch），《德國哲學的當前趨勢》（*Les tendances actuelles de la philosophie allemande, 1930*）；列維納斯（E. Lévinas），《胡塞爾現象學中的直覺理論》（*La théorie de l'intuition dans la phénoménologie de Husserl*, 1931）。

的立場中，我們看到了他對實在論的肯定。

約翰內斯·雷姆克（Johannes Rehmke）的學說〔《哲學，基本的科學》（*Philosophy as the Primary Science*, 1910）〕與現象學截然不同，儘管它認為意識以外的實證論的想法毫無意義，但是它依然帶有一些實在論的色彩。雷姆克認為自己已經證明，一方面的泛神論，另一方面的心理學和現象論，都是錯誤的。與其他事物發生作用的事物才是真實的；作用和反作用都只在個體與個體之間發生，沒有任何事物對自己起作用；為一個個體行動，就是為另一個個體改變的條件。因此，普遍的現實，例如泛神論的神，是一種難以理解的表達。另一方面，意識和身體是完全不同的個體，身體——意識的統一永遠不會形成一個個體；因此，人不是一個個體，而是兩個個體行動的統一體。由此我們看到他迴避了將一切都歸結為意識的現象主義。他的整個學說看起來是對柏拉圖《卡爾米德篇》（*Charmides*）中古老的絕境（aporia）概念的發展：沒有個體對自己起作用。這是對所有內在行動的否定。

III 新托馬斯主義（neo-Thomism）的實在論

托馬斯主義自教皇一八七九年通諭《永生之父》（*Aeterni Patris*）以來已成為天主教會的官方哲學，現象學家通常被它的實在論和它反對笛卡爾和康德哲學的思想而吸引，而

他們之中許多人也是天主教出身。耶穌會教團（Society of Jesus）的神父埃里希·普茲瓦拉（Erich Przywara）在《康德研究》（Kantstudien）哲學雜誌（第三十三卷，73 頁）中，概括了天主教哲學運動的歷史，列出了三種流派：道明會（Dominican）的純托馬斯主義；對中世紀托馬斯主義哲學作為獨立哲學的誕生所做的研究〔繼承了弗朗茨·埃勒（Franz Ehrle）、馬丁·格拉布曼（Martin Grabmann）、威廉·鮑姆克（Wilhelm Bäumker）和艾蒂安·亨利·吉爾森（Étienne Henri Gilson）等人的歷史研究結果〕；最後是創造性的新經院哲學（neo-Scholasticism），它追隨了幾種不同的流派。普茲瓦拉將其劃分為兩種：基督教形而上學和新托馬斯主義。基督教形而上學研究神學認為可以解決的哲學問題：真理、外部世界的存在、靈魂的本質，以康斯坦丁·古特貝萊特（Constantin Gutberlet）、梅西耶紅衣主教（Désiré-Joseph Mercier）、約瑟夫·蓋瑟（Joseph Geyser）和阿戈斯蒂諾·傑梅利（Agostino Gemelli）為其代表。普茲瓦拉認為基督教形而上學與新托馬斯主義完全不同，可以稱之為新莫利納主義（neo-molinism），因為它的兩個基本命題是：一、「對單一事物的理解先於對普遍事物的理解」，這是「批判實在論」的基礎，與相信在單一的事物中理解本質的托馬斯主義的「樸素實在論」相反；二、「個體注重形式的理性」，這導致了形而上學建立在具體事物之上而非第一原則之上。

對於這種帶有亞里士多德派色彩的新莫利納主義，普

茲瓦拉希望把它和法國的新托馬斯主義區分開來，法國新托馬斯主義的代表人物是安東尼·沙提蘭格斯（Antonin Sertillanges）神父和雷金納德·加里古—拉格朗日（Réginald Garrigou-Lagrange）神父，他們受了柏格森思想的影響。一方面，法國的新托馬斯主義承認理解存在的形而上學優先於科學，即一般理解（拉丁文，intellectus universalium）和深入理解（拉丁文，intellectus quidditatum）優先於個體理解（拉丁文，intellectus singularium）和分解式、組件式理解（拉丁文，intellectus dividens et componens）；另一方面，它認為自然是一個動態的存在，一個從不會被實現本質的變化過程。這種本質與存在的區別與新莫利納主義的理性區分正相反。約瑟夫·馬歇爾（Joseph Maréchal）神父的《形而上學起點》（*The Point of Departure of Metaphysics*）修改了康德的觀點，使新托馬斯主義變得更加完整，他還試圖革新康德的批判主義而不陷入不可知論之中。

以下是對在當代思想中佔有重要地位的新托馬斯主義運動的最新觀點之一：我們看到它的多樣化和多樣性，但它的實在論與我們在本章中討論的各種學說相類似。

新托馬斯主義的主知實在論既反對康德的唯心主義，亦反對現象主義，也反對柏格森的活力論實在論。對於活力論實在論，雅克·馬里丹（Jacques Maritain）在《柏格森哲學》（*Bergsonian Philosophy*, 1914）裡寫道：「柏格森先生，用直覺代替知性，用持續時間、變化或純粹的變化代替存在，消

滅了事物的存在，並破壞了同一性原則」（149 頁）。一個實相的行動，不斷隨著它的演變而成長並在演變的過程中進行自我創造，它遵循的是與矛盾原則直接相對立的規律。如果相同的事物可以孕育其他的事物，如果一個生命體可以給予比它擁有的更多的東西，如果運動不需要移動物體或移動力，那是因為充分理由和實質的原則不準確。總體而言，反對者認為柏格森主義的論點與托馬斯主義採用的亞里士多德偉大原則相反，該原則構成了其主知主義的基礎：即實際存在先於潛在存在。

馬歇爾神父明確定義了托馬斯實在論相對於康德唯心主義的立場〔《形而上學起點》（*The Point of Departure of Metaphysics*, 5 books, Louvain, 1923-26）〕。在對從古代到康德的知識批判學說進行詳細的歷史研究後，馬歇爾神父從兩個論點的互相依存中看到了康德主義的本質：對知識直覺的否定，對本體知識的否定，如果這種知識完全取決於智力直覺。馬歇爾神父並沒有用證明知識直覺的存在來反對康德，但他不相信對康德的否定會導致對本體知識的否定。在《實踐理性批判》中，康德本人指出，本體（物自體）、上帝、自由生命體都獲得了客體價值，成為運用實踐理性的條件。「假設人們可以證明實踐理性的公設，⋯⋯ 至少是神聖的絕對存在 ⋯⋯，也是認識能力得到最基本運用的可能性的條件，⋯⋯ 那麼，這些公設的客體實相將建立在屬思辨領域的必要性基礎之上，但不會使用智力直覺。」（第三卷，

237 頁）只要我們不再承認康德對現象和本體（物自體）的割裂，這是有可能的，我們可以做到這一點，而不必為此去贊同聲稱可以直接掌握可理解事物的柏拉圖主義，因為托馬斯主義給了我們一條中間道路：我們的概念不會超出感性的實質，但它們有一個「意指元素」，其客體可間接表示，並包含了與絕對存在的本體論關係。通過這個元素，給與我們的受制約的實相意味著成為絕對的實相。「康德的批判只能證明在內在客體只是一個綜合的和形式化的現象單位的情況下，人們希望通過分析推導出形而上學是徒勞的。」但實際上，在人類智慧的適度水平上，還有一絲神聖知識的痕跡；它出現在對我們行動成果的預知中，出現在激活我們理解性智能的先驗性中。有一種動力將智慧帶向絕對，這就是智慧的存在。現代唯心主義的全部錯誤來自於中世紀末期知識在生命力或活力方面與意識方面之間的「不幸分離」。

由此而知，新托馬斯主義與現代哲學的關係是一種「必要的不容忍」關係，因為新托馬斯主義是試金石（《形而上學起點》第四冊，462 頁）。然而，經院哲學並沒有忽視人類對真理表達的無限可完善性，保持「慷慨地歡迎對人類思想的不斷豐富」，確切地說它只採用它可以同化的外來元素。

新托馬斯主義包含了探討哲學歷史的精確論點，因此，它對中世紀哲學史的研究相當重要，本章中，我們已按照時間順序指出了其中的主要部分。

法國的社會學和哲學

　　在一本最近出版的著作（《昨天和今天的社會學家》
（*Sociologists of Yesterday and Today*, 1931, p.34）中，喬治・
戴維（Georges Davy）指出大約從一八五〇年到現在，法
國社會學呈現出四個方向：其一，從聖西門和孔德到涂爾
幹（Durkheim）所研究的方向；其二，以社會改革，尤其
是以社會科學的名義，由弗雷德里克・勒普累（Frédéric Le
Play）和保羅・布赫（Paul Bureau）作為代表人物的方向，
還有亨利・德・圖維爾（Henri de Tourville）和埃德蒙・德莫
林斯（Edmond Demolins）；其三，阿爾弗雷德・埃斯皮納
斯（Alfred Espinas）的源自斯賓塞的有機論；最後是加布里
埃爾・塔德（Gabriel Tarde）代表的研究方向。在此，我們
將提供有關以上不同社會學方向的綱要，將足以表明它們可

以影響哲學思想史。

由弗雷德里克·勒普累撰寫的《法國的社會改革》（*Social Reform in France*, 1864），旨在通過使用新的社會學觀察的方法（method of observation of Le Play），結束法國大革命所導致的社會不穩定。與現存的社會學原理相反，勒普累觀察各種經驗，包括大工業家的經驗，通過觀察外國人所獲得的經驗，其制度（如英國的制度）來自於遠古習俗的國家的經驗。由此（八十九頁），以使文明與宗教信仰的弱化並行的哲學理性主義為對象，他選擇了進步最明顯、且信仰最堅定的俄國、英國和美國的經驗來進行對比。這正是保羅·布赫在《新時代的道德危機》（*Moral Crisis of the New Age*, 10th edition, 1908）中提出的論點。宗教情感的社會正當性構成了這本書的基礎：「將我們與一個卓越而無限的存在聯繫起來的親密、深刻和真實的關係感……，可以單獨對我們施加必要的壓力，以建立一種真正對團體利益有益的內在紀律」。在這裡，經驗是第一個也是最後一個詞；因此這個支持盎格魯—撒克遜人優越性（德莫林斯的書的標題）的學派，是有點實用主義的。

加布里埃爾·塔德的所有作品〔《模仿法則》（*The Laws of Imitation*, 1890）；《社會邏輯》（*Social Logic*, 1893）；《普遍的反對》（*Universal Opposition*, 1897）；《社會法》（*Social Laws*, 1898）〕旨在將所有社會事實簡化為模仿現象，其中一個行為、一種想法或一種感覺往往會從一個人傳遞給另一

個人。模仿的出發點是發明，它本質上是個人的而非社會性的事實：這些發明是在宗教和語言的社會現象中的個人行動，通常模糊地歸因於某些定義不清的集體力量，從根本上來說是非常新的原則。按照這個原則，出於習慣，人們很難從僅有協調而無模仿的相互關聯（比如經濟關聯）中看到基本社會事實。建立在最完美的相互依賴關係上的社會不就是動物群落，即劣等社會嗎？法律形式建立了一種優越的社會紐帶，因為它的基礎是習俗和法律領域的模仿。找出在所有真實情況下模仿是如何自我表現和自我修正的，這正是社會學家的工作目標。社會模仿本身可能只是全部實相基本特徵的一個方面；重複現象實際上是物理學和生物學研究的基本現象，例如：連續而重複的振動；遺傳行為。循環重複成為一個普遍的範疇。

埃斯皮納斯（1844-1922）在以下段落中清晰地表達了有機論：「對於我們和所有進化自然主義者來說，器官和個體屬同一系列，它們之間的差異僅僅是純粹偶然的程度差異……否則我們將無法理解所有器官如何趨於統一、如何個體化，而由於它們所屬的有機體的複雜性和相互依賴性，器官們無法試圖與整體分離。」[1] 正是對動物社會，特別是對動物群落的研究，導致埃斯皮納斯得出以下結論〔《動物社會》（*Animal Societies*, 1877）〕：有機體中的器官就是人在

1　《哲學雜誌》（*Revue philosophique*, 1882, I, p.599），引用喬治‧戴維《昨天和今天的社會學家》（*Sociologues d'hier et d'aujourd'hui*, p.33）。

社會中的位置；人、動物社會、人類社會都是同一個屬的物種，即有機體；一個人，如同細胞的集合體，就是一個社會。動物群落和動物社會的形成是為了滿足簡單的基本生命需求，而人類社會的基礎是良知和同情，埃斯皮納斯的目標就是研究不同時期的各種組織形式。

埃米爾‧涂爾幹（Émile Durkheim, 1858-1917）的目標首先是建立一種實證社會學，他將孔德力圖發現人類進化的一般規律的夢想擱置一旁，摒棄一切歷史哲學和關於社會本質的一般理論，試圖通過一般的觀察和歸納方法，發現將某些社會現象與其他社會現象聯繫起來的規律，例如自殺、分工和人口增長。涂爾幹理所應當地抱怨說，他被批評像其他科學家一樣，將臨時定義或研究準則當作社會學的一般理論，例如，如果他用對違反規則進行的制裁來定義道德行為，這並不是說他發現了道德的解釋或道德的本質，而僅僅是一種認識道德的手段。

然而，涂爾幹的社會學走上了提出和解決哲學問題的道路，而令我們感興趣的正是研究他如何將哲學問題轉化為社會學問題。涂爾幹對「當前道德觀念的混亂」、「我們正經歷的危機」非常敏感，尋找補救措施也許一直是主導他研究的動機。一八八〇年左右，這場危機的表現形式之一是科學與意識、經驗主義與相對主義之間的敵意，這似乎導致了功利主義道德和個人幻想的產生；另一方面，也導致了源自非個人的和絕對的正義的理性和道德要求的出現。涂爾幹學說

的目標是完全滿足科學方法要求的，同時確保理性和先驗方法帶來的所有好處。理性主義的「先驗」在每一個地方都被涂爾幹的「社會」所取代。事實上，相對於個體而言，社會具有的屬性與哲學賦予理性的屬性非常相似：它相對永久，而個體則會消逝；一方面它對個體來說是超然的，因為社會規則或意見是強加給他們的，而不是他們創造的；另一方面它又是內在的，因為它只能存在於我們之中並通過我們而存在，只有它才能使我們成為真正的人類、文明的存在，和所有高級心理功能的基礎。不過，這個對我們來說就像理性對個人一樣存在，同時也是經驗和科學的對象；有條不紊的經驗使我們能夠在其他社會現象中找出某些社會現象的原因並得出實證規律。對社會中的個人來說，這是絕對的和先驗的社會規則，在社會學家眼裡是相對於某種社會結構的結果；對這個社會規則的尊重並不妨礙它成為科學的對象。例如，涂爾幹認為參照原始社會情況，已經證明禁止亂倫由異族通婚規則派生而來，即禁止與任何本氏族女性結婚的規則；此外，他將這一禁令與某些關於血緣的信仰聯繫起來。這樣，該道德規則就與其原始社會基礎相關聯，同時也解釋了圍繞這一規則而產生的眾多情感，特別是將我們與家庭聯繫在一起的情感的規律性和堅固性，與不受這些規則約束、完全屬個人和個人之間的愛與激情之間的對比。在這些規則產生的諸多原因中，所謂的「道德意識」還沒顯現出來，個人對亂倫的反感既神聖又不可理解。

要使這種態度成為可能，我們必須承認「一旦融入道德習俗，規則就會持續存在，比其原因還要長久」。我們的行為源於社會偏見，今天覺得這些偏見很荒謬，但在消失之前，是它們產生了約束我們的行為方式。難道我們不能像反對休謨、反對所有尋求主知或道德先天論的自然起源的人那樣來反對涂爾幹嗎？賦予他們動機，難道不是在消除他們的神聖性的同時打碎他們、褻瀆他們嗎？難道天平不是向相對主義傾斜的嗎？涂爾幹為什麼做出了一個難以與前面的各種主張相調和的回答？他說：「社會學的一個基本假設是人類制度不能建立在錯誤和謊言的基礎之上，否則它就不可能持續下去。如果它不是建立在事物的本質上，它就無法克服在事物中遇到的阻力。」因此，規則的永久性不像休謨或斯賓塞認為的那樣是個人或遺傳習慣的結果，而是對其進行真理的檢驗，這是波納德（Louis de Bonald）的原則。奇怪的是，涂爾幹從這個原則得出的結論是，並不存在「因與其他虛假的宗教相對立而真實的」宗教，「一切宗教都以自己的方式而成為真實」。因此，過去人們曾在所有宗教中發現一種獨一無二的原始宗教的形式或變形。

通過這個回答，我們可以看出涂爾幹在多大程度上遠離了孔德，後者將社會統一歸結於形式錯誤，而這些錯誤隨著知識進步而逐漸消除。涂爾幹熱衷於對特殊問題的解決方法，不知道有這種知識進步，也沒有將實證科學體系作為社會學的基礎。社會對他來說至少在形式上是一個不變的因

素，始終是法律、道德、宗教、知識規則的源泉，這些規則
在任何時候都是正確的，因為它們有社會作為它們的本原，
作為它們的對象。每一個個體意識所能達到的社會意識的
「集體表徵」都是非常不完美的，這些「集體表徵」從來不
僅僅涉及產生它們的社會。宗教裡的眾神是具有神聖性質的
社會本身；載有各種特點（左和右，幸運和不幸的日子等）
的集體表徵，其內核是信仰和積極的社會活動，真理即由此
而來。

在社會上，事實與理想是混淆的；由於有了社會學，理
想似乎具有了事實的價值。但理想有時與事實相分離，存
在社會偏差、社會不正常現象，比如自殺，因此，人們可以
設想有從不正常的道德良心到矯正的道德良心的訴求。真正
的集體表徵不一定是共同表徵；像蘇格拉底這樣的天才個
體，可能是他那個時代唯一具有真正道德的人。社會和個人
意識之間存在差距，這種差距可以增加到從個人意識中抹去
真正的集體表徵的程度。由此衍生出社會學的實踐和改革，
它以某種方式使壞的構成的社會走向好的構成的社會，其最
終目標是加強個人的社會意識。這就是為什麼涂爾幹以合
乎邏輯的方式提出在適合現代生活的條件下恢復合作社群
（Communion）。個人與社會的交流不能由國家建立，因為
國家太宏大太遙遠，也不能由我們這個時代的一夫一妻制小
家庭建立，因為家庭太狹隘了；但是合作社群可以形成一個
與個人意識相稱的社會主體，比如像聖言會（Society of the

Divine Word）一樣的組織。〔涂爾幹的主要著作有：《社會分工論》（*The Division of Labor in Society*, 1893）；《社會學方法的規則》（*The Rules of Sociological Method*, 1895）；《自殺論》（*Suicide*, 1897）；《宗教生活的基本形式》（*The Elementary Forms of Religious Life*, 1912）；《德育》（*Moral Education*, 1925）。〕

一八九六年，涂爾幹創辦了《社會學年刊》（*L'Année sociologique*，一八九六到一九一三年出版；一九二五年新系列），把按他的方法研究社會學各個專業領域的論文集中在一起發表。宗教社會學是以亨利・休伯特（Henri Hubert）和馬塞爾・毛斯（Marcel Mauss）〔《關於犧牲的性質和功能的論文》（*Essay on the Nature and Function of Sacrifice*, 1897-98）；《魔法通論綱要》（*Outline of a General Theory of Magic*, 1902-1903）〕為代表的。保羅・福孔內（Paul Fauconnet）〔《責任》（*Responsibility*, 1920）〕和喬治・戴維（Georges Davy）〔《宣誓證詞》（*Sworn Testimony*, 1922）；《法律，唯心論和經驗》（*Law, Idealism and Experience*, 1923）；《社會學要素》（*Elements of Sociology*, vol. I, 1924）〕則研究法律社會學。莫里斯・哈布瓦克斯（Maurice Halbwachs）〔《工人階級和生活標準》（*Working Class and Living Standards*, 1912）；《記憶的社會框架》（*Social Frameworks of Memory*, 1925）；《自殺的原因》（*The Causes of Suicide*, 1930）〕處理一般性質的社會事實。所有這些研究都較多受到與涂爾幹相同的方法而

不相同的學說的啟發。

查爾斯‧拉洛（Charles Lalo）的美學研究基於涂爾幹社會學解釋的方法〔《當代實驗美學》（*Contemporary Experimental Aesthetics*, 1908）；《美學情感》（*Aesthetic Feelings*, 1910）；《社會中的藝術和生活》（*Art and Life in Society*, 1920）〕。他想將從社會學的角度進行解釋的這種方法擴展到藝術領域，但直到現在，除了從民族學的發現解釋原始藝術之外，幾乎並未得到應用。

加斯頓‧理查德（Gaston Richard）〔《法律理念的起源》（*The Origin of the Idea of Law*, 1892）；《自然和歷史中的進化理念》（*The Idea of Evolution in Nature and History*, 1902）；《普通社會學和社會學定律》（*General Sociology and Sociological Laws*, 1912）〕反而對涂爾幹方法持一種批判的態度；他試圖建立一種一般的社會學，以區別於涂爾幹想將該方法濃縮成為一個簡單的社會科學詞典；他在源自費希特的社會形式理論中找到了統一性，這個理論闡述了由人與人之間自然關係產生的社會事實如何從屬共同體，共同體代表了理想的目的、法律、宗教等。

塞萊斯坦‧布格勒（Célestin Bouglé）〔《平等主義思想》（*Egalitarian Ideas*, 1899）；《關於種姓制度的論文》（*Essays on the Caste System*, 1908）〕在涂爾幹認可的社會學解釋中只觀察到一個全面解釋的時機；平等主義思想的發展與人口密度的增加有關，這是社會學規律；這種關係產生的原

因，我們可以從因社會集中而出現的心理變化中找到它們；因此，我們看到的是從簡單的同時的發生現象過渡到可理解的關係。在《價值觀進化的社會學課程》（*Teachings of Sociology concerning the Evolution of Values*, 1922）中，布格勒主張從集體表徵來解釋知識、道德或美學價值觀的起源；他力圖證明，這些價值觀理想的和精神層面的特徵與這種起源並不矛盾。

在《倫理與道德科學》（*Ethics and Moral Science*, 1903）一書中，呂西安·列維—布留爾（Lucien Lévy-Bruhl）從社會學的角度出發，否認有任何類似於哲學家所理解的理論道德，即基於相同人性而形成的一個和諧的整體的行為規則的科學；相反，有一種已定的道德準則可以被科學作為事實加以研究。這門科學即倫理科學，如果足夠先進，可以與一門理性的藝術聯繫起來，藝術對倫理科學的作用就如同醫學對於生物學的作用一樣。阿爾伯特·巴耶特（Albert Bayet）的著作《自殺與倫理》（*Suicide and Ethics*, 1922）和《高盧人的倫理》（*The Ethics of the Gauls*, 1927-31）就專門研究了這門倫理科學。

如果行為標準或道德規則與社會的確定狀態有關，在評述普遍的心態，特別是知識的指導原則時，是否就不能說經驗主義的或唯心主義的哲學都認為它們不隨時間而變化、且對普遍的人類理性具有建設性意義呢？這就是列維—布留爾通過對原始心態知識原理的研究來尋求解決方案的問題，

也正如民族學所知道的那樣〔見列維—布留爾《下層社會的心理功能》(Mental Functions of Lower Societies, 1910)；《原始心態》(Primitive Mentality, 1922)；《原始靈魂》(The Primitive Soul, 1927)；《原始心態中的超自然與自然》(The Supernatural and Nature in the Primitive Mentality, 1931)〕。大多數民族學家接受原始人和文明人的心理功能完全相同的觀點，認為這些功能在我們的時代產生了科學，在他們的時代產生了神話。然而，通過研究，我們發現這些功能設定了定義明確，精確而有序的概念，要混同兩者是不可能的。原始人基本不會依靠定義明確的概念（在邏輯上被包含或排除在外的）進行思考，而是以對我們來說最奇怪的方式，藉助相互融合的圖像來思考，因為他們不知道我們的矛盾原則；在他們宣稱相似的存在之間，經驗往往無法揭示兩者之間的任何相似之處；從某種參與的意義上講它們是相似的，但這是一個沒有任何邏輯分析的最終事實。這種前邏輯分析的思想是對超自然信仰的唯一解釋，這種信仰認為物體具有能夠產生幸福或不幸以及宗教恐懼的神秘力量，如果人類不恪守針對神秘力量的傳統行為規則，就可能面臨社會秩序的混亂。

涂爾幹的社會學首創了關於整個社會的知識、法律和道德標準。此外，儘管存在許多差異，它與萊昂·杜吉特(Léon Duguit)等法學家的法律客觀理論並非沒有聯繫〔見杜吉特的《公共法的變革》(Transformations of Public Law,

2nd., 1927）〕。杜吉特將社會比作一個巨大的協作車間，在這裡每個人都有自己的工作要完成，由這個協作車間的社會構成本身發展出社會的法律規範 [2]。

古斯塔夫‧貝洛特（Gustave Belot）在他的《積極道德研究》（*Studies in Positive Ethics*, 2nd, 1921）中，認為這樣一種道德必須兼具合理性和現實性，並通過其現實性與社會學密切相關。「從現實來看，道德應該是……每個團體強加給其成員的一套規則」。貝洛特向社會學要求問題的所有資料，但他認為社會學不能滿足理性的要求（對主體的審慎接受），因為理性完全是另一個範疇的東西。

社會學提出的哲學問題其實是要了解心理功能在多大程度上成為社會功能或一組集體表徵。對此，丹尼爾‧埃塞捷（Daniel Essertier）在《較低形式的解釋》（*The Inferior Forms of Explanation*, 1927）一書中，通過將心理進化從社會進化抽離出來，提出了與理性的種族起源論相對應的論點；儘管有集體意識，理性的誕生似乎已經發生，並且是反對總是處於較低階段的集體意識的。

2　參見喬治‧戴維從涂爾幹角度對這個概念和相關概念的闡述和批判，喬治‧戴維，〈法律思想的演變〉（ "The evolution of contemporary legal thought" ），《形而上學雜誌》（*Revue de Métaphysique*, 1921）；喬治‧戴維，《法律，唯心論和經驗》（*Law, Idealism and Experience*, 1923）。

心理學與哲學

　　心理學在早期被普遍認為是一門獨立於哲學之外的科學。《哲學雜誌》（*Revue philosophique*, 1876）的創始人塞奧杜勒·里博特（Théodule Ribot, 1830-1916），在《當代英國心理學》（*Contemporary English Psychology*, 1870）中確認了這種獨立性。但最近心理學經歷了相當大的轉變，在某些方面更接近哲學。在這裡，我們只能簡短地描述其變化的歷史，而一些主要的學術思想亦會被提及。

　　總體而言，心理學傾向於強調心理生活的一般方面，如思想、行為、行為舉止、和控制現象等。它不是將意識分解成原子、感覺、圖像，然後將它們組合在一起，而是研究未分割的總體。

　　弗雷德里克·波朗（Frédéric Paulhan）在其眾多著作

中（其中最後的作品更像出自於倫理學家而不是心理學家之手），都強調了精神生活的普遍特徵：系統聯想和將精神元素集結在一起的內在目的性〔《心理活動和精神元素》（*Mental Activity and the Elements*, 1889）；《性格的錯覺》（*Illusions of Character*, 1905）；《世界的錯覺》（*The Illusion of the World*, 1921）〕。在他的《心理自動論》（*Psychological Automatism*, 1889）中，皮埃爾・珍妮特（Pierre Janet）先生使用了精神綜合的概念來解釋精神的高級現象，認為「心理學必須變得更加客觀」，這是他對喬治・杜馬斯（Georges Dumas）在《心理學論文》（*Treatise on Psychology*, I, p.929, 1923）一書中得出的結論所做的總結。心理學研究人的行為、局部動作、個體對周圍物體動作的反應的一般態度。心理學觀察行為的一般特徵，它們是一直都存在的，僅僅在程度上有所不同：例如人的心理狀態緊張度有高低還有起伏值，起伏值從一個動作被構思和想像的較低程度到執行動作的較高程度。在這裡，我們發現了一種與行為主義（behaviorism）並行的運動，我們在前面介紹美國實在論時提到過它。亨利・皮埃龍（Henri Piéron）也有同樣的看法，他將心理學視為生物學的一部分〔《大腦和思想》（*The Brain and Thought*, 1923）〕，因為對他來說，心理學總是在生理條件下研究個體的反應模式或行為方式，因此心理學家必須忽略意識。

現在所有的心理學方法都禁止將心理事實與它的心理生

理學背景分離，例如，情緒在這個整體之外什麼也不是。杜馬斯在《喜悅和悲傷》（*Joy and Sadness*, 1900）一書中，把研究一個人的不同情感狀態、情感變化作為研究情感事實的規則，而不是研究不同人的相同情感狀態。這種被稱為個性的特徵整體如此深刻地決定著每個現象，以至於同一種現象，例如快樂或悲傷，在一個人和另一個人身上從來都不會完全一樣，因此看起來會讓我們失去觸及意識「元素」的希望。

早先受到廣泛關注的起源問題（genesis）通常會被忽略，因為人們要研究的是所謂的結構問題。源於浪漫主義的思想進化正逐漸消失，這種思想運動在心理學與社會學以及哲學中都是一樣的。以下是幾個佐證：

美國人詹姆斯·馬克·鮑德溫（James Mark Baldwin）將心理學視為一門遺傳科學，像柏格森先生一樣，他認為不可用機械科學來解釋精神進化。這不是要復興斯賓塞式的進化思想，相反地，他認為精神現象以及所有其他現象〔因為他的「唯美主義（pancalism）」是一種普遍的哲學〕，只有在精神涉及自身的整體和直接體驗時才能被自己理解。他將唯美主義的全部知識置於審美沉思中，在他看來，運用美學類別一樣的構成規則，可以對經驗的所有層面進行分類〔參見《遺傳邏輯》（*Genetic Logic*, 1906-1908）；《現實的遺傳理論》（*Genetic Theory of Reality*, 1915）〕[1]。

1　拉蘭德（A. Lalande），〈唯美主義〉（"Le pancalisme"），《哲學雜誌》（*Revue philosophique*, 1915）。

在著作《病理性意識》（*The Morbid Conscience*, 1913）中，查爾斯・布朗德爾（Charles Blondel）認為病理性心理狀態的主要原因在於「純粹的心理」，即在我們大量的同質有機印象中，這是一種頑強個性的基礎，這種個性不會受到構成我們理性和正常意識的社會影響的干擾。在正常意識中會出現大量印象被壓抑至潛意識中的狀況，如果這種印象沒有得到表現，就會出現精神疾病。這裡的研究對象正是這種精神態度。

亨利・德拉克洛瓦（Henri Delacroix）的所有作品都旨在證明，如果不將精神生活的一部分與整體聯繫起來，就不可能對其進行解釋〔《宗教和信仰》（*Religion and Faith*, 1922）；《語言與思想》（*Language and Thought*, 1924）；《藝術的心理學》（*Psychology of Art*, 1929）〕。「要使語言成為可能，需要一個精神，而且必須建立一個按關係排序的概念體系。」同樣的，宗教不是純粹的感覺：「只有在尋求自我滿足的趨勢時放棄直接和自然的手段，依照神奇的宗教實踐形成迂迴手段，設想出一套支配生命和概念的實現系統時，宗教才會存在……宗教裡有一種沉默的思想，它擁有自己的語言和圖像表達方法，或者其表達方法超出了宗教限度。」「藝術旨在將和諧的眾多感官材料整理成一個清晰的系統……一方面假設理性、智慧、知識，另一方面卻屈服於一種超理智的直覺，這種做法是錯誤的。無論是在藝術中還是在科學中，都是智力起到了創造、修剪和度量的作用。」

保羅‧瓦萊里（Paul Valéry）先生在他的每部作品中都觀察到精神的整體性，在談到藝術創造時，他說「混合了形而上學和技巧的複雜的理論冥想」，伴隨著每一件藝術品的誕生〔《法國哲學學會報告》（*Bulletin de la société française de philosophie*），1928 年 1 月，5 頁）。

早期的心理學認為圖像是一種心理因素。阿爾弗雷德‧比奈（Alfred Binet）在法國發展起來的思維心理學〔《智力實驗研究》（*Experimental Study of Intelligence*, 1903）〕，在德國成為維爾茨堡研究所（Wurzburg Institute）的研究對象〔參見阿爾伯特‧伯勞德（Albert Burloud）《瓦特、梅塞爾和布勒實驗研究後的思考》（*La Pensée d'après les recherches expérimentales de Watt, Messer et Buhler*, 1927）〕。思維心理學證明，認為圖像是一種心理因素的分析方法是不可能的。格式塔理論（德文，Gestalttheorie）注意現象，例如只注意三個光點的順序或排列，而在觀察過程中不以任何方式提及每個光點的光強 [2]。內省證明了純粹思想的存在，既沒有圖像，也沒有文字。我們不會在沒有任務、沒有將自己置於某種立場、沒有某種意圖的情況下進行思考，但是沒有圖像時，我們是能夠思考的。我們理解一個句子的含義，即使沒有任何圖像呈現給我們的意識。人們賦予自己思想能動性去研究思想不可分解的整體性，這與聯想主義理論的精神正好

2　馬克斯‧韋特墨（Max Wertheimer），《關於格式塔理論的三篇論文》（*Drei Ab-handlunben zur Gestalttheorie*, Erlangen, 1925）。

相反。

如果說在哪項研究中起源問題發揮了重要作用，那就是兒童心理學。然而，在讓‧皮亞傑（Jean Piaget）先生的系列作品〔《兒童的語言和思想》（*Language and Thought in the Child*, 1924）；《兒童的判斷和推理》（*Judgment and Reason in the Child*, 1924）；《兒童世界的表徵》（*Representation of the world in the Child*, 1926）〕中，嬰兒的心態表現為一種不可還原的障礙，並不為進入成人心態做好準備，相反將其排除在外，它只可描述而不是進行分析。在列維—布留爾（Lévy-Bruhl）看來，嬰兒心態之於成人思想，有點像原始人心態與文明人心態的關係。

總體而言，無論我們剛剛提到的學術思想有多少種，它們都認同心理學分析中稱之為「新的分離方案」的必要性。我們不應輕率地分離只在聯合時才有意義的元素。弗洛伊德的病態心理學或精神分析學可能是對此的最終證明，它賦予失誤動作、失言、夢境含義，即賦予一切乍看上去都像是心理生活中的意外事件以意義，對全面而不可分割的觀點展現出同樣的趨勢，就像了解內心生活的條件一樣〔《精神分析試驗》（*Essais de psychanalysis*，法文版 1922 年）；《夢的科學》（*La science des rêves*，法文版 1926 年）〕。弗洛伊德的精神分析學為它們創造出一種象徵，一方面表達，一方面又隱藏由於「審查」而受到壓抑的欲望（libido）的秘密心理生活。

後記

　　先父詹劍峰先生所譯其恩師法國著名哲學家布列赫先生的著作《歐洲近百年哲學史》，即將由香港三聯書店出版。《歐洲近百年哲學史》研究了歐洲 1850 至 1930 年間幾十位哲學家的思想及其演變，對於漢語學界學習和研究西方哲學和思想史具有重要的價值。

　　此部《歐洲近百年哲學史》譯稿可謂歷盡滄桑，它歷經了戰亂及中國「文革」的十年浩劫，終被先父保存下來存於武漢華中師大的故居。上世紀末，故居拆遷，幸得先姐詹孟萱從拆遷工人手中將譯稿挽救了下來，2015 年由我從北京帶到了美國。從 2019 年父親節起，我開始整理譯稿，反覆校對原手稿與打字稿，核對了書中的法文、英文和少量的希臘文、拉丁文及德文文獻，耗時一年，譯稿終於整理完畢，於 2020 年父親節前夕交香港三聯書店出版。

　　本書第一章到第十一章由先父翻譯，第十二章到第十五章由我代先父完成翻譯。為了方便讀者閱讀，書中的詞組和短語與英文解釋意思相符時，附英文注釋，不寫語言種類，

比如：選擇的必然性（inexorable alternative）；如果不符，保留原來的外文並注明語種，比如：公善（法文，un bien commun）。為了更清楚地表述原著，有的詞組和短語後面有兩種語言的解釋並注明語種，比如，基質（法文，fond；英文，substratum）。書中參考書目的外文書名，如果原稿中文譯書名和英文意思相符合，用翻譯的英文書名。如果不符，保持原來的外文書名，比如法文或德文書名。

先父對中國哲學研究頗深，著作頗豐，有《墨家的形式邏輯》、《墨子的哲學與科學》和《老子其人其書及其道論》等。其治學嚴謹，著述立論有據，學人皆知；其批判精神和學術創見更為學界稱道。先父這些成就的取得，與他在法國巴黎大學（1928-1932）學習所奠定的哲學基礎有關，亦從一個側面印證，中國傳統文化與西方文化是完全可以相通匯流的。

先父對西方哲學及社會、政治、文化也研究頗深，其所著《哲學概論》由安徽大學於 1934 年出版。之後因教學等需要，該著作又先後在福建師專、暨南大學、江蘇學院重印。所著《邏輯》一書，由安徽大學 1934 年出版，亦在福建師專、暨南大學、江蘇學院重印。1934-1936 年在安徽大學出版的著作還有《倫理學》、《西洋哲學史》、《西洋古代哲學史》、《西洋近代哲學史》、《西洋政治思想史》、《西洋文化史》。先父的另外兩本著作《邏輯與科學方法》和《社會學》由蘇皖政治學院於 1941 年出版。但十分可惜的是，先父這麼多著作中，目前僅《西洋哲學史》的部分章節由我保存，

其餘都在戰亂和動亂中遺失了。在此，真切希望尚擁有這些著作、或者曾經見到過這些著作的人士，能與北京大學王立剛先生聯繫，他的電子郵箱是 1294335443@qq.com；或者與我聯繫，我的電子郵箱是 zhan_it1@hotmail.com。

特別感謝先父的老同事、中山大學夏書章先生，在他101歲高齡時為此書寫〈序〉。

特別感謝畢業於法國巴黎大學哲學研究所的台灣學者黃國象先生為此書寫〈代譯序〉，和根據法文原書校對父親與我的譯稿。

感謝香港三聯書店李斌先生和劉韻揚女士為此書出版所做辛勤工作。

感謝父親的學生，華南師範大學哲學教授王宏維女士校對本書。

感謝北京第二外國語學院法語專業畢業的李焰女士，根據法文原書校對我的譯稿。

感謝下列親友（以姓氏漢語拼音為序）對此書出版所做貢獻：陳峰、劉曉芳、呂驄玉、王秋余、謝錄新、楊再隋。

感謝犬子詹天遇（Tim Tianyu Zhan）整理此書參考書目。

此書是父親在暨南大學任教時所譯，感謝暨大的知遇之恩。

詹季虞（Jiyu Zhan）

物理的哲學博士（Ph.D in Physics）

2020 庚子年夏於美國華盛頓郊區家中

策劃編輯	李　斌
責任編輯	劉韻揚
書籍設計	道　轍
校　　對	栗鐵英
排　　版	陳先英

書　　名	**歐洲近百年哲學史（1850-1930）**
著　　者	艾米爾·布列赫
譯　　者	詹劍峰　詹季虞
出　　版	三聯書店（香港）有限公司
	香港北角英皇道 499 號北角工業大廈 20 樓
	Joint Publishing (H.K.) Co., Ltd.
	20/F., North Point Industrial Building,
	499 King's Road, North Point, Hong Kong
香港發行	香港聯合書刊物流有限公司
	香港新界荃灣德士古道 220-248 號 16 樓
印　　刷	美雅印刷製本有限公司
	香港九龍觀塘榮業街 6 號 4 樓 A 室
版　　次	2022 年 5 月香港第一版第一次印刷
規　　格	大 32 開（140×210 mm）320 面
國際書號	ISBN 978-962-04-4857-7